関西学院大学研究叢書　第180編

アメリカ大リーグにおける イノベーションの系譜

福 井 幸 男
Yukio Fukui

関西学院大学出版会

アメリカ大リーグにおける
イノベーションの系譜

まえがき

　本書は、下記の論稿を主としてデータを最新のものに変えたうえで内容を再吟味し、全面的に書き改めたものである。それらは、日本生産管理学会や日本経営システム学会などで発表したものであり、多くの先生方から貴重なコメントを賜ったものであり、この場を借りて感謝したい。さらに、初のプロのベースボールチーム「レッドストッキングス」が誕生したオハイオ州シンシナティの当時の経済的な状況を書き下ろした。

　福井幸男（2005）「アメリカ大リーグにおけるイノベーションの系譜（上）——勃興から発酵の時代」『商学論究』第53巻第2号
　福井幸男（2006）「アメリカ大リーグにおけるイノベーションの系譜（中）——制度化の時代」『商学論究』第54巻第3号
　福井幸男（2007）「アメリカ大リーグにおけるイノベーションの系譜（下）——革新の時代」『商学論究』第55巻第2号
　福井幸男（2009）「アメリカ大リーグにおける競争均衡の時代——観客を魅了するためにはイノベーションは続けなければいけない」『商学論究』第56巻第3号
　福井幸男（2014）「アメリカ大リーグにおける収入再分配制度の数学的側面」『商学論究』第61巻第3号

　この論文を書く契機となったのは、次のような出会いであった。それには、本務校から1年間の留学機会を与えられたことが大きい。第一に、2004年秋、台湾の東海大学滞在中に日本語学科の学生野球チームを毎週見学した際に、夕闇迫る400mトラックのフィールドでナイター設備もなく不十分な道具のなかで野球を通じた人間教育に熱意を燃やされている緒方智幸講師や松尾慎助教授の働きに感銘を受けたからである。150年前のアメリカのベースボール創世期もこのような状況であったと思う。
　次に、翌年1月にニューヨークに向かう機内で、Chacar & Hesterly の

アメリカ大リーグの発展過程に関する論文を読み、顧客創造への長きに渡るあくなき追求への努力に新鮮な驚きを感じたことである。

　第三に、本場アメリカで思う存分、この方面の資料やデータを収集することができたことである。とくに、セントジョーンズ大学のチェン教授およびニシカワ助教授に心から謝意を表する。ニシカワ先生には公私両面で助けられた。関西学院大学大学院経営戦略科教授のホング教授はセントジョーンズ大学への仲介の労を取ってくださった。ニューヨーク州クーパーズタウンのベースボール殿堂・博物館の図書館、セントジョーンズ大学図書館、コロンビア大学図書館、ニューヨーク市立図書館、そしてその後にスコットランド・スターリング大学経営組織学部客員教授として滞在したスターリング大学図書館にも大変お世話になった。また、校正を賜った関西学院大学出版会の浅香雅代様にも心よりお礼を述べたい。

　本書が先に紹介した Chacar & Hesterly を超えたものになっているかどうかは、読者の判断に待ちたい。

　最後に、筆者は2015年8月21日に台湾のプロ野球を初めて観戦した。高雄・清澄棒球場での高雄・義大リーノス対台南・統一ライオンズのナイターを観戦した。義大の派手な応援と統一のにぎやかな太鼓の応援のなかで、義大の長身外人投手の速球が冴え、また5回裏、4番打者の林益全の第18号ホームランが出て、4-3で義大が勝利した。改めて私が言うことではないかもしれないが、ベースボールのグローバル化の一端を実感したことを示して、本書の前書きとしたい。

2016年1月29日

福井　幸男

目　次

まえがき　iii
目　次　v

序　章 1

第1章　勃興の時代 3

1.1　クーパーズタウンとカートライト　3
1.2　クリケットとベースボール　6
1.3　プロチーム発祥の地、
　　　シンシナティの経済概況とP&G　7
1.4　シンシナティ・レッドストッキングスの誕生　19
1.5　ナショナル・アソシエーション（NA）の設立　25
1.6　ナショナル・リーグ（NL）の発足　28
1.7　NL憲章　30
1.8　19世紀後半のアメリカの人口　33
1.9　ハルバートの指導力とNLの発足　34
1.10　アメリカン・アソシエーション（AA）の創設　38
1.11　ナショナル・アグリーメントの締結　40
1.12　NLの攻勢と積極的な経営戦略　42
1.13　AAの崩壊　48
1.14　「金ピカ」時代の大リーグのオーナー達　49
1.15　NLの苦難期　51

第2章　発酵の時代 57

2.1　ALの結成　57
2.2　ALの大攻勢と2リーグの実態　59
2.3　両リーグの和平協定（1903年1月10日）　62
2.4　両リーグのナショナル・アグリーメント
　　　（1903年9月11日）　63
2.5　協議制のナショナル・コミッションの廃止と
　　　独裁制のコミッショナーポスト設置　67

2.6　1921年の新アグリーメントとコミッショナーの誕生　69
2.7　勃興時代から発酵時代におけるイノベーション　72
2.8　革新的な経営戦略とイノベーションの展開　79

第3章　制度化の時代 91

3.1　制度化の時代の特徴　91
3.2　英雄ベーブ・ルースの登場　93
3.3　イノベーション1──MVP顕彰　97
3.4　イノベーション2──オールスター戦の開催　99
3.5　イノベーション3──野球殿堂・博物館の設立　101
3.6　シンシナティ・レッズのイノベーション
　　　──ナイトゲームの開催　105
3.7　カーディナルズのイノベーション（1）
　　　──黒人選手の採用　107
3.8　カーディナルズのイノベーション（2）
　　　──ファーム制度　108
3.9　カブスのイノベーション──ラジオ実況中継　113

第4章　革新の時代 119

4.1　西海岸への進出とエクスパンション　119
4.2　3連発のエクスパンション　121
4.3　新球場の建設ラッシュ　126
4.4　インターリーグ　129
4.5　ワールドシリーズ　131
4.6　ルールの改訂　132
4.7　マスメディア　135
4.8　大リーグの経営実態　139
4.9　マイノリティの監督およびGMとしての進出　141
4.10　マイナーリーグの自主独立経営　142

第5章　競争均衡の時代 151

5.1　競争均衡の時代に向けて　151
5.2　イングランドのサッカーとの比較から　151
5.3　ロースターの人数枠　152
5.4　競争均衡の維持装置としてのドラフトおよびトレード　154
5.5　大リーガーのキャリアパスと年俸調停申請　163

- *5.6* 大リーガーの年俸調停の統計分析　165
- *5.7* フリーエージェント（FA）制と戦力均衡化の動き　168
- *5.8* フリーエージェント（FA）制の歴史　170
- *5.9* FA制と年俸高騰の波　174
- *5.10* 本塁打1本当たりの年俸額の推移　176
- *5.11* 競争均衡化の装置　177
- *5.12* 競争均衡回復への努力1──贅沢税　182
- *5.13* 競争均衡回復への努力2──収入再分配制度　188
- *5.14* 新スタジアム建設と公費援助　189
- *5.15* 競争均衡回復は機能しているのか　192

第5章補足　アメリカ大リーグにおける収入再分配制度の数学的側面 199

- 補1　はじめに　199
- 補2　収入再分配制度の数学的側面　200
- 補3　大リーグ「協定書」の数値実験　206
- 補4　終わりに　210

終　章 213

参考文献一覧　217

序章

本書の流れ

　アメリカ大リーグの歴史は、1876年のNational League（NL）創設に始まる。本格的なプロスポーツとしての歴史を歩んでから、140年の年輪を刻んでいることになる。数多くの熱戦はアメリカ国民を熱狂させ、国民の娯楽（national pastime）として大きな存在感をもって輝いてきたといえる。

　表1は、大リーグに関するこの期間の攻撃および守備に関する歴史的なデータである。延べ20万9777試合、イニング総数374万2397。圧巻の記録である。攻撃陣は延べ189万5716点を奪取、打数1433万6234、本塁打28万3470を含めた安打375万2103を記録し、他方守備陣は奪三振205万787、与四球132万8252、与死球10万3942、エラー50万8820そしてダブルプレー37万2658を記録した。出場した選手は1万8336人、指揮を取った監督は673人を数える。

表1　大リーグ140年のデータ

試合数 209,777、　イニング数 3,742,397				
監督数	673人	選手数	18,336人
得点数	1,895,716	奪三振数	2,050,787
打数	14,336,234	与四球数	1,328,252
安打数	3,752,103	与死球数	103,942
本塁打数	283,470	セーブ数	66,427
二塁打数	635,374	エラー数	508,820
三塁打数	131,057	ダブルプレー数	372,658
盗塁数	298,035		

出所）http://www.baseball-reference.com/leagues/

本書では、大リーグの歴史を、①勃興の時代、②発酵の時代、③制度化の時代、④革新の時代、そして⑤競争均衡の時代に5区分したうえで、ベースボールという娯楽スポーツがいかにアメリカ国民にアピールして巨大なマーケットを創造したか、そしてアメリカを代表するスポーツビジネスとしてのシステムを確立していったかを探る。このシステムの確立と実行を可能にしたのは、大小さまざまなイノベーションであり、それらのイノベーションを創った人々とその組織、そしてその財務的側面および経済的背景に焦点をあてる。要するに、大リーグがファンの獲得にいかなる努力を払ってきたのかを検証する。

アメリカの人口爆発

　まず、大リーグ勃興期のアメリカの人口推移を概観する。図1はアメリカで初めて国勢調査が始まった1790年からの10年毎の人口推移を示している。この100年で人口は15.94倍になり、年平均増加率は2.08%となった。イギリスをはじめヨーロッパ各国からの移民が母体となって巨大な人口を形成していったことが理解できよう。多くの若者が海外からアメリカに流入してきた。彼らに娯楽を提供したのがベースボールであった。

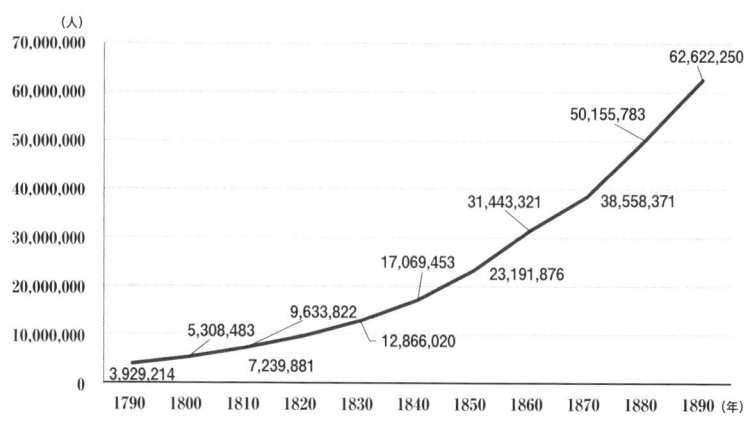

図1　19世紀アメリカの人口推移

出所）　United States. Bureau of the Census (1909): *A century of population growth from the first census of the United States to the twelfth, 1790-1900*

第1章

勃興の時代

1.1 クーパーズタウンとカートライト

　アメリカ人の国民的なスポーツはベースボールである。1839年に南北戦争の英雄であるアブナー・ダブルデイ（Abner Doubleday）将軍がクーパーズタウンで村の子供達にベースボールを教えたのが記録上最古の記録[1]といわれてきた。これを記念して、大恐慌の低迷期に地域おこしの一環として建設されたのが、同地のベースボールの殿堂である。

　しかし、事実は違うようで、1845年に銀行の出納係であるアレキサンダー・カートライト（Alexander Cartwright）がはじめて公式のルールブックを編纂した。本人は、代々にわたりイギリス海軍に奉職してきた家系の一員であり、ヨークで幼年期を過ごしラウンダーなどで遊んできた。22歳の1842年には、彼が自発的に組織した消防団の若者を集めて、マンハッタン四番街の27丁目辺りの広場で base ball と呼ばれた新しいゲームに興じている。これは、イギリスのクリケットに似た競技であり、タウンボールとかラウンダーと呼ばれることもあった。その後、市内が発展したために、活動の場所はレキシントン・アベニューと34丁目の交差点辺りの空き地に移った。この辺りはオランダからの移民が多く住んでいたことから、1845年9月23日に、彼らの着ていた服と同じ名前の「ニッカボッカー」というベースボールクラブを結成している[2]。1846年にはタウンボールの規則にあった守備側の投げた球が走者に当たればアウトになるとい

うルールを廃止し、新たにファールラインを設定し、9イニング、9人制（12人制を廃止）とした。また、それまでの非対称のダイヤモンドを対称に変更した（Reidenbaugh, p. 50）。さらに、現代のルールとは違う点としては、①21点を先取すれば試合は終わる、②投手はアンダーハンドで投げる、③打球をワンバウンドで捕まえてもアウト、④ホームランはファール、⑤四球（base on ball）はない、⑥空振りはストライクであり、三振（shutout）はアウト、振り逃げはない（Lichtman, p. 72）があげられる。当時はグラブがなく、全員が素手であったから、③は当然であろう。

しかし、当時のルールは打球を捕った守備側が彼の体に直接あてることでアウトにしていた。けが人が続出したことから、捕球した守備側が走者にタッチすることでアウトとした（Ellard, p. 8）。チームは少なくなかったようで、ニッカボッカーのクラブの創設以前にも、「ニューヨーク・クラブ」というチーム名が記録に残る。

カートライト[3]の設定したルールのもとで行われた試合は1846年6月19日にマンハッタン島の対岸、ニュージャージー州のフボケン（Hoboken）のクリケット場で行われた。チームの要であるカートライトは試合には出ずに、主審を務めている。このためか、ニューヨークのクラブチーム（ニューヨーク・ナイン）にニューヨーク・ニッカボッカーは1-23で完敗している。主審のカートライトは、彼の判定に対する選手の暴言に対してはその場で6セントの罰金を課した（Reidenbaugh, p. 50）。

ベースボールが普及し始めた当初は、野球場といわれる特別の場所はなく、グラウンドやフィールドを仕切ってプレーしていた。ゲームの観戦は人々の楽しみであり、入場料は要らなかった。入場料を取ったのは、1858年にニューヨークおよびブルックリンの優秀選手を集めたオールスター戦3試合である。記録によると50セントを取っている。

同年5月、ニッカボッカーを含めて、ベースボールに興じるニューヨーカーがベースボールの友愛的な団体NABBP（=National Association of Base Ball Players）を立ち上げた。これはベースボールの共通のルール作りやゲームの日程づくりを目的とした団体である。ただし、集まったのはニューヨークのチームばかりであり、全国的なものではなかった。1859

年の第 2 回 NABBP 総会で、試合後の友好懇親会を自粛することを決めている。毎回の懇親会が派手になり、その後の試合にも差し支えることになりかねないとの事情からであった（Ellard, p. 15）。

　この競技がニューヨーク以外に広まった契機になったのは、南北戦争（1861 年から 1865 年）である。戦争は、ベースボールの普及に思いがけない効果を発揮した。駐留地の兵員の間に戦闘の息抜きのレクリエーションとしてベースボールは広がり、戦後に退役軍人たちが全米に広げていった。シカゴでは 1867 年にはチーム数は前年の 4 から 32 に増加した。また、1865 年までに、NABBP 加入のチームは 10 州 91 チームに及び、3 年後には 350 チームにまで急増した。「勝負事である以上、勝ちたい」、これは古今東西、参加する選手達の共通の願いである。それには実力ある選手を自チームに入れることが前提となる。たとえわずかな入場料でも稼げば、チームにお金が残る（Rossi, pp. 12-14）。

　戦地から遠く離れたニューヨークでは、1862 年にはブルックリンナイトのキャンメイヤー（W. H. Cammeyer）[4]が、人気上昇中のベースボールファンを見越して、冬場にアイススケート場として経営していた池を春には排水し、フェンスで囲ってフィールドとして活用し、ベースボールファンからは入場料を取った。こうした囲い込み運動（Enclosure Movement）がプロとしてのベースボールの最初の鼓動というべき契機となった。さらに、彼は、この池を埋め立てて、選手のクラブハウスを設け、1500 席収容の観客席がある本格的なフィールドを造成し、これをユニオングラウンズと命名した。入場料 50 セントを取っている。キャンメイヤーのビジネスの成功をみて、各地の企業家が地元の空き地を囲い込んで専用のフィールドを続々と造成した。収入を図る手立ては、クラブチームを誘致し観客から入場料を取ることだった。チーム自体もメンバーからの会費よりもむしろ入場料収入に次第に財政的に依存するようになった。試合数をこなして入場料を稼ぐには、実力のある選手を積極的にリクルートすることが早道である。こうなると会員相互の友愛精神は忘れられ、お金の力で選手をスカウティングすることが始まった（Rader 1992, pp. 15-16）。

1.2 クリケットとベースボール

　クリケットがアメリカで普及しなかった理由について、勝敗を決するのに、数日かかること、さらに試合の流れがスローで厳粛に展開されており、人気の点で、動きのあるベースボールに歩があると当時の新聞は伝えていると、19世紀ニューヨークのスポーツ史に詳しいアーデルマンは紹介している。また、世界各国から多様な移民が集まる新興国アメリカにとっては、クリケットはいわば改良の余地のないあまりに制度化された完成版のスポーツであり、アメリカ人には意見をはさむ余地のないものであった。クリケットを楽しんでいたアメリカの上流階級は、イギリスの貴族社会の象徴であるクラブを社交の場としても守りたいがために、クラブのメンバー以外の人々には排他的態度をとり続けた。彼らにとっては、クリケットは母国イギリスの貴族意識やアイデンティティを体感できる競技であった（Adelman, pp. 110-112）。また、19世紀中葉、アメリカ移民の約1/3を占めたアイルランド人は、母国を300年間植民地として支配してきたイングランド人の興じるクリケットに反感を抱いていた（Kirsch, pp. 153-156）。ちなみに、現代英語において、"It's not cricket"とは、紳士的でない、つまり公明正大でないという意味である。

　その点、アメリカの一般大衆にとっては、子供時代に親しんだベースボールこそが唯一の伝統的スポーツであった。アメリカ人はスポーツをレクリエーションとみて格式張った規則のもとで勝敗を決することを二の次に考えた。彼らは複雑性より単純性を好んだ。また、ベースボールは1イニング3アウトで攻守交代となる。ところが、クリケットの1イニングは、10アウトで攻守交代である。その1イニングとは、なにしろ11人の打者（バッツマンと呼ぶ）すべてが打ち終わるまでである。しかも、打者はアウトになるまで何度でも打てるので投手（ボウラー）にとっては難題である。一人のバッツマンをアウトにするには、彼の後ろに立っている3本の棒（ウィケット）に投球をうまく当てるか、彼の打った球をフィールドの野手が素手で捕るくらいしかない。しかも、フィールドはバッツマンを真ん中にして360度全方向に広がっている。こうしたルールの関係上、

試合時間が非常に長くなる。ランチを取る休憩時間もある。国対抗の試合ならば5日かかる。数時間で勝敗が決するベースボールは、気軽にみて楽しむという点で、時間が自由にならないアメリカの一般庶民にとっては好都合であった。

1.3 プロチーム発祥の地、シンシナティの経済概況とP&G

ニューヨーカー、とくに若者に人気を博すようになるベースボールは、全米各地に広がり、各地の地元チームのなかには勝つために実力のある若者をパートタイム的に雇用するチームも出てくるようになる。そうしたチームのなかから、ついに出場選手全員を年俸制で雇用して戦うチーム、つまりプロチームが出現する。ミシシッピー川の支流、オハイオ川の拠点都市シンシナティで設立された。なぜ、ニューヨークなどの東部ではなく、シンシナティであったのか、その背景を探るために、本節では、この都市の経済状況を概観する。

1.3.1 ミシシッピーの大河と運河の時代

まず、当時のアメリカの西部とは、入植地であった東海岸からみて西側にあるフロンティアを意味していた。したがって、19世紀半ばまではアパラチア山脈を越えたケンタッキーやオハイオは西部であった。ところが、1857年にセントルイスまで鉄道が開通し、ケンタッキー州やオハイオ州の人口が次第に増加してきた。さらに西のミシシッピー川西岸が西部と呼ばれるようになり、オハイオは中西部と呼ばれるようになった。大平原が広がるオハイオは農産物の大生産地となった。

当時の物流事情を図1-1にしたがって説明する。1800年代初頭までは、アメリカの物流は「時計と逆回り（counter-clockwise）」（Taylor, p. 158）であった。西部の農産物はミシシッピー川を下り南部に、そしてメキシコ湾を迂回して大西洋沿岸をニューヨークやピッツバーグなどの大消費地に送られていた。確かに1820年代までにはメリーランド州カンバーランドからオハイオ川上流のホイーリングまでの陸運はあった。しかし、自動車

NY	（ニューヨーク）	BA	（バッファロー）
B	（ボルティモア）	P	（ピッツバーグ）
CL	（クリーブランド）	CI	（シンシナティ）
C	（シカゴ）	NO	（ニューオリンズ）
S	（セントルイス）	PL	（フィラデルフィア）

図 1-1　アメリカの物流の方向

もない時代で未整備の細い陸路を馬車で辿る輸送は、コストが高くついた。

　まず、当時の物流の大黒柱は、オハイオ川とミシシッピー川の水運である。この大河流域から物資を輸送するにはミシシッピー川は好都合ではあった。初期に使われていたキールボート（竜骨舟）から次第に進化して蒸気汽船が就航するようになり輸送量は飛躍的に増加した。しかし、大河とはいえ、シンシナティ付近の水位の変動は激しく、わずか数週間で水位が12m上昇することもあり、夏は水量が少なく春と秋は水位の差が激しくしかも冬は凍った。春は雪解け水で水量が溢れる。とくに、水位が低いと岩礁が顔を出し、また倒木が塊となって水運の大きな障害になっていた。破損したり運航不能となった蒸気船の40%は倒木によるもので、1849年までに建造された蒸気船の30%はこうした理由で使用不能となった。また、ニューヨークやボストンなどの東部に物資を輸送するには、ニューオーリンズからメキシコ湾を経て大西洋沿岸を遡上する必要があり、時間とコストがかかった（ibid., pp. 65-66）。

　そこで、東部と西部を結ぶ大動脈として、西部からみて、従来までの時計の逆回りの物流を時計回りに戻すようにして、ミシシッピー川沿岸やオハイオ川沿岸から下記に記す運河を遡上し、エリー湖に出て、湖東端のバッファローからエリー運河（1825年開通、以下同じ）を使い、ハドソン川を下り、ニューヨークにいたるルートが確立した。

　主要な5本の運河は次のとおり。(1)オールバニーでエリー運河に入り、バッファローでエリー湖に入る。エリー湖に入れば、あとはエリー湖を出てオハイオ川に連結する運河を掘ればよいことになる。こうすれば、オハイオ川はミシシッピー川に合流して一気にアメリカ南部を下るから、物流の強力なネットワークが新たにできる。

　主要な運河がその後に4本開通した。(2)ビーバー・エリー運河（1844）は、ピッツバーグ（フィラデルフィアと並ぶペンシルベニア州の大都市、アレゲニー山脈から流れ出る川の合流地で、オハイオ川の始点）から山を越え、ビーバー川を下り、エリー湖畔のエリー（北東岸にバッファロー、南西岸にクリーブランド）に入る。(3)オハイオ・エリー運河（1933）はオハイオ川上流のポーツマスからコロンバス付近を通過してエリー湖南

図 1-2　オハイオ川と運河

岸のクリーブランドとつなぐ。(4)マイアミ・エリー運河（1845）は、シンシナティとエリー湖西端のトリードをつなぐ。たとえば、1851年の夏に限っても、この運河は11万7655トンの物資をシンシナティに、そして4万2784トンの物資をシンシナティから送り出していた（Hungerford, p. 291）。(5)ウォバッシュ・エリー運河（1843）は、シンシナティ下流のエバンスビルからウォバッシュ川を一部利用してトリードにいたる。

1.3.2　シンシナティは「西部のクィーンシティ」

チャールズ・ディケンズは1842年春にシンシナティを訪れ、ボストンと肩をならべるほどに美しい街と賞賛した。「赤と白が基調のきれいな家々が並び、街路樹がある小ぎれいな通りは舗装され歩道はタイルが敷き詰められていた。よくみると、道路は広くゆったりとしていて、小ぎれいな店が並び、いずれの家もおしゃれで気品がある。個性的な家並みには意匠を凝らしていて、船旅に疲れた私にはより新鮮で心が休まる。手入れの行き届いたガーデニングのせいで花と緑に囲まれた家々の間を歩くだけで気持ちはリフレッシュし心が軽やかになる（Dickens, p. 161）」と絶賛した。

古今東西、一流ホテルはその街のシンボルである。シンシナティ隆盛を象徴するホテルがバーネットハウス（Burnet House、1850年開業、客室340室）と呼ばれた、当時西部随一の超一流ホテルである。建物中央にドーム型の尖塔を配した気品溢れるホテルであり、リンカーンが1861年の大統領就任のために故郷スピリングフィールドを発って最初に宿泊したのがこのホテルである。北軍のユリシーズ・グラント将軍とウィリアム・シャーマン将軍が1864年3月にここで南軍に対する最終作戦を協議している。

1.3.3　鉄道の時代

しかし、1850年前後になると舞台は暗転する。運河の時代は30年間に過ぎなかった。鉄道ブームが到来した。運河は冬には凍りついて使えないのに対して、鉄道にはその心配もなく、運行時間も安定していた。1840年代半ばにはアメリカに敷設された鉄路は800kmにも満たなかった。猫も杓子も鉄道への期待感から計画だけは目白押しとなり、路線を新設する計画をもたない町はほとんどなかった。西部に行くにも運河の適地がなかったメリーランド州の大都市ボルティモアには幸いした。ボルティモアを始発駅として、アパラチア山脈を横断すべく、ボルティモア・アンド・オハイオ鉄道会社（B&O）が設立された。1830年5月にはボルティモア・エリコット間で30人乗り客車4両を連結してアメリカ初の営業運転を開始した（Hungerford, p. 77）。当時の先端技術を駆使して、スイッチバック、ループ線そしてトンネルを通して、オハイオ川沿いのホイーリングまでの全長600kmを超えるアメリカ初の鉄路が1852年に竣工した。鉄路は一直線に州内を進み、バージニア州に入ると、2本の分岐線に分かれていずれもオハイオ川に到達する。そして、1875年にはこの鉄道線はシカゴに達した。B&Oはワシントンまでの分線を1835年に開通させた。

同社設立100周年記念誌2巻本（Hungerford著）は興味深い。表表紙と裏表紙には鉄道路線が描かれていて、順に1835年、1857年、1875年、1927年の路線が赤で示されている。1835年にはアパラチア山脈麓のポトマック川上流への基点でありバージニア渓谷の入り口でもあるハパース

フェリー（造兵廠所在地、ibid., p. 147）まで、さらに西進し、カンバーランドを経て、57年にはバージニア州グラフトンを分岐点にいずれもオハイオ川畔のホイーリングとパーカーズバーグにまで延ばしている。さらに、75年にはホイーリングからシカゴまで延伸した。カンバーランドからピッツバーグまでの支線も設置していることがわかる。

　鉄道ブームは、アパラチア山脈の東側を鉄道各社の路線で埋め尽くし、さらに西部への鉄路が敷かれていった。1851年に、ニューヨークからエリー湖畔まで、翌1852年には、シカゴやピッツバーグまで路線が延びていった。ボストンからニューヨーク州を経て五大湖にいたる地域の鉄道は合併してニューヨーク・セントラル鉄道（NYC）となった。ペンシルベニア鉄道（PRR）はペンシルベニア州を横断する鉄道で州都ハリスバーグからアパラチア山脈を越えて州内最大都市ピッツバーグにいたる鉄路を1854年に整備改良した。

　1869年には、ユタ州で東からのユニオン・パシフィック鉄道と西からのセントラル・パシフィック鉄道がユタ州プロモントリーサミットで連結され、オマハ―サンフランシスコ間の全長2859kmのルートが開通、ここに大陸横断鉄道時代の幕が切って落とされた。鉄道網は拡大し、西部の大平原に向かって人々は引き寄せられていく。フロンティアと呼ばれた地域を開拓する農民は先を争うように進んでいき、豊かな自営農地に代えていった。1883年1月にはサザン・パシフィック鉄道がロサンゼルス―ニューオーリンズ間を、同年9月にはノーザン・パシフィック鉄道がシカゴ―シアトル間を、そして1893年にグレート・ノーザン鉄道がミネソタ州セントポール―シアトル間を開通させた。

　シンシナティはどうだったのか。結論をいえば、鉄路はこの街を素通りして一路西に向かったのである。オハイオ河畔というかつての地勢上の優位が、鉄道時代に入るとやや不利になった。確かにシンシナティ市当局からの借款で立ち上がったリトル・マイアミ鉄道はスプリングフィールドまでの路線を1846年に開業し、さらに途中駅のゼニアでオハイオ州都コロンバスからピッツバーグに向かう路線と連結した（Condit, pp. 6-7）。

1.3.4　シンシナティとP&G

　シンシナティには世界一の総合家庭用品メーカーのプロクター・アンド・ギャンブル（P&G）社が創業以来、本社を構えている。19世紀前半、かの地でろうそくを製造していたプロクター（William Procter）と石鹸を作っていたギャンブル（James Gamble）が1837年に共同で事業を立ち上げる。二人の仲介役は両人の義父アレキサンダー・ノリス（Alexander Norris）であり、彼らは偶然にもノリスの愛娘オリビアとエリザベスとそれぞれ1833年の秋と春に結婚していた。そして「石鹸もろうそくも原料が同じなら合併して力を合わせたら」という義父のアドバイスに従ったのである。

　プロクターはロンドンで小さな毛織物屋を営んでいた。ところが、火災と略奪で店の商品一切をなくし、妻マーシャとともにアメリカに向かう。ようやくシンシナティまでたどりついたときに妻をコレラで失うことになる。先行きの旅程の不安と妻を葬ったシンシナティの土地を離れがたく、ここに居を定めたのである。

　ギャンブル家は、アイルランドの貧しい生活から逃れるために、1819年に天地を求めてカナダにわたってきた。その後、イリノイ州を目指してピッツバーグからオハイオ川を下っていたとき息子のジェームスが病気になりとりあえずシンシナティに上陸、ここで看病した。両親はこの地の経済の活況に目を瞠り将来性に着目してここに落ち着いたのである。ジェームズは同地にて石鹸作りに打ち込むことになった[5]。

　当時の石鹸とろうそくの産業的な位置を概観する。表1-1は、製品別輸出額ランキングを示している。1830年代からトップを守る綿製品は主としてメキシコ、中国およびカリブ諸島向けであった。それ以外の製造業は家内制手工業の段階から立ち上がった産業であった。化学製品のほとんどは家計の炉から出た灰から濾し取った炭酸カリウムである。石鹸、酒類、皮革製品、家具、木材製品などもすべて手作業による製品で、輸出先は西インド諸島、メキシコ、南アメリカそしてイギリス領北アメリカであった。1820年には石鹸は2位、そしてろうそくは4位であり、1840年には石鹸は7位、1850年には5位となっている（Taylor, pp. 188-190）。

表 1-1　アメリカ製造業の輸出製品ランキング

	1820 年	1830 年	1840 年	1850 年	1860 年
1	化学製品	綿製品	綿製品	綿製品	綿製品
2	石鹸	化学製品	精糖	木材	鉄・鋼
3	酒類	石鹸	鉄・鋼	鉄・鋼	タバコ
4	ろうそく	皮革製品	タバコ	化学製品	木材
5	皮革製品	鉄・鋼	化学製品	石鹸	化学製品
6	木材製品	酒類	木材	タバコ	青銅
7	家具	ろうそく	石鹸	酒類	皮革製品
8	タバコ	タバコ	酒類	精糖	酒類

出所）Taylor, p. 189

1.3.5　シンシナティは「豚のエンパイアシティ」

P&G 創業の背景にある、この地域の養豚業の実情を探ろう。なにしろ、同地はアメリカ有数のコーンベルト地帯である。当時のシンシナティは、養豚業の一大産地であり、有り余るほどの豚脂（ラード）を手に入れることができた。ろうそくや石鹸の原料には事欠かなかった。しかも、農村地帯に住む人たちには石鹸とろうそくは不可欠といってよいものであった（Dyer, Dalzell&Olegario, p. 12）。下記はその流れを示す。

　　　　トウモロコシ、小麦 → 養豚 → ラード → 石鹸、ろうそく

イギリスの地質学者チャールズ・ライエルは 1840 年から 41 年に回ったアメリカの印象を述べた旅行記において、「豚貴族とは、豚が町中をそれこそ貴族のように我が物顔で歩き回っていることではなく、毎年 20 万頭の豚をと殺し加工処理し塩漬けにしてしこたま儲けた金持ち商人を指すのである」と皮肉を言っている。そして「もう一つのタイプの金持ちがいる、それは人口増加で土地が値上がりして儲けた地主である。ここの市民達はみな上品で教養がある、これは想像以上である。それは、ニューイングランドの上流階級が入植したからであろう（Lyell, p. 61）。

1835 年の冬に、ニューオーリンズにやってきた生粋のニューイングランド人のディディムス（Didimus）は、ミシシッピー川沿いのにぎやかなマーケットの様子を次のように活写している。「ミシシッピーの豊かな流れに乗って運ばれてきた大量の農産物、りんご、りんご酒、チーズ、ポ

テト、バター、チキン、ラード、干草、ミシシッピー川の上流や支流に広がる処女地から運ばれてきた自然の恵みすべてに溢れている光景を、ヤンキー達が一瞥すれば、彼らは飛び上がらんばかりに喜ぶだろう。これらの物資の倉庫は満杯でしかも道の両側に並ぶ倉庫を数えると 30 はある。脂くさく太陽にやかれ、異臭を放っている。何たることだろう、キリスト教徒以外は逃げ出すだろう。豚はそこらじゅうを這い回っているばかりか、生肉、塩漬けされた肉、燻製肉など、ありとあらゆる種類の豚肉に囲まれた街、この地が豚肉を禁じているユダヤ教に支配された土地としたら、ニューオーリンズのはるか上流にあるオハイオの一大物資集積地たる、シンシナティの偉大さは果たしてあるのだろうか、否、断じてない！(Didimus, p. 7)」。

1826 年には豚肉約 1 万 7000 バーレル（10 万 2000 ドル）、ラード 128 万ポンド(6 万 4000 ドル)、ハム・ベーコン 142 万 5000 ポンド(5 万 7000 ドル)が生産された。ドイツ系移民がこの街に入植するまでは、残りのリブなどはすべてオハイオ川に廃棄していたという（Mabry, p. 71）。

まさしくシンシナティは、ディケンズの賞賛する「西部のエンパイアシティ」「西部のクィーンシティ」であった反面、「ポーコポリス(porkopolice)」「豚のエンパイアシティ」と揶揄されていた (ibid., p. 72) のである。1833 年には処理された豚は 8 万 5000 頭、1839 年には 19 万 9000 頭、1846 年には 28 万 7000 頭そして 1848 年には 49 万 8160 頭に達する（図 1-3 参照）。

当地で豚肉処理業者が隆盛を誇ったのは、地勢的な理由はもちろん、食肉加工業者に融資する金融機関に恵まれていた点も理由としてあげられる。なにしろ、11 月から 2 月のわずか 3 か月間のと殺期に、塩の調達に木樽の製造そしてと殺職人の手当てに大きな資金を必要とした。生産された各種の製品は、とくに樽詰めの豚肉はその 93% がミシシッピ川を下って南部に、そして、ろうそくやラードの 80% はニューオーリンズに向かった (ibid., p. 71)。

なお、現在でもオハイオ州は全米 8 位の豚飼養頭数で、200 万頭（日本は 2014 年約 954 万頭、1 位の鹿児島県は 133 万頭）。中西部のコーンベル

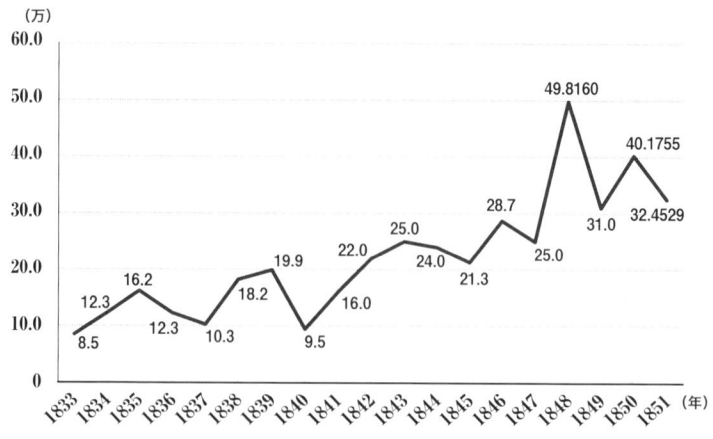

図 1-3　シンシナティでの豚処理数の推移
出所）　Mabry p. 72

ト地帯の豊富な飼料作物を活用して大規模な生産体制をとっている（上田・中野）。

1.3.6　シンシナティの経済

シンシナティの主たる産業は豚肉加工だけではなかった。製粉そしてウィスキー製造も経済を支えていた。ドイツ系の移民が増加するにつれてビール製造が盛んになった。しかも、1851年にはケンタッキー州レキシントンやピッツバーグを抜いて世界一のウィスキーの取引地になっていた。地元のウィスキーの生産額はビールの5倍はあった。当時のシンシナティは西部経済の一大拠点として繁栄していた。なにしろ、オハイオ川という大河の水運が大きかった。メキシコ湾に注ぐ大河ミシシッピー川の支流といえども、ピッツバーグからカイロ（ミシシッピー川との合流地点）までの全長1579kmの大河である。カイロにおいては、オハイオ川の水量が本流を凌駕していた。支流の語義を越えて、文字どおりの大河である。

西部の農産物や食料品がオハイオ川やミシシッピー川を下りニューオーリンズ向けて送り出された。ピッツバーグやシンシナティで生産した粗鋼やサトウキビ粉砕機そして工具は、ミシシッピー川の水運で南部市場に向

けて船積みされた。また、東部の工業地帯で生産された製品はアパラチア山脈の山越えの長大な陸路でオハイオ川に持ち込まれていた。

要するにこの町は小麦とサトウキビの集散地であり、まさしく「西部のクイーンシティ」といわれるほど栄えていた。アパラチア山脈に源を発するオハイオ川は、蛇行しながらも一路西方に向かう。ちょうどシンシナティでケンタッキー州から北に流れるリッキング川と合流し、そしてオハイオ州を南に流れるグレート・マイアミ川およびリトル・マイアミ川そして市内を流れるミルクリークと合流する、まさしく水運の要衝の地にあった。ミシシッピー川を下るには苦労はなかった反面、この大河を遡上してシンシナティまでの物流は、蒸気船の登場まで待たねばならなかった。

同市からニューヨークまでの旅程日数は、1817年は52日（ピッツバーグまで遡上したあとは馬車）、1843年は18-20日（蒸気船で遡上しピッツバーグから運河でフィラデルフィア、その後は鉄路）、1852年はエリー湖経由の運河で18日、鉄路で6-8日と短縮された（Taylor, p. 443）。

次の表1-2はシンシナティの産業活動の時系列推移をみたものである。1826年から1858年の期間に事業者数12.5倍、雇用者数19.7倍、生産額（単位：万ドル）54.1倍と急成長を遂げている。

東部の商品を南部やさらなる西部に流す中継基地に満足するだけでなく、従来手作業で生産していた商品を、大西洋沿岸の諸都市ものともせずの気概で機械加工に変換する努力を惜しまなかった（Mabry, p. 77）。シンシナティでは豚肉、ラード、ろうそく、ウィスキーそして衣服をニューオーリンズに向けて船積みし、かの地からは砂糖樽や糖蜜を載せてミシシッピー川を遡上してきた。ともかく、シンシナティにとっては南部が最

表 1-2　シンシナティの産業活動の推移

	事業所数	雇用者数	生産額
1826年	400	2,950	185
1840年	1,594	10,608	1,733
1850年	3,850	33,098	5,211
1858年	5,000	58,000	10,000

出所）　Mabry p. 77

大の市場であり、この意味から、南北戦争では北軍についたものの北部の奴隷廃止論者の論調とは一線を画していた。またオハイオ川対岸のケンタッキー州との交易は重要であった。1867年には、ジョン・A・ローブリング・サスペンション・ブリッジ（John A. Roebling Suspension Bridge）という、当時世界一の吊り橋が竣工した。また、1880年には南部、テネシー州チャタヌーガへの鉄道を市独自に開設する。当時のシンシナティは、新興のシカゴやセントルイスを凌駕する西部随一の都市であった。

1.3.7 アメリカの物流と中西部の人口発展

隆盛を誇っていたシンシナティであるが、ニューヨークからの物資がエリー湖を通じて大量に入るようになると、五大湖の中心地シカゴの経済が断然活況を呈してきた。エリー運河により運ばれた物資は1836年には1000万ドルであったものが1853年には9400万ドルに達した。さらに、セントルイスは、イリノイ・ミシガン運河の1848年の開通により、次第にニューヨークからの物資の集散地に変貌を遂げる。また、西部の農産物は時計回りに流通することになったのである。物流のデータをみても、運河や鉄道による比率が河川より遥かに大きいことがわかる（表1-3参照）。さらに、ニューオーリンズでの商業取引高の58%を占めていた西部の農産物は、1951年には41%まで減少し、しかもそれらはミシシッピー川流域あるいは西インド諸島で消費され、東部には移出されなかったのである（Taylor, pp. 161-164）。

アメリカ中西部の人口の推移をみると、1830年には2万4000人だった

表1-3　アメリカ1851年の物流データ

	積載量（トン）	取引額
五大湖	1,985,563	157,246,729
河川	2,033,400	169,751,372
東部沿岸	20,397,490	1,659,519,686
運河	9,000,000	594,000,000
鉄道	5,407,500	540,750,000

出所）ibid., p. 174

表 1-4 アメリカ中西部の都市の人口の推移

	1820 年	1830 年	1840 年	1850 年	1860 年	1870 年
シンシナティ	9,642	24,831	46,338	115,435	161,044	216,239
ピッツバーグ	7,248	12,568	21,115	46,601	49,217	86,076
ルイビル	4,012	10,341	21,210	43,194	68,033	100,753
シカゴ	—	—	4,470	29,963	109,260	298,977
セントルイス	10,049	14,125	16,469	77,860	160,773	310,864
メンフィス	—	—	—	8,841	22,623	40,226
ニューオーリンズ	27,176	29,737	102,193	116,375	168,675	191,418

(出所) United States, Department of Interior Census Office (1895): *Population of the US at the US at he Eleventh Census 1890*, pp. 370-371

シンシナティの人口が 1850 年には 5 倍弱の 11 万 5000 人となり、1870 年には 22 万人弱と倍増している（表 1-4 参照）。ほかの諸都市の発展もめざましく、1840 年には人口 4000 人余りの寒村であったシカゴが 1870 年にはシンシナティをしのぐ人口 30 万人の大都市に成長し、セントルイスもそれを上回る大都市に成長したことが理解できよう。両市ともに 1860 年からの 10 年で人口がシカゴは 3 倍、セントルイスは 2 倍となっている。中西部の経済発展の強さが理解できる。

都市の人口が増えて若者が集まり、そして、ベースボールも栄える。大リーグの歴史を考えるうえで重要な要素である。

1.4 シンシナティ・レッドストッキングスの誕生

1.4.1 ベースボールの人気の高まり

アメリカの人口が移民の増加と歩調を合わせて増加し、若者の間にベースボール人気が次第に高まるにつれて、ニューヨークやワシントンを中心とした東部のチームと、シカゴなどの西部のチームの闘争心は互いに高まり、当時無敵のワシントン・ナショナルズを 29-23 で倒したフォレストシティクラブ（オハイオ州ロックフォード市）の人気は地元で沸騰した。主戦投手のスポルディング（Albert Goodwill Spalding, 1850-1915、彼はその後、スポーツ用品会社を興し、全米有数の企業に発展させる）[6]の評価は

うなぎ上りになった。この劇的勝利で、地元の昂揚が落ち着いたのはようやく1週間後であったという。西部、東部を問わず、本格的なプロチーム設置の機運が加速度的に高まっていった。とにかく実力のある選手を獲得するために、ありとあらゆる手段が使われた。その一つがワシントン・イブニングスター紙の紙面を飾った「財務省はプロのベースボール発祥の地」という署名記事であった。財務省関係の役所の閑職を世話する条件で自チームに有力選手を引き入れたわけである（Voigt 1966, pp. 16-18）。

ニューヨーク・トリビューンの記事によれば、ベースボールの選手は金の儲かる職業という評判がたち、腕に自信のある労働者階級が押し寄せた。ブルックリンの平均年齢23歳の選手達の前職は石工、機械工、植字工、ガラス吹き工、郵便配達夫であったという（ibid., p. 19）。

人気の高まりとともに、賭けやギャンブルの格好の対象となり、またそれらをあるいは八百長を正そうとしても、NABBPは友愛団体であって球界浄化には無力であり、所詮は絵に書いた餅（mere dead letters）であった。選手側にもrevolvingの問題（p. 26参照）があり、好条件があればすぐさま勝手に他チームに移った。ベースボール勃興期のご意見番であったスポーツライターのヘンリー・チャドウィック（Henry Chadwick, 1824-1908）は彼らがチームを見捨てた怪しからん悪役であると容赦なく断罪して、チームを替わりたいならば事前に仁義を切って所属チームに事情を説明せよと述べ、60日という猶予期間を提案した。保留条項がなかった時代であり、選手のわがままはいくらでも効いた時代であった（ibid., p. 21）。

1.4.2 レッドストッキングスの誕生

アメリカの人口が増大し、ベースボール人気が次第に大衆に浸透していくなかで、シンシナティにも1866年に、地元名産の栃の木を名前にしたバックアイ・ベースボールクラブ（Buckeye Baseball Club）が誕生する。このチームは1860年の創設時にはバックアイ・タウンボールクラブの名称を冠していたが、次第にベースボールに魅せられ、名称を変更したのである。南北戦争後には会員が増加し、ライブオーク・ベースボールクラ

ブとして1866年7月15日に再出発する。同月23日には、後にアメリカ初のプロチームの母体となるシンシナティ・ベースボールクラブに誕生する[7]。主要なメンバーはエール大学やハーバード大学の出身者が多い。これは、このクラブが当時の知識階級の若者の娯楽としてベースボールに興じていたからであろう。使用するグラウンドは、ユニオン・クリケットクラブのグラウンドを借用した。夏にはクリケットとベースボール、冬にはスケートに使っていたグラウンドである。由緒正しいクリケットクラブとのグラウンド共用がこのベースボールチームの飛躍のきっかけとなったことは間違いないであろう（Ellard, pp. 17-26）。

　ここに、二人の快男子が登場する。一人目は地元有力者を父にもち、政治的な野心がある26歳の会計士、アーロン・チャンピオン（Aaron B. Champion）である。1865年にユニオン・クリケットクラブを設立したあと、ベースボールに関心を移し、アメリカ初のプロ・ベースボールチーム設立に尽力する。1868年には1万5000ドルの出資を得て、ユニオングラウンズを本格的な専用のグラウンドに改装し、翌年には1万6000ドルの出資を得て、選手獲得資金とした。

　二人目は、若干30歳のハリー・ライト（Harry Wright）[8]である。ニューヨークで、夏は週給12ドルで雇われるクリケットチームのプロ選手として、冬は宝石商として働いていた。1865年夏、年俸1200ドルの好条件に誘われて、シンシナティのユニオン・クリケットクラブに移籍する。彼は、クリケット場を使っていたベースボールのゲームに次第に魅かれていく。1867年11月22日には正式にベースボールクラブの選手として、同じく年俸1200ドルで契約（ibid., p. 26）。

　シンシナティ・ベースボールクラブは強かった。たとえば、1868年のシーズンには、オールドオーク・ベースボールクラブなど市内のチームと10試合、ニューヨークのチームと11試合、オハイオ州のチームと12試合、その他のチームと16試合を戦い、通算42勝7敗（1不戦敗を含む）を記録した（ibid., pp. 71-72）。

　シンシナティに限らず、当時のアメリカでは、地元のチームを積極的に応援する気風が強かった。1866-1871年のこのチームの後援会名簿に

は380人が記されていて、とくに、市内でスポーツ用品店を経営し、創設当時の有力な後援者ジョージ・エラードの息子であったハリー・エラード (Harry Ellard) は、当時のシンシナティの応援者の一人が「ベースボールは地元出身の選手だけで戦うのが筋で、ほかから選手をスカウトするなんて、ベースボールの破滅だよ」と答えたことを紹介し、チームは地元の誇り高い財産であり、選手はチームの一員であることを、経済的な支援者はチームの後援会の会員であることをそれぞれ誇りにしていると述べている (Ellard, pp. 77-83)。

　セミプロではなくて本格的なプロ球団を創設したいという市民の気持ちは次第に共感を得てついに実現の運びとなった。これがシンシナティ・レッドストッキングスであり、全米初のプロ球団となった (Koppett 2004, p. 13)。1868年9月9日のクラブ総会で、来シーズンつまり1869年においても強力なチームを維持するには、戦力を強化しそのためにはアマチュアリズムを棄てる必要があることを決議している (Ellard, p. 93)。アルバイト的に選手全員に金銭を渡して活動していたプロチームはあったけれども、シーズン契約で全選手を雇用して戦うのは、このレッドストッキングを嚆矢とする。シンシナティ・ベースボールクラブは、レッズという愛称で呼ばれるようになった。

　資金的な裏づけを確保したチャンピオンは、レッドストッキングスの選手兼任監督ライトにカルトブランシュ（白紙委任状）を与えた。彼の契約年俸は1200ドル。白紙委任状を渡されて、いわばGMとなったライトは、優秀な選手と次々に契約する。中核はレッドストッキングスの選手5人でほかに地元のチームから3人、ブロンクスから弟のGeorgeともう一人を採用した。弟とは年俸1400ドルで、一番安い選手で年俸600ドルで契約した。ライト本人を含めて総勢10人を雇用したから、補欠は一人という計算になる。球団の年俸総額は9300ドルであった。当時の中産階級の所得がほぼ1000ドル、労働者は350ドルそして炭鉱夫は450ドルであったから、運動能力に優れた青年には高額の年俸は魅力的であったろう。しかも、当時としては1年の選手契約はなかった。プロである以上勝たないといけないわけで、勝利を意識したプレーが自然と盛んになり、全米か

らベースボールに長けた優秀な青年がシンシナティに参集するようになる (Rossi, pp. 15-16)。

　赤いストッキング姿のユニフォームからチーム名をレッドストッキングスとした。全米初のこのプロチームは、鉄道網が次第に整備されてきたアメリカの東部地域をくまなく巡業しただけでなく、カルフォルニアまで足を伸ばすなど、延べ1万2000マイルを遠征、各地のアマ球団と戦い、その年の観客動員数は20万人を超えた (ibid., p. 16)。プロ球団としての最初の年である1869年には、65戦全勝の怒濤の成績をあげた。一試合の最高得点は103点、最低得点は4点の一試合だけで、65試合の得点は、40点台が16試合、30点台が11試合、20点台が10試合そして50点台が9試合などである (Ellard, pp. 117-118)。翌シーズンには、2万人の大観衆を集めた6月14日のブルックリン・アトランティックス戦で、延長11回7-8で敗れるまで破竹の27試合連勝街道を走った[9]。それまで得点100点台3試合など打線好調であっただけによもやの敗戦となった。残り41試合を35勝5敗1引き分けでシーズンを終えた。シカゴのホワイトストッキングスには0勝2敗、ブルックリンのアスレティックスには1勝2敗と分が悪かった (ibid., pp. 149-150)。

　レッドストッキングスの活躍は、全米のほかの都市にベースボールチーム創設の動きを巻き起こした。アメリカ中西部には株式会社組織のプロチームが続々と登場し、一つの新しい時代が始まることとなった (Rader 1992. p. 26)。

　連戦連勝、負け知らずのレッドストッキングスは前述のように、1870年6敗を喫してシーズンを終了した。地元のスーパーチームの連勝記録が途絶えてしまい、不敗神話が崩壊し、このシーズン最後に負けが込んで、シーズン通算6敗したことで地元ファンが興ざめしてしまった。入場料収入が急減していった (Voigt 1966, pp. 32-33)。また、選手からの年俸アップの要求が高くなり、次年度の球団経営が難しくなるという見通しとなった。1869年シーズンでさえ、球団の黒字はわずか1.25ドルだったとされる。オーナーのチャンピオンは株主から追放される事態となり、年俸削減は必至となっていった。シンシナティの二枚看板のライト兄弟は他の3選

手とともにボストンに移籍し、他の選手はワシントン・オリンピックスに移籍したのである（Rader, p. 28）。

　1870年11月21日にシンシナティ・レッドストッキングスのボンテ（A. P. C. Bonte）会長はクラブの会報で次の報告をした。「来シーズンに向けた年俸交渉のための予備段階で選手側の要求がきわめて高く大幅な赤字に陥ると予想される。過去2年間、ナインの年俸総額は6000ドルないし8000ドルを上回る金額に膨れ上がった。これでは、ほかの経費を削減してもプロ球団としてやっていけるものではない。来シーズンには年俸総額は倍増すると思われる。破産するかあるいは球団出資者に赤字補塡をお願いするかである。こうした巨額の年俸は、地域社会からはねたみを、そして選手自身には放縦と浪費をもたらしていて、結果的に彼ら自身のためにもよくないだろう。とくに、見過ごすことができない点は、彼らの将来の人生の成功に不可欠の自己管理を見失わせ、さらに社会が選手に寄せる支援と好意を台無しにするものである。

　会員諸君にはこれまで選手の雇用にともなう経費に関して格段の配慮を賜った。私は選手の要求に応じることがいいとは決して思わない。以上述べきった理由により来シーズンは一人の選手とも契約しない。幸い、我々のクラブは優秀なアマチュアの選手を多数抱えている。彼らはベテランのプロ選手の活躍に隠れて目立たなかったけれども、来年は、我々のグラウンドですばらしい試合と活躍を見せてくれるだろう。現在、クラブは無借金状態であり、今後もそのようであるべきであると信じている（Ellard, pp. 153-155)」。この後に召集された総会でクラブの解散が決せられた。

　ところが、この声明は選手に対する脅しであり、年俸要求をかわす目的だったとクラブの理事の一人が述べている。いずれにせよ、有力選手4人を引き抜かれた以上、クラブの来期の展望は開けなかっただろう（Seymour 1960, p. 59）。

　しかし、全米初のプロ球団を抱えたシンシナティの知名度は全米に広がった。同市にみならって各地でプロベースボールクラブを立ち上げる動きが活発化する（Koppett 2004, pp. 14-15）。シンシナティからボストンに移ったのは、主力選手だけでない。レッドストッキングスという愛称も

移った。結局この年でこのプロチームは解散となった。

　実は、この年の 7 月 18 日にレッドストッキングスは、ボストンに遠征して地元のハーバーズを 20-17 で撃破した。ボストン市民からこうしたプロ球団は地域の大事な資産（community asset）の一つとして保有すべきという意見が出ていて、ボストンはライト兄弟の引き抜きに成功したわけである。彼らは 1876 年の NL 立ち上げの際に、新球団のニックネームをシンシナティからレッドストッキングスを拝借して、Boston Red Stockings とした（Bill Cunningham, p. 91）。

1.5　ナショナル・アソシエーション（NA）の設立

　全米各地で地元の実業家、政治家そして後援者が株式会社方式で球団の立ち上げに走った。ボストン・レッドストッキングスがほかのアマ球団に呼びかけて、1871 年 3 月 17 日の聖パトリックの祝日に、NA（National Association of Professional Base Ball Players. base と ball が離れていた）を結成した（Rader 1992, p. 35）。力点は NABBP（1.1 節）には入っていなかった、単語の「Professional プロフェショナル」にある。選手達がようやく彼ら自身でプロチームを立ち上げたのである。彼ら自身が管理運営し財源的にもやりくりして、この画期的な試みが数年継続したことは評価していい。

　参加チームは、シカゴ・ホワイトストッキングス、クリーブランド・フォーレストシティーズ、フォートウェイ・ケキオンガス（Fort Wayne Kekiongas）、ロックフォード・フォーレストシティーズ、ボストン・レッズストッキングス、ニューヨーク・ミューチャルズ、フィラデルフィア・アスレティックス、ワシントン・ナショナルズ、ワシントン・オリンピックス、トロイ・ヘイメーカーズ（Troy Haymakers）の計 10 球団である（Rossi, p. 19）。

　新たに獲得した豪腕投手のスポルディングを擁したボストン・レッドストッキングスが 1872 年から 4 年連続の優勝を果たしている。通算 7 年で 252 勝 65 敗の快記録を残した。

しかし、NAは、選手のいわば自治組織であり経営組織としては最初から問題をはらんでいた。第一の問題は、参加チームが固定しなかったことである。ボストン・レッズストッキングス、ニューヨーク・ミューチャルズ、フィラデルフィア・アスレティックスの3チームは留まったけれども、残りのチームはすべて途中で撤退し、別のチームが参入した。参入したチーム総数は延べ24チームにものぼった（ibid., p. 20）。

　第二に、NAの運営管理が弱かったことがある。たとえば、当時は球審一人でしかもビジター球団が推薦した複数の審判からホーム球団が一人選ぶ取り決めになっていた。審判の選考を巡って調整がつかず、観客が騒然とするなかで試合開始が1時間以上遅れたこともあった。一人の球審が客観的な判断を下すことは状況によっては至難の業で、判定に際して選手の意見を聞くことすらあった。選手、監督あるいは観客からの抗議に感情的に反発して、選手の腕をバットで2回も叩いて負傷させた審判も出たほどである（Rader 1992, pp. 39-40）。

　リーグとして加盟球団に対する統制力が弱く各球団は他球団と最低5試合をする義務を課されたにとどまった。予定試合日程を無視して試合当日にno-showする球団があったり、鉄道網が未整備でチームの移動がスムーズにいかないこともあり、試合日程を組むことが難しかった。選手の移籍のルールもなく、ボストンは他チームの有力選手に対して、より高い年俸を提示して引き抜いた。選手側も条件次第でいつでも他球団に移籍した。頻繁に球団を変わるので、彼らは回転式弾倉短銃に擬せられて「リボルバー（revolver）」と称された。贔屓球団のエースのシーズン途中での移籍にファンは失望し、人気はピークを過ぎた。いかさま師から頼まれた八百長試合を引き受けることさえあった。

　この新興のプロリーグを破滅に追いやった決定的ともいえる事件が起こる。1918年8月1日のスポーティングニュースは、かつての名選手デビッド・フォース氏（David Force, 1849-1918）に対する次の追悼記事を掲げた。「フォース選手はリーグに大きな結果をもたらした。彼の身勝手な行動がナショナルリーグを創出した」と題して、次の趣旨を述べている。

　「彼は、1874年シーズン終了後に、翌年の選手契約にあたり、シカゴ・

ホワイトストッキングスおよびフィラデルフィア・アスレティックスの両球団と二重契約していることが1875年シーズン開幕前に発覚した。二重契約を行う選手は、実は彼一人ではなかった。彼は5フィート4インチ（約160cm）とリーグで一番背が低かったものの、短軀強健の実力と名声を博した好選手であった。リーグを代表する、攻走守三拍子そろった名選手であったのだ。裁定委員会は、1874年9月という早い時期に契約したシカゴ入団有効との裁定を下した。ところが、1875年にNAの新会長に就任したスポルディングは、裁定委員会のメンバーを入れ替えた。新しい委員会は、シーズン中の契約は無効であり、シーズン終了後の12月に交わされた契約、つまりフォース選手のフィラデルフィア入団を認可することで、一気に事態収拾を図った（http://www.thedeadballera.com/Obits/Obits_F/Force.Davy.Obit.html）」。

プロのベースボールが勃興した時代には、現在では考えられないことが日常茶飯事に起こっていた。チーム関係者や選手の贈収賄の噂、選手契約条項からの逸脱、シーズン中に繰り返される移籍そして選手達の過度の飲酒や不摂生が少なくなかった。彼の二重契約問題は、NAの潜在的な多くの問題を白日の下にさらした。ギリシャ神話にでてくるオージアス王の牛舎のような不潔な舞台は、一夜にして叩き潰されて、新しい舞台が出番を待つことになった。

アメリカ大リーグ揺籃期のなかで、経営に余力がなく行き詰まる球団が続出した。1875年にNA自体が行き詰る。経営的な問題や、選手のモラルの問題、そしてリーグ自体の管理運営の問題を残したNAであったけれども、貢献も大きかった。選手の技量、とくに守備力が各段に向上した。ダブルプレーが行き渡り、投手も力をつけてきた。スコアボードの得点がたとえば100-20になるようなことはなくなり、守備と攻撃が拮抗してきた。1872年外野手のハットフィールド（Jim Hatfield）がホームに返球した球の飛距離は400フィート7.5インチを記録した。この記録は70年間破られなかったという（Rossi, p. 20）。

とはいえ、ギャンブルと飲酒が、健全なベースボールの発展に黒い影を落としていたことは事実であり、スポルディングは自著のなかで、賭博主

に踊らされた、酔っ払いの選手達が、ラッシャーといわれる切り込み隊長役の選手を先頭にグラウンドで殴り合うことがたびたびあったと証言している（Spalding, pp. 190, 200）。

1.6 ナショナル・リーグ（NL）の発足

　1875年、シカゴ・ホワイトストッキングスの新会長に就任したハルバート（William A. Hulbert, 1832-1882）は、元々は石炭の取引業者であり、地元シカゴを愛した人物である。株式ブローカーとして成功した彼は、スポルディングの回想によれば、「私はこうする」とか「チームはこうする」とは言わず、いつも「シカゴはこうする」であり、常日頃「私はシカゴ以外の町で百万長者であるよりもこのシカゴの町の一基の街灯でありたい」とスポルディングに口癖のように言っていたという（Spalding, pp. 207-208）。1861年の大火の影響で低迷していた街の復興に心を砕いていたハルバートは、市民の気持ちを元気にさせるのは、地元のベースボールのチームの活躍のほかにないとして、シカゴ・ホワイトソックス立て直しを一番と考えた（Koppett 2004, p. 25）。

　実際、このチームを強力なチームにするために、一世一代の手を打った。それは、最強チームのボストンから「ビッグフォー」と呼ばれた実力選手を一挙に引き抜いたことである。豪腕のスポルディング投手、打撃王の二塁手ロス・バーンス（Ross Barnes）、一塁手カル・マクベイ（Cal McVey）そして、ジェームズ・ホワイト（James White）捕手を獲得した。世間の轟々たる批判は承知のうえであった（Leitner, pp. 114-115）。

　彼は、まずNAに所属していないシンシナティ、ルイビルそしてセントルイスの球団オーナーの了解を得たうえで、1876年2月2日にNA球団のなかのフィラデルフィア、ニューヨーク、ボストンそしてハートフォードの4球団オーナーに声をかけて、ニューヨーク・ブロードウェイのセントラル・ホテルで新リーグ設立の趣旨を説明した。[10] オーナー達はハルバートの話に乗った（They bought it）。かくして、ここに現在まで続くナショナル・リーグ（NL）が結成されたのである。わずか5年前にNAを自ら

立ち上げたライトであったが、NA の崩壊を予感していたのか、新しいリーグの創設に反対する理由はいささかもなかった（Koppett 2004, pp. 26-29）。NA の度重なる黒い噂、八百長、贈収賄のスキャンダルの噂に辟易していたファンは、ハルバートの「球界の刷新」のために新しいリーグのもとで出直すという案に賛成した。かくて、NA は NL に実質的に吸収される形でもろくも自滅した。

　ハルバートは NL の初代会長にハートフォードのオーナーであるモーガン・バークリー（Morgan Bulkeley）を担ぎ上げた。これには彼なりの冷静な計算があったのかもしれない。NA のように途中でリーグが崩壊しては実も蓋もない、安定的な組織運営を維持するには、東部のチームのオーナーの協力が不可欠であり、そのためには実権はハルバートが握り、名目的な初代会長に、バークリーを推挙したわけである（Reidenbaugh, p. 155）。

　スポルディングは、1875 年半ばに、ハルバートから破格の扱いを示されてシカゴ入りを熱心に勧誘された。「投手兼主将兼監督を引き受ける条件で、年俸は固定給 2000 ドルに加えて、球団入場料の 25% を支払う」という条件を打ち出されては、さしものボストンも歯ぎしりするしかなかった。シカゴに移籍してきたのは、彼だけでなかった。彼が勧誘して、ボストンの同僚選手 3 人に加えて、フィラデルフィアの英雄、強打者キャップ・アンソン（Adrian "Cap" Anson）一塁手も勧誘した。スポルディングの回想によれば、主力選手を引き抜かれた東部のエリート球団は報復行動に出て、シカゴを NA から放逐するであろうとハルバートは予想し、それならこちらから先制攻撃に出て、自己防衛的に新しいリーグ、それも名称にこだわり、ナショナルアソシエーションは古臭い名前だから、新鮮なナショナルリーグ（NL）の名称で新リーグ創設に動いたという（Spalding, p. 208）。さらに、フランチャイズ（日本の野球協約では地域権と規定されて、「ベースボール上のすべての利益を保護され、他の地域権をもつ球団に侵犯されることはない」と規定）の都市として、NA の失敗を繰り返さないために、観客動員が期待できる大都市に限定した（Rader 1992, p. 41）。

1.7 NL 憲章

1876年2月2日当日制定されたNL憲章を下記に紹介する（http://www.businessofbaseball.com/1876nlconst.htm、2006.4.8閲覧）。

全14条から成る法文は、大リーグとして初の明文化された憲章である。第1条（名称）で、この連盟の正式名称は、The National League of Professional Base Ball Clubs と謳っている。プロフェッショナルとは、利益を上げることを宣言したとみてよいだろう。崩壊したNAも同じ言葉を入れていた。NLがベースボール・プレイヤーではなくベースボール・クラブと明記したことに、プレイヤー主導ではなくて、クラブ主導のリーグであるというハルバートの強い意思がうかがえる。

第2条（目的）には、①ベースボールの試合を活性化し、育成し、そして質を高めること、②ゲームの適切なルールを具体化すること、③権威があり、名誉ある試合運びを展開させること、④リーグの球団および選手の共通の利益を擁護し促進すること、そして⑤ペナントレース制覇を目指すリーグ試合として確立し規制することを、明記している。

第3条（会員）では、当日参集した8チームをチーム名のアルファベット順に従って以下のように羅列し、その第2項で1都市1球団の原則を掲げている（フランチャイズという単語は書かれていない）。球団をおく都市は、全球団の全会一致の場合を除いて、人口7万5000人未満の都市であってはいけない（3項）とした。

　　フィラデルフィア・アスレティック・ベース・ボール・クラブ
　　マサチューセッツ・ボストン・ベース・ボール・クラブ
　　シカゴ・ベース・ボール・クラブ
　　シンシナティ・ベース・ボール・クラブ
　　ハートフォード・ベース・ボール・クラブ
　　ブルックリン・ミューチャルズ・ベース・ボール・クラブ
　　ルイビル・ベース・ボール・クラブ
　　セントルイス・ベース・ボール・クラブ。

第4条（理事会）では、理事会規約を説明し、5名の理事は抽選によっ

て年次総会で選考し、理事長は5名の理事により互選し、事務局長は球界以外から選考すること、その年俸は300-500ドルであることと規定する。

第5条（球団）では、各球団は本拠地都市およびその5マイル周囲の地域を独占的に管轄していて、この領域では、リーグ他球団は本拠地球団の同意が仮に取れたとしてもいかなる別の球団とは試合ができないことを述べている。本拠地とした都市での独占的な試合開催の権利を与えて、球団の利益を守ろうという意図が透けてみえる。

第6条（会費よび割当金）では、年間100ドルの会費のほかに、必要な場合、追加的な割当金を課すとした。

第7条（除名）では、三分の二の理事の賛成があれば、次の場合には当該球団を除名処分に付すことができるとした。すなわち、球団の解散、試合放棄、理事会の求める法的要件を満たさない、選手側に問題がないにもかかわらず選手との契約更新に球団が応じない、あるいは球団が憲章またはベースボール規約に従わない場合である。

第8条（論争・苦情）では、除名処分の具体的な手続きと、除名処分を受けた球団の異議申し立ての筋道を解説している。まず、第7条に掲げた、除名処分に該当する容疑は、理事会年次総会で公聴会に喚問し、容疑事実を認定した段階で、リーグに通知する。リーグは三分の二の理事の賛成があれば、当該球団を除名追放する。理事会は、憲章の解釈および改正に関して、球団間の論争を調整し裁決するリーグの最終決定機関であり、何人も抗告できない。理事会は、解雇または追放処分を受けた選手の異議申し立てに関する最終決定機関でもある。さらに、ベースボール・ルールに関しても最終裁決機関である。球団間でベースボール・ルールの解釈をめぐり決着がつかない場合、原告球団は宣誓供述書を添えて事務局長に申し立て書を提出、その後15日以内に被告球団は宣誓供述書を添えた反論書を同じく事務局に提出。NL会長は、当該2球団を除く他球団メンバーから3名の仲裁人を指名する。3名の仲裁人の多数決で最終決定を行い、抗告は認めない。

第9条（年次総会）では、年次総会の開催地と時期を指定する。

第10条（ベースボール・ルール）では、年次総会においてその年のシー

ズンで適用するベースボール・ルールを決定することを述べている。

　第11条（契約）では、球団との契約期間終了後に、他球団は当該選手との契約が可能となると述べている。それまで、頻繁にあった「リボルバー」を根絶させるためであり、保留条項という単語はないものの、選手を球団が縛る意味合いが強くにじみ出ている。また、契約解除の場合には球団は本人の人格（character）によって解雇したのではない旨の書類をリーグ事務局に提出しなければいけないとした、というのは、この書類が添付されない限り、「解雇されたか、除名された」と解釈され（3項）他球団との契約資格がない可能性が出るからである。人格とは恣意性がある。

　さらに、球界追放処分にあった選手は本人の申し立てによって復権されない限り、球界に復帰できない。球団が解散か撤退した場合は、その選手は20日後以降に他球団の選手として出場することを認められるとした。

　第12条（ペナントレース制覇）では、シーズンは3月15日から11月15日であり、日曜日の試合は公式戦とは認めない。各球団は他球団とそれぞれ10試合を行うこと、もしも球団の過誤によって試合を消化できない場合は来シーズン、ペナントレースに参加する資格はない（1項）。10試合のうちの半分はホームグラウンド、残り半数は相手球団のホームグラウンドで戦う（2項）。移動中の不慮の事故や降雨などによる試合中止を除いて、試合日程を守らない場合は、没収試合とし、相手方勝利で9-0とカウントする。ただし、選手死去の場合は当該球団の要請があれば延期試合とする。また、他球団の選手または20日前まで他球団の選手であった選手、あるいは球界追放処分を受けた選手を自軍選手として出場させた場合も没収試合とみなす（3項）。引き分け試合は日程の許す限り再試合とする。勝ち星の多い球団をペナントレース優勝球団として、勝ち星が同じ場合は負け数の少ない球団を優勝とする（4項）。

　第13条（フィールド・ルール）では、「いかなる球団も球場内または球団所有の建物内において賭事を容認しない。フィールド内には選手および審判、そして監督、スコアラー、球団職員そして警備員以外は、誰も試合中は入ってはいけない」というプラカードを球場内に掲げなければいけない。選手はユニフォームで観客席に入ってはいけない。主催者側球団は十

分な警備体制をとり、もしも観客がフィールド内に乱入し試合続行ができない場合に、相手球団は試合続行を拒否できる。15 分以内にフィールド内が静寂にならない場合は、9-0 で相手球団の勝利とする。アンパイアは試合の唯一の審判員であり、大声をだしたり、騒いだり、あるいはアンパイアを侮辱した観客は、すみやかに排除されなければならない。

第 14 条（憲章改正）では、この憲章はリーグの年次総会において球団代表者の三分の二以上の賛成で改正できる。

憲章の最後に、8 球団の代表は、国民的娯楽としてのベースボールの今後の健全な発展を誓い、NA からの速やかな撤退を互いに約束し、本日新しく、National League of Professional Base Ball Clubs を創設するものであると、高らかに宣言している。

この新憲章の基本は次の 5 点にあることに注意したい。

① 球団のホームグラウンドの所在都市は人口 7 万 5000 人以上。
② 一球団によるテリトリーの地域独占を認める。
③ サバティカル（休息日）である日曜日開催のゲームの禁止（一般の労働者にとっては、日曜日しか休みがとれなかったのだが）。
④ 八百長試合の厳禁と制裁。
⑤ 人格条項（第 11 条）の導入。

1.8　19 世紀後半のアメリカの人口

次の表 1-5 は当時のアメリカの州別人口の推移を示している。19 世紀後半の 20 年間の人口の多い州をランキングしている。1870 年当時に人口数が 100 万人を超えた 15 州に限る。トップのニューヨーク州は 438 万人、10 年後の 1880 年には 500 万人台を超え、そのさらに 10 年後の 1890 年には 600 万人に手の届く人口に達している。隣のペンシルベニア州は 352 万人から 526 万人に増加している。ランキング 1 位と 2 位は動かない。オハイオ、イリノイ、ミズーリ、インディアナ、ケンタッキー、テネシー、アイオワ、ミシガン、ウィスコンシンなどの中西部諸州はいずれも 1.5 倍

表1-5 アメリカの州別人口の推移

州	1870年	1880年	1890年
ニューヨーク	4,382,759	5,082,871	5,997,853
ペンシルベニア	3,521,951	4,282,891	5,258,014
オハイオ	2,665,260	3,198,062	3,672,316
イリノイ	2,539,891	3,077,871	3,826,351
ミズーリ	1,721,295	2,168,380	2,679,184
インディアナ	1,680,637	1,978,301	2,192,404
マサチューセッツ	1,457,351	1,783,085	2,238,943
ケンタッキー	1,321,011	1,648,690	1,858,635
テネシー	1,258,520	1,542,359	1,767,518
バージニア	1,225,163	1,512,565	1,655,980
アイオワ	1,194,020	1,624,615	1,911,896
ジョージア	1,184,109	1,542,180	1,837,353
ミシガン	1,184,059	1,636,937	2,093,889
ノースカロライナ	1,071,361	1,399,750	1,617,947
ウィスコンシン	1,054,670	1,315,497	1,686,880

(出所) Department of Interior Census Office (1895):*Unites Syates Eleventh Census 1890*

前後の人口増大を示している。アメリカ全州に占めるこれら15州の人口集中率は71.2%、67.4%そして64.3%と逓減傾向にあるものの、おおよそ2/3のシェアをもっていたことになる。

1.9 ハルバートの指導力とNLの発足

ハルバートは大都市をホームグラウンドとするチームを続々とNLに加入させた。つまり、大リーグの名実ともに兼ね備えたリーダーの自負のもとで、まず中西部では、シカゴ、シンシナティ、ルイビル、およびセントルイスの4都市を、東部地区では、ボストン、ハートフォード、ニューヨーク（ブルックリン）、およびフィラデルフィアの4都市を各チームの本拠地とした（Rossi, p. 27）。今までのNAの失敗から、彼は大都市をフランチャイズに限定し、中小都市は相手にしなかった。崩壊したNAリーグの加盟料10ドルは安すぎて、人口の少ない地方球団も10ドルを支払え

ば、NA に参加できていた。どんなチームでも加入できるリーグであってはいけないという判断のもとで、ハルバートは加入チームを限定する形で新リーグの立ち上げに動いた。大都市の球団に比して財政力の弱いチームを考慮して、ゲーム入場料は 2 球団で折半とさせた。また、全米各地に群雄割拠していた幾多の他リーグの球団との試合は厳禁とした。選手がシーズン中に移籍交渉することも厳禁した。ベースボールを威厳のある真のスポーツとするために、選手にはラフプレーを厳禁し、日曜日の開催を禁止した。また、球場内でのアルコール類の販売や賭けを禁止した。

最低入場料を当時としては高めの 50 セントで統一した。これにはわけがあり、とかくマナーの悪いと評判の労働者階級の一部を締め出し、もっとマナーの良い人々に来てもらうためでもあった。NL こそが「アメリカ国民の健全な娯楽の守り手」という見栄を張ったわけである（Rader, pp. 41-43）。

1876 年の NL の戦績は次のとおり。各球団は平均 64 試合を消化している。試合数が各球団 10 試合の計 70 試合にならなかったのは、降雨その他の事情によると思われる。リーグ順位に従い、勝数 − 負数（得点 − 失点）を記す。優勝チームのシカゴ（監督はスポルディング）と最下位チームのシンシナティのゲーム差は 42.5 と大きく開いている。実力に大きな差があったのである（The Baseball Encyclopedia, p. 85）。

1876 年の成績

1 位　シカゴ・ホワイトストッキングス：52-14（624-257）
2 位　セントルイス・ブラウンストッキングス：45-19（386-229）
3 位　ハートフォード・ダークブルーズ：47-21（429-261）
4 位　ボストン・レッドストッキングス：39-31（471-450）
5 位　ルイビル・グレイズ：30-36（280-344）
6 位　ニューヨーク・ミューチャルズ：21-35（260-412）
7 位　フィラデルフィア・アスレティックス：14-45（378-534）
8 位　シンシナティ・レッズ：9-56（238-579）

1880年センサス統計によれば、中西部ではシカゴ（1880年全米4位50万人、以下同様）、シンシナティ（8位26万人）、ルイビル（16位12万人）、セントルイス（6位35万人）、東部で、ボストン（5位36万人）、ハートフォード（Hartford、43位4万人、コネチカット州の州都）[11]、ニューヨーク（1位121万人）、フィラデルフィア（2位85万人）と、総人口369万人を保有する巨大なマーケットを握ったことになる。

　NLの立て役者であるハルバートの強力な指導のもとで、試合日程をこなさないチームに対して、強権を発動した。フィラデルフィア・アスレティックスおよびニューヨーク・ミューチャルズをリーグから追放した（憲章第12条1項）。両球団は、遠征費がかさみ赤字が予想されるので1876年のシーズン終盤に予定されていた中西部への移動を拒否して試合日程をこなさなかったのである（Voigt 1966, p. 69）。

　事情は次のとおりである。まず、ミューチャルズにはとかく八百長の噂がたち、ファン離れが目立ち、経営不振が続いた。9月までに先発9人が他の球団に移籍してしまった。セントルイスでの2試合およびシカゴでの3試合をこなすための旅費を球団が惜しんで遠征を拒否した（Dewey & Acocella, p. 364）。

　アスレティックスの事情は次のとおり。地元フィラデルフィアでアメリカ独立100周年を祝って万国博覧会など多彩なイベントが開催された。万国博覧会は、かつてワシントンにアメリカの首都が移る前、10年にわたり仮の首都がおかれていた由緒ある土地柄を記念しての開催となった。イベントの一つに、アメリカの図書館の将来像を考える協議会開催がある。十進分類法で有名なデューイも参加して、後のアメリカ図書館協会（ALA）結成に結実している[12]。ほかにも、大学対抗レガッタ大会、アメリカ最初の自衛消防隊誕生を祝うパレードなど無料のイベントが多くて、アスレティックスの有料の試合を応援する観客は少なかったという。財政的な困難から、遠征費を捻出できなかった（ibid., p. 452）。さらに、ハートフォードが47勝21敗で3位に終わりしかも損失が嵩んだために、オーナーのバークリーは球団をブルックリンに翌1877年に移転させた。彼は球団を移転した初めてのオーナーとしても記録された。ニューヨーク・

ミューチャルズの後釜として移転したことになる。ニューヨークの地でハートフォード・ミューチャルズとしての再出発をはたしたものの 2500 ドルの損失を目前に彼は球団を解散させた（Dewey & Acocella, p. 97 & p. 275）。

　残る 6 球団でペナントを競った翌 1877 年のシーズン、8 月の日程が終わった段階で 2 位に 2.5 ゲーム差をつけて首位を走っていたルイビル・グレイズに 9 月に入ってから負け試合が重なり、最後にはついにボストン・レッドストッキングスに優勝を奪われる予想外の結果となった。NL2 年間で通算 65 勝のルイビル・グレイズの速球投手ジム・デブリン（Jim Devlin）のほかに、アスレティックスから移籍した、1876 年本塁打王（5 本）の強打者ジョージ・ホール（George Hall）をはじめ、主将で二塁手のビル・クレーバ（Bill Craver）、そして補強した外野手のアル・ニコルズ（Al Nichols）がニューヨークのいかさま師の誘いに乗って、八百長試合をしたのではないかという、疑惑を招くペナントレースの顛末に調査のメスが入った。NL は「ルイビルの四人組」を球界から永久追放するという厳罰に処した（Voigt 1966, pp. 70-73）。

　無学でベースボール以外に生計を立てる道のないデブリン投手には、同情の余地があった。妻と子供の生活を支えるためにいかさま師の話に乗ってしまったという陳情の手紙がデブリン自身からハリー・ライトに送付されたものの無視されている。誤字脱字の多い手紙であった。また、デブリンは、スポルディングの記憶では、ルイビルから 400km をおそらく歩いて、シカゴのハルバート会長の事務所に赴き、涙ながらに再復帰を直訴する。苦労人のハルバートはかつての名投手の苦境は十分に理解していた。もらい泣きの会長はポケットから 50 ドル紙幣を彼の手のひらに握らせて、"You are dishonest, you have sold a game" と言い放ち、二度と来るなと追い返した（Letner, pp. 122-123, Spalding, pp. 228-229）。

　1878 年のシーズン NL は、セントルイス、ブルックリン、ルイビルを追放し、その代わりにプロビデンス、インディアナポリスそしてミルウォーキーを参入させた。この年は全球団が試合日程をすべてこなした初めての年となった。しかし、1880 年には儲からないという理由で、ミル

ウォーキーとインディアナポリスをはずし、代わりにトロイ、シラキュース、クリーブランドそしてバッファローを入れた。こうしてこの年に NL は 8 球団体制に戻った。(Voigt 1966, pp. 77-79)。また、シンシナティ・レッズを球場内での日曜日のアルコール販売自粛を破ったとして、1881 年にリーグから追放した。さらに、従来はホームチームのキャプテンに人選を任して、公平さに欠けると不評であった審判員選任について、専門職としての審判員制度を導入したのも彼である (Reidenbaugh, p. 155)。

　1876 年から 1890 年の 15 年間、22 の球団が入れ替わり立ち代り参戦したものの、継続したのはシカゴとボストンの 2 球団にとどまった。実際、1880 年代半ばまで、NL は「シカゴ・リーグ」と俗称されていたという。ハルバートを中心にシカゴが人事を握っていたことに加えて、ホワイトストッキングス戦で他球団の経営が成り立っていたからである (Rader, pp. 44-45)。キャップ・アンソン一塁手と キング・ケリー (Michael Joseph "King" Kelly) 捕手・内野手・外野手が人気選手の双璧であった。アンソンの打率は 22 シーズン通算で 2 シーズンを除いて 3 割を割らなかったし、4 回首位打者に輝いた。身長 6 フィート 2 インチ、体重 200 ポンドの巨漢で 1879 年から 1897 年の引退まで選手監督を続けた (ibid., p. 47)。

　ケリーは、アンソンが目をつけた選手で、シンシナティの保留リストに入っていないことから引き抜かれた。華麗なスライディングがファンの人気を集めた。生涯打率 0.308 の好打者であった。熱心なピューリタンのアンソンと、賭け事が好きで派手好みのケリーとはあわず、当時の最高額 1 万ドルで 1887 年シーズン開幕前にケリーをボストンに移籍させた (Adomites, p. 27)。

1.10　アメリカン・アソシエーション（AA）の創設

　1880 年代には、NL を含めて少なくとも八つのリーグが群雄割拠する時代でもあった。とくに、1882 年に創設されたアメリカン・アソシエーション（AA）は、新興リーグとしての勢いがあった。その立ち上げの中心人物は、セントルイスのアルフレッド・スピンク（Alfred H. Spink）とシン

シナティのオリバー・セイラー (Oliver P. Caylor) の二人であった。いずれもスポーツ雑誌記者あがりで、ドイツ系移民の多い地元の活性化に心を砕いていた人物で、NL のフランチャイズから落とされ、再度の挑戦にかけていた。スピンクは、セントルイス・ブラウンストッキングスのオーナーでビール会社社長のクリス・フォン・デア・アーエ (Chris Von der Ahe) と気脈を通じ、1881 年夏に彼の経営する遊園地で日曜にビール OK のベースボール試合を余興として開催したところ、予想をはるかに上回る観衆を集めた (Rader 1992, p. 48)。

AA が別名、"Beer and Whisky League" と呼ばれたのは、所属チームのなかの 4 球団がビール会社の経営であったからである。NL が禁止していた試合中のビール販売を認め、サンデーゲームの開催や、入場料を NL の半額の 25 セントに切り下げていた。「日曜日午後にビールを飲みながら観戦する」のは、労働者にとっては最高の贅沢であったろう。いずれも、一般の労働者階級を視野にしたマーケティング活動である。比較的収入の少ない彼らにとってベースボール観戦は休日の娯楽であった。平日のしかも午後のゲーム開催では、有閑階級しか観戦できなかった。

また、アーエはベースボールは知らないが、マーケティングなら知っていると豪語した人物である。彼はアトラクションとして、外野にローラーコースターを敷設したり、競馬や女性コルネット楽団を呼んできた。また、50 セントでベースボールと開拓時代の西部劇ショーがみられる 1 日チケットを売ったこともある。ベースボールの試合会場をビアガーデンにしたのは彼をおいてほかにない。ゲームのあとにバッファロービルの西部劇ショーをつけて、入場料を倍の 50 セントとしたのも彼の商魂である。AA に参加した都市は、東部のフィラデルフィア、ボルティモアおよび中西部のルイビル、ピッツバーグ、セントルイス、および NL を脱退したシンシナティである (Lichtman, p. 75)。

新興勢力の AA であったけれども、そのフランチャイズの人口は、NL の 2 倍を誇っていた。当時の NL は総人口わずか 137 万人をバックとしたフランチャイズに縮小していた。これは、ハルバートが大票田たるニューヨーク、フィラデルフィアそしてシンシナティを追放したからである。

これに対して、AA は総人口 207 万人を背後にもつフランチャイズに成長して、70 万人の人口の差をつけていた。チームの入れ替わりの激しかった NL がニューヨークとフィラデルフィアにフランチャイズを再びおくのは、ハルバートが死去した翌 1883 年である（Rossi, pp. 29-30）。

アメリカ内務省センサス統計によれば、フィラデルフィア（1880 年全米 2 位 85 万人、以下同様）、ルイビル（16 位 12 万人）、ピッツバーグ（13 位 16 万人）、シンシナティ（8 位 26 万人）、セントルイス（6 位 35 万人）、ボルティモア（7 位 33 万人）。

1882 年の AA の戦績は次のとおり（The Baseball Encyclopedia, p. 98）。リーグ順位に従い、勝－負（得点－失点）を記す。優勝チームと最下位チームのゲーム差は 32.5 と大きく開いている。実力に大きな差がある。

1882 年の成績
1 位　シンシナティ・レッドストッキングス：55-25（489-268）
2 位　フィラデルフィア・アスレティックス：41-34（406-389）
3 位　ルイビル・エクリプス：42-38（443-352）
4 位　ピッツバーグ・アレゲニーズ：39-39（428-418）
5 位　セントルイス・ブラウンストッキングス：37-43（399-496）
6 位　ボルティモア・オリオールズ：19-54（273-515）

1.11　ナショナル・アグリーメントの締結

南北戦争後の熱狂的な鉄道投資ブームが終わり、1870 年代の大不況時代が到来した。しかし、経済状況が改善してくると、次第にベースボール人気が浸透してビジネスとして軌道にのり始めた。人気選手獲得が短期的な経営戦術として採用され、一試合 19 奪三振の記録をもつチャールズ・スウィーニー（Charles Sweeny）投手、シーズン 40 勝、防御率 2.11 そして奪三振 170 の投手三冠王に輝くトミー・ボンド（Tommy Bond）投手、通算 284 勝のトニー・マレーン（Tony Mullane）投手など一挙に 30 人を超える NL の人気選手が AA に引き抜かれる事態となった。案に反して、

次に示すように、両リーグは過去の選手引き抜きの騒動を二度と起こさないように慎重に対処して、平和裡に事態の解決を図った（Rossi, p. 31）。

1883 年に、NL、AA およびマイナーリーグのノースウェスタンは、「1883 年のナショナル・アグリーメント」といわれる一種の和平協定を締結した。前年の 1882 年に事実上の NL の創始者であるハルバートが心臓発作で急死した事態を受けて、後継者のアブラハム・ミルズ（Abraham. G. Mills）会長は、新興の AA に人気で押され気味の NL を守るために、AA の優位を認めたうえで、対 AA の戦いにおいて、事実上の「武装解除」を決断したのである。アグリーメントの主たる内容は、①リーグ間で規約や選手の契約を相互に尊重して引き抜きを自粛し、さらに②保留条項（reserve clause）を遵守することを確認した。また、③両リーグの優勝チームで覇権を競うワールドチャンピオン・シリーズ開催を決定した。とくに、有力な 2 リーグが保留条項を確認したことの意味は非常に大きく、その後約 1 世紀にわたり、選手をチームに縛り付ける役割を果たすことになる。

ワールドチャンピオン・シリーズは、1884 年から 1890 年に開催された。初年度の対戦は、プロビデンス・グレイズ（NL）対ニューヨーク・メトロポリタンズ（AA）となった（Lichtman, p. 75）。

1889 年の両リーグの観客数は 300 万人（NL：135 万 3000 人、AA：164 万 5000 人）。日曜日の試合開催実施や入場料が NL の半値などが AA 優位の要因と考えられる。NL のニューヨーク・ジャイアンツの年間観客は 20 万 1989 人で AA のブルックリン・ブライドグルームスの観客は 35 万 3690 人（http://www.baseball-almanac.com/teams/laatte.shtml）。この 35 万人という年間観客数は驚異的で、1894 年に NL のジャイアンツが、AL では 1903 年にフィラデルフィアが上回るまで待たねばならなかった(http://www.baseballchronology.com/Baseball/Years/1903/Attendance.asp)。

当時の選手は若い独身が多くて、暇をもてあましてはバーに入り浸る酒飲みが多く、規律を守ることも難しかった。そこで、堪忍袋の緒が切れたシカゴのスポルディングは、とうとう主力のケリーやエースのジム・コーミック（Jim McCormick）やジョン・クラークソン（John Clarkson）を

飲酒や遊蕩のかどで放出した (Rader 1992, p. 57)。

1.12 NL の攻勢と積極的な経営戦略

NL は絶えず地域の現状に照らしてチーム数を削減したり増加させることに躊躇しなかった。NL はベースボールに対して明確なアイデンティティをもっていたので、リーグ全体の繁栄のためにはリーグ内の弱小球団を整理することも、また、他のリーグを粉砕することにもためらいがなかった。地域のバランスを考えて、フランチャイズをほかの都市に変更させることもした。

1.12.1 ユニオン・アソシエーション (UA) の設立

ところが、保留条項を嫌って多くの選手が新しいリーグ立ち上げに動いた。ユニオン・アソシエーション (UA) は 1884 年に立ち上がった。経済的な動機に動かされたのではなくて、というよりも、厳しい選手の立場に同情した、若き百万長者であったセントルイスのヘンリー・ルーカス (Henry V. Lucas, 聖ルカと呼ばれたほどである) が新リーグ創設に立ち上がったといえる。フランチャイズ 8 都市のなかで、セントルイス、シンシナティ、ボルティモア、ワシントンでは AA の球団と競合し、シカゴとボストンでは NL の球団と競合、フィラデルフィアでは両リーグの球団と競合することになった (Koppett 2004, pp. 45-53)。UA の 8 番目の都市、ペンシルベニア州のほぼ中央に位置するアルトゥーナはフィラデルフィア―ピッツバーグ間の鉄路の要衝ではあったが人口が少なかった。

12 球団でスタートした UA は意気揚々とスタートした。ところが、セントルイス・マルーンズが開幕 20 連勝と爆走して観客の関心を失わせた。4 球団が 20 試合も戦わずにリーグから脱落した。マルーンズはリーグ優勝を 94 勝 19 敗で飾った (http://www.baseball-reference.com/teams/BOS/1884.shtml)。また、一流選手を既存リーグから多数集めることができず観客動員に失敗し、ルーカスの財産はあえなく霧消し、リーグはわずか 1 年で消滅した。1884 年のシーズン終了後に、NL はこの崩壊したリー

グに移籍した選手たちの NL 復帰を許し、さらにルーカスには NL から撤退したクリーブランド枠に、ルイスがオーナーのセントルイスを入れた (Rader 1992, pp. 49-50, Koppett 2004, pp.45-50)。

1.12.2 プレイヤーズ・リーグ（PL）の設立

年俸に対する不満と経営者への不信から選手達が 1890 年に自らメジャーリーグと表明して立ち上げたのが、プレイヤーズ・リーグである。その中心人物は、ジョン・モンゴメリ・ウォード（John Montgomery Ward）であった。1879 年にはプロビデンス・グレイズのエースとして 47 勝 19 敗の記録を達成し奪三振、勝利数そして勝率でリーグトップの成績を残した選手である。1888 年には腕の炎症のため遊撃手に転じ、この年にはジャイアンツを率いてワールドシリーズを制覇している。その間にコロンビア大学ロースクールで法学士を取得している。5 か国語を学んだ勉強家でもあった。球団の一方的な労働協約に疑念を抱いた彼は、1885 年に負傷あるいは困窮した選手同胞を支援するために秘密裏に設立された National Brotherhood of Professional Base Ball Players の趣旨に賛同し、これを次第に労働組合的な団体に変貌させていく。

1880 年代の不況を経験するなかで、オーナー側と選手側の関係も微妙に変化していく。球団側は、選手年俸は球団経費のかなりを占める難物で合理化すべきものと考えていた。たとえば、ボストンでは 1876 年から 1879 年の 4 年間平均で、経費の 64.4% が選手年俸であった。そこで、NL の球団は各球団 5 人の選手を保留し、彼らとは相互に契約交渉に乗り出さないことを紳士協定として決めた。これは、選手の年俸を抑える効果をともなったことが論証されている（Rader 1992, pp. 53-54)。

1887 年には上記の選手団体はオーナー側と会談をもった。スポルディングはうまく選手側の要求をかわしたうえで、翌年に選手達を連れてベースボールのデモンストレーションを目的に外国遠征に出た。同じ年に、インディアナポリスのオーナーであるジョン・ブラッシュ（John T. Brush）が、選手の実力と人格（person character）に応じて、選手年俸を 2500 ドルから 1500 ドルの段階に分ける案を固めた。もともと手放した

くない人気選手には別建ての手当を支給していた事実はあるけれども、選手側はこうした年俸のランク分けはまるで屠殺される羊の肉質のランク分けと変わらないとして強く反発した。こうして緊張関係のなかで、ウォードを主導者として、NBPBPは1889年に「宣言」を発表する。このなかで、「NLは高潔な精神と公正な行動を求めて立ち上がった。しかし今日金儲けの手段に墜ちている」とし、さらに「NLは今やアメリカ最強の独占よりも強いし、どんなことでも自由にできるし、選手はオーナーのための金儲けの単なる道具になり果てた。このようなNLに従属するか辞めるかのいずれかの道をとらざるをえない」とした。これに対して、NLのオーナー側は、「選手の放蕩と不誠実さから国民的な娯楽を危機の淵から救い出したのは、NLの取った厳粛な規律とゆるぎない契約である」と反論し、さらに、NLがベースボールをこの地上で最高のスポーツ娯楽に改革したのであると補足強調した（ibid., pp. 58-59）。

　1890年夏にPLは旗揚げした。そのフランチャイズ都市はほとんどNLと重なっている。球団のオーナーは各地の政財界で活躍する人物であり、その限りではNLやAAのオーナーと変わらなかった。ただし、オーナー側4人と選手側4人から成る委員会がこの新興リーグを統括する点が他リーグとは異なっていた。利益は選手側とオーナー側で折半した。PLは誕生の経過から当然のことながら保留条項を破棄していた。ほとんどの選手がPLに移籍したのである。シカゴのスポルディングは自軍のスタープレーヤのキング・ケリーを引き止めるために白地の小切手を提示したほどであったけれども、彼は「もう子供じゃない」と言い残してボストンに去った。キャップ・アンソンとハリー・ライトを除けば、ほとんどの主力選手はPLに移籍した（ibid., pp. 59-60）。

　かくして1890年、8球団からなる三つのメジャーリーグ（NL, AA, PL）の計24球団がリーグ優勝を目指してゲームを展開した。

① 　AAの戦績は次のとおり（The Baseball Encyclopedia, p. 137）。リーグ順位に従い、勝－負（得点－失点）を記す。
　　1位　ルイビル・カーネルズ（エクリプスの別称）：88-44（819-588）

2位　コロンバス・ソロンズ：79-55（831-617）
3位　セントルイス・ブラウンズ：78-58（870-736）
4位　トリード・マウミーズ：68-64（739-689）
5位　ロチェスター・ホップビターズ：63-63（709-711）
6位　シラキュース・スターズ：55-72（698-831）
7位　フィラデルフィア・アスレティックス：54-78（702-945）
8位　ボルティモア・オリオールズ：41-92（674-925）。

ブルックリン・グラディエーターズはシーズン途中でフランチャイズがブルクリンからボルティモアに変更となった。

センサス統計によれば、ルイビル（20位16万人）、コロンバス（30位9万人）、セントルイス（5位45万人）、トリード（オハイオ州、8万人）、ロチェスター（22位13万人）、シラキュース（31位9万人）、フィラデルフィア（3位105万人）、ブルックリン（4位81万人）、そしてボルティモア（7位43万人）。

② 1890年NLの戦績は次のとおり（ibid., p. 133）。リーグ順位に従い、勝-負（得点-失点）を記す。
　　1位　ブルックリン・ブライドグルームス（ドジャースの前身）：86-43（884-621）
　　2位　シカゴ・コルツ（カブスの別称）：84-53（847-695）
　　3位　フィラデルフィア・フィリーズ：78-54（827-707）
　　4位　シンシナティ・レッズ：77-55（753-633）
　　5位　ボストン・レッドストッキングス：76-57（763-593）
　　6位　ニューヨーク・ジャイアンツ：63-68（713-698）
　　7位　クリーブランド・スパイダーズ：44-88（630-832）
　　8位　ピッツバーグ・アレゲニーズ：23-113（597-1235）。

1890年センサスによれば、ブルックリン（1890年全米4位81万人、以下同様）、シカゴ（2位110万人）、フィラデルフィア（3位105万人）、シンシナティ（9位30万人）、ボストン（6位45万人）、ニューヨーク（1

位152万人)、クリーブランド (10位26万人)、ピッツバーグ (13位24万人)。なお、ドジャースにブライドグルームスという愛称がついたのは、1888年に多くの選手が結婚したからである (Dewey&Acocella, p. 103)。

③　PLの戦績は次のとおり (ibid., p. 135)。リーグ順位に従い、勝 – 負 (得点 – 失点) を記す。
1位　ボストン・レッズ：81-48 (992-767)
2位　ブルックリン・ワンダーズ：76-56 (964-893)
3位　ニューヨーク・ジャイアンツ：74-57 (1018-876)
4位　シカゴ・パイレーツ：75-62 (886-770)
5位　フィラデルフィア・クエーカーズ：68-63 (942-855)
6位　ピッツバーグ・バーガーズ：60-68 (835-892)
7位　クリーブランド・インファンツ：55-75 (849-1027)
8位　バッファロー・バイソンズ：36-96 (793-1199)

センサス統計によれば、各都市の人口はボストン (6位で45万人)、ブルックリン (4位で81万人)、ニューヨーク (1位で152万人)、シカゴ (2位で110万人)、フィラデルフィア (3位で105万人)、ピッツバーグ (13位で24万人)、クリーブランド (10位で26万人)、バッファロー (11位で26万人) である。

AA、NLおよびPLのフランチャイズの合計人口は、それぞれ286万人、573万人および569万人であった。

1.12.3　NLの勝利

三つのリーグの24球団を受け入れる程には当時のベースボールファンのマーケットは大きくなかった。いずれのリーグも財政的に厳しい結果に終わった。AA、NLおよびPLの一試合当たりのホーム観客数 (総試合数の半数) は、1523人、1466人および1869人である。また、2000人以上の球団は、同じく2、3および4球団を数える (表1-6)。観客数が一試合当たり1000人未満の球団は、同じく1、3および2球団であり、新興の

表 1-6　一試合当たりの観客数

	球団	観客数	リーグ	試合数	平均観客数
1	ルイビル	206,200	AA	132	3,124
2	フィラデルフィア	134,000	AA	132	2,030
3	セントルイス	105,000	AA	136	1,544
4	コロンバス	85,000	AA	134	1,269
5	ロチェスター	82,000	AA	126	1,302
6	トリード	70,000	AA	132	1,061
7	シラキュース	50,000	AA	127	787
8	ブルックリン（ボルティモア）	37,000	AA	133	1,068
1	フィラデルフィア	148,366	NL	132	2,248
2	ボストン	147,539	NL	133	2,219
3	シンシナティ	131,980	NL	132	2,000
4	ブルックリン	121,412	NL	129	1,882
5	シカゴ	102,536	NL	137	1,497
6	ニューヨーク	60,667	NL	131	926
7	クリーブランド	47,478	NL	132	719
8	ピッツバーグ	16,064	NL	136	236
1	ボストン	197,346	PL	129	3,060
2	フィラデルフィア	170,399	PL	131	2,602
3	シカゴ	148,876	PL	137	2,173
4	ニューヨーク	148,197	PL	131	2,263
5	ピッツバーグ	117,123	PL	128	1,830
6	ブルックリン	79,272	PL	132	1,201
7	バッファロー	61,244	PL	132	928
8	クリーブランド	58,430	PL	130	899

出所）http://www.baseballchronology.com/baseball/Years/1890/Attendance.asp

　PLはNLよりも営業成績は良いことになる。とくにNLのピッツバーグの観客数236人は破滅的でさえある。NLは総額30万ドルの損害を出した。PLではボストン・レッズを除いて、ほかのすべての球団は、赤字を記録した。

　シーズン終了前に財務基盤の弱かったPLのオーナー達は選手の了解を得たうえで、白旗を掲げてNLへの吸収を求めた。NL側は失敗に終わった選手側の反乱に対して報復しないことを約束して、事態は沈静化した。反乱のリーダーであったウォードのNL復帰さえ認めた。NLのオーナー達は賢明にも、反乱を起こした選手といえども彼らの背後に多くのファン

がついていることを熟知していたのである。大山鳴動したものの、選手側が要求していた保留条項の撤回は棚上げされて、無傷で残り、年俸は抑えられたままで何も変わらなかった（Rossi, pp. 46-48）。

1.13 AA の崩壊

　崩壊した PL からの選手移籍をめぐり、NL と AA の間で、熾烈な競争が始まった。両リーグは、PL に移籍した選手が前の球団に確実に戻れるように、調整委員会なるナショナルボードを立ち上げた。NL および AA の球団は、再契約をして復帰させたい選手を予めこの委員会に申請した。ところが、AA のフィラデルフィアはおそらく単なるケアレスミス（自軍にいた選手は当然もどってくるだろうと楽観視して）のために、PL 移籍前に同球団に所属していた、名二塁手のルイ・バイアーバウアー（Louis Bierbauer）および外野手のハリー・ストービー（Harry Stovey）の両名の登録を失念していた。この不備をついて、NL のピッツバーグがバイアーバウアーと契約を交わした。この事件から同球団は、以後今日までパイレーツ（海賊）と称されることになってしまった。ナショナルボードの裁決で同選手はピッツバーグに所属することになる。ストービー選手は、ボストン・レッドストッキングスに移籍した。

　これを一例として、NL の積極的な AA 所属選手への獲得攻勢に、AA は 1883 年のナショナル・アグリーメントから脱退してしまう。「9 年もの間、あのスポルディングに牛耳られていた」との棄て台詞を残しての宣戦布告であった。同時に猛烈な選手の引き抜き合戦が起こる。また、AA は NL のフランチャイズであるピッツバーグ、フィデルフィアそしてボストンにもフランチャイズを進出させる。血みどろの戦い（「第二次アソシエーション戦争」）は、振り返れば、経営者からみて、結局は選手年俸の高騰と球団経営の悪化を招いただけであった。両リーグのオーナーは、この戦いを無益とみて、平和的に解決する道を選んだ。NL は 13 万ドルを AA 側に支払い、AA を吸収合併する形で新たに 12 球団体制のリーグとして、NL が再出発する（Rader, pp. 61-62）。

詳しく経過をたどると、スポルディングの強力な指導で、NL は所属チームであるジャイアンツが PL の有力チームである同名のニューヨーク・ジャイアンツを買収することを応援する。NL の攻勢の前に、AA の有力チームであり、かつ経営的に問題のないワシントン、ボルティモア、ルイビルそしてセントルイスの球団は雪崩を打って NL に加入し、残りのチームも買収という形で呑みこまれていった。1892 年には、唯一のメジャーリーグとして、NL が以下の 12 チームを抱えて残ることになる。ボストン、クリーブランド、ルイビル、ワシントン、ボルティモア、ブルックリン、フィラデルフィア、シンシナティ、ピッツバーグ、シカゴ、ニューヨーク、およびセントルイスである。

　この時代の不況はその後の 1929 年の大恐慌には及ばないものの、1887 年の農産物の価格下落からはじまったデフレが、1893 年には物価全般に及び、経済全体に波及した。一部の銀行は破産し、工場の稼働率は大きく低下して多数の労働者が失業した。1894 年の失業率は 18.4% に達しただけでなく、1898 年まで 10% を上回り続けた。1886 年の物価指数は 113、1893 年 108、そして 1897 年から 3 年間は 100 である。20 世紀に入ってからの物価指数は上昇傾向を示し、1910 年 114、1920 年 240 まで上がった。その後、漸減傾向をたどり、この水準を回復したのは 1947 年の 267 である。一人当たり GDP をみても、1880 年の 3431 ドルから 1898 年の 3875 ドルと年平均成長率はわずか 0.6% であり、アメリカ経済は停滞気味である（Carter et al., pp. 3-24, 3-25, 3-158 & 3-159）。このような経済情勢のなかで、1889 年には 300 万人をこえた観客動員数も 1894 年には 185 万人にまで落ち込む。

1.14 「金ピカ」時代の大リーグのオーナー達

　アメリカ啓蒙思想の大家であるベンジャミン・フランクリン（Benjamin Franklin 1706-1790）は、1776 年のアメリカ独立宣言の 5 人の署名者の一人である。かの有名な『自叙伝』(1771) において、「正直は最高の処世術」「タイム・イズ・マネー」「勤勉は成功の元」「早寝早起きは人を健康にお金

持ちにそして賢明にする」「稼ぐに追いつく貧乏なし」などの処世訓を記し、マックス・ウェーバーのいう「資本主義の精神」の典型として高く評価されてきた。「徳を保つ手段」は「富を保つ手段」になるだけでなく、「神に至る道」は「富に至る道」に通じると断言していた。1860年代に入り、時あたかも、アメリカの小説家マーク・トウェイン（1835-1910）の語った、「金ピカ時代（Gilded Age）」に入る。アメリカ資本主義の高揚とともに、アメリカの禁欲的な良きビュータリニズムは影を潜め、「神に至る道」はいつしか表舞台から消えて、「富に至る道」が顕在化してきた。

　1860年代に入り、処世の成功術を述べたガイドブックが数多く出版された。ヘインズ（T. L. Haines）は『富に至る道 Worth and Wealth』において、「実業は王様（Business is King）」と断じて、経済発展に対する商業の貢献を強調した。物質的な成功の秘訣を紹介しつつ、成功の基礎には宗教的な基礎があることをうかがわせる。彼は神に至る道を忘れず書いている。彼はこう語る。「商店はすべて閉じられすべての銀行は破産し、商船隊の帆は燃え上がり、天空から飛来した大火球が世界の終末を知らせる最後の審判の日に、何人も裁かれる。商業に携わる者も例外なく裁かれる、銀行家や商業家の会計帳簿はすべて検閲され、正直な店員こそが栄光から栄光に、王位から王位に運ばれる。悪質な金持ちが重いくびきをくくりつけられて地獄の海底に沈むのに反して、正直な店員は紫水晶の丘に上がり高価な真珠を手に持って、全能の神の周りに清らかに立つ」と語っている。富の道と神の道は一致すると強調していることは重要である（天川、pp. 17-21）。

　こうした思想背景のなかで、私欲に惑わされることなく、公益に殉ずる個性的な使命感をもったオーナー達が登場してきたことは事実である。

　世は次第に拝金主義、立身出世主義と変わり、弱肉強食のアメリカ・ビッグビジネスがその姿を顕にしてくる。ロックフェラー、カーネギー、バンダービルト、モルガン、グールドそしてスコットら大富豪たちを揶揄して名付けられた「泥棒貴族（robber baron）達の時代」でもあった。連邦政府は1億5000万エーカーの土地を供与して、鉄道網の整備を急いだ。スコットが当時世界最大の鉄道会社ペンシルベニア鉄道を率い、モルガン

がアメリカの鉄道、電気、機械の重要産業の持ち株会社の独占的な力を背景にアメリカ経済を支配したように、12 球団の大リーグは、ビジネスとしてのベースボールを完全に抑えたのである。

1.15 NL の苦難期

12 球団で再スタートした NL であったが行く手は厳しかった。まず強豪チームと弱体チームの戦力に差がありすぎて、1892 年のゲーム差が 54、1898 年には 63.5、翌年は 84 と開いた。最下位のクリーブランド・スパイダーズは 20 勝 132 敗の大リーグワースト記録を残した。リーグが 12 球団を運営していくこと自体が興行的に魅力に乏しくかつ難しいとオーナー達はおそらく自覚したであろう。しかし、独占に胡坐をかくオーナー達には、具体的な打開策、たとえば 6 球団ずつの 2 リーグに分割するなどの手をうつ気もなく、なす術がなかった (Rossi, p. 53)。

賭け事が息を吹き返した。観客席で輪になって堂々と賭けに興じる様子が垣間みられたほかに、アンソンなどの選手も賭けに入ってきた。第一、ウォードはニューヨーク・ジャイアンツの大株主のタルコット (Edward Talcott) との賭け (1892 年のジャイアンツのリーグ順位の賭け) に勝って、タルコットがもつ同球団の 2 割の株式の持分すべてを取得している。フィールド内の選手のつかみ合いの喧嘩も多くなって、それがいっそう観客席のファン同士のいざこざを誘発した。(Rader, p. 72)。

とくに、大都会のニューヨーク、フィラデルフィアそしてシカゴのそれぞれの球団が成績不振で、観客動員数の低迷と入場料収入の減少につながったことは大きな痛手となった。かつて NL をリードしていたシカゴのチーム力が落ち込み、1891 年以降 4 位が最高の成績と全く振るわずリーグ全体の足を引っ張ったことも大きかった (ibid, p. 71)。

本来、各球団の経営は互いに独立であるべきであるのに、そうではなかった。クリーブランド・スパイダーズとセントルイス・ブラウンズの両球団のオーナーであるロビンソン (Frank Robinson) は、スパイダーズの誇るエースのサイ・ヤング (Denton True "Cy" Young, 1867-1955, 現役

22年の投手生活で通算511勝316敗、うち20勝投手16回、30勝投手5回、ノーヒットノーラン3回）やバーケット（Jesse Burkett）外野手をブラウンズに移籍させた。このために、スパイダーズのチーム力が大きく低下し、1899年には154試合でわずか20勝しかできなかった。ロビンソンはシーズン最後の2か月はフィールドではなく道路で試合をさせた。このために、同球団は「国外追放者」とマスコミから揶揄された（ibid, p. 72）。

　ルイビルのオーナーのドレイファス（Barney Dreyfus）がピッツバーグを買収した際には、ワグナー（Honus Wagner）遊撃手をピッツバーグに移籍させた。ボルティモア・オリオールズのホースト（Harry von der Hoorst）オーナーと、ハンロン（Ned Hanlon）監督がブルックリン・スーパーバスの株を取得した際には、オリオールズの主砲のウィリー・キーラー（Willie Keeler）外野手とヒューイー・ジェニングス（Hughie Jenings）遊撃手をブルックリンに移籍させた。このトレードが効果を発揮したのか、同球団は1899年と翌1900年のペナントを制覇した（ibid, p. 76）。

　ジャイアンツのユダヤ人オーナーのフリードマン（Freedman, 1895-1902年在任）は選手の年俸カットに乗り出してきた。不動産ビジネスで成功してきた彼は、タマニーホールという民主党の票の買収工作で悪名轟く政治派閥の有力な一員であり、ニューヨーク市の政界にも影響力があった。チーム一の速球投手ルーシー（Amos Rusie）の23勝という実績に不満で、トレーニング規則に違反したとの理由で罰金として彼に200ドルを課した。さらに、翌シーズンの年俸を600ドル下げることもした。嫌気がさしたのか、同選手は引退するなど、選手たちから反感をもたれていた（Rossi, p. 59）。

　また、地元の新聞記者と軋轢を起こし、少なくとも6人の報道関係者に対して、ジャイアンツの本拠地ポロフィールドへの立入を禁止した。オーナーが変われば、ジャイアンツが良くなると書いたニューヨーク・タイムズの記者にパンチをくらわせたこともある。地元有力紙ニューヨーク・サンに対して計22の訴訟を起こしていた。首にした監督は12人をくだらない。相手球団の外野手が叫んだ反ユダヤのヤジに激昂したフリードマン

は、審判に対して選手本人の退場処分を要求し、拒否されると自軍選手を引き揚げさせ試合を放棄した（Rader, pp. 74-75）。

　NL のヤング会長（Nick Young, 1885-1891 年在任）が果たすべき課題は多かったのだが、「ニックおじさん」と呼ばれた彼は名前だけの会長であり、強い個性の揃うオーナーたちを御する力を持ち合わせていなかった。彼はアメリカ財務省の役人であり、当時のリーグを牛耳っていたシカゴ人脈の要であるスポルディングの推挙で会長に就任したのであった（Rossi, p. 59）。

　ハルバート亡きあと、リーグを取り仕切るべき能力と実力をもっていたスポルディングは 1891 年にホワイトストッキングスの会長を辞し、ビジネスに精力を注いでいく。シカゴが無理ならば、リーグを仕切るべき盟主はニューヨークであった。ところが次の二つの事情でできなかった。リーグのオーナー達は自己顕示欲の強いしかも虚栄心の強い人物で占められていて、アメリカのビジネス社会のトップエリートとは言い難く、混迷するリーグを大局的な観点から洞察できる人物は一人もいなかった。二番目に、地元のジャイアンツの成績不振が続いて、他球団の財政支援を受けたくらいであった。また。オーナーのフリードマンが前述のようにとにかくマスコミやファンには評判の悪い人物で、社会的な信頼に欠けていた（Rader, pp. 73-76）。

　その後は、1890 年代の不況、ワールドシリーズの消滅、そして大都市をホームグラウンドとするチームの弱体化でリーグとしての活動は停滞していく。チーム力が弱く観客動員力の劣るチームが経営的に行き詰まる。クリーブランド、ルイビル、ワシントン、およびボルティモアが脱落し、NL 傘下のチームは 8 チームとなる（Lichtman, p. 80）。

[注]

1) 彼がベースボール・ルールを作成したといわれていた。南北戦争の際には、サウスカロライナ州チャールストンの沖合いに浮かぶサムター砦を守る北軍に対して最初に発砲した人物としても知られている。しかし、1939 年にニューヨーク市

立図書館司書のヘンダーソン（R. Henderson）が1829年発刊の子供向けのベースボールのルールブック（R. Caryer著）を発見した（Rader, p. 36）。この発見でダブルデイがベースボールの父であるという史実は覆った。また、1839年当時、彼はウェスト・ポイント陸軍士官学校の学生であり、休暇を取って同地に赴くことがまずは不可能という事実もクーパーズタウン起源説を覆す。

2) カートライト がニッカボッカー（Nickerbocker Base Ball Club）を創設した。「裕福な商人やビジネスマンで3時以降は自由になれる」人たちが主要なメンバーであった。彼のルールの下でのプレーには活気があり、場所を選ばずどこでもできた（Rossi, p. 7）。しかし、「ベースボールは当時の富裕層には受け入れられなかった。彼らは社会的な威信を一般大衆に示すものとして、カネのかかるヨットや競馬、そして南北戦争後になると、ポロ、テニス、ゴルフなどのクラブ組織のスポーツに関心を寄せて、カネのあまりかからないベースボールにはほとんど興味を寄せなかった（Rader, p. 7）」との考察もある。

3) 冒険心旺盛なカートライトは、折からのゴールドラッシュに魅力を感じてベースボールのデモンストレーションをしながらサンフランシスコに到着したものの、余りの熱狂振りに嫌気を感じて中国から欧州経由でニューヨークに戻ろうと乗船した。途中で体調を崩し、療養のために下船したハワイが気に入り永住を決意。ベースボール普及に尽力したほかに、ハワイで商工会議所会頭や株式取引所理事長そしてハワイ王室の資産管理人として活躍した（Reidenbaugh, p. 50）。

4) 1861年に皮革商を継いだ彼は戸外でのスポーツ活動が流行することを見越してウィリアムズバーグにある遊休地を活用してスケート場を、その隣接地にユニオン・ベース・ボール・グラウンドを建設。翌62年5月に最初の本格的な恒久球場を開設した。入場料を課した最初の球場でもある。彼は1875年にホームグラウンドをここにおいたニューヨーク・ミューチャルズの会長となり、翌年には自ら監督を務めたものの21勝35敗の成績に留まる。シーズン終了後まもなく、チームはNLから脱落、総額58万3650ドルの入場料収入を記録した球場も荒廃する（Nash, pp. 114-117）。

5) 以上の記述は次による。http://news.pg.com/blog/procter-meets-gamble および http://news.pg.com/blog/james-gambles-journey-ireland-ivorydale

6) イリノイ州ロックフォードの食料店に週給5ドルで雇われていたスポルディングは、すでに地元では怪童と謳われていた。1867年当時、プロ最強と呼び声高かった、遠征中のワシントン・ナショナルズを迎えての1戦で16歳の剛球が冴えわたり、29-23でワシントンに勝利した。ナショナルズは翌日、地元最強のシカゴ・エクセルシアに49-4で圧勝したことからも、スポルディングの実力のほどが理解できる。地元ロックフォードのプロチームから1867年に入団の誘いを受ける。入団後の彼の右腕は冴え渡る。1869年には当時全米最強チームの一つであったシンシナティ・レッドストッキングス相手に好投したものの、9回に3点を失い13-14で敗れた。1871年にはボストン・レッドストッキングスに、当時としては破格の1500ドルの年俸で入団。監督ライトの年俸は2500ドル。5年間の通算

成績は 205 勝で通算打率は 0.325（Koppett 2004, pp. 18-20）。

　この年のシーズン開幕時の登録投手は彼一人。1875 年シーズンには 56 勝 4 敗の記録を残す。資本金 500 ドルでスポーツ用品メーカー、A. G. スポルディング＆ブラザーズ社を設立。1900 年のパリオリンピックではアメリカ選手団団長に就任したほかに、1901 年には、NL と AL の内紛調停に尽力し、MLB の基礎を作った（Reidenbaugh, p. 301）。1902 年には彼の会社が製造するボールが AL の公式球として指定を受ける。

7)　本論に入る前に、我が国の職業野球の始まりを述べよう。読売新聞社社長の正力松太郎氏が、販売促進のために 1934 年 11 月にベーブ・ルースをはじめ大リーグ選抜チームを日本に招待した。ところが、当時の文部省がアマチュアの学生チームとプロのヤンキースとの対戦に反対した。そこで、日本側は急遽、全日本東京野球倶楽部（後の巨人）を結成したのである（室伏, p. 61）。

8)　このレッドストッキングスの初代監督はクリケットの名選手であったライト（Harry Wright）である。彼はたまたまロングアイランドの練習場がニッカボッカーズの練習場と隣り合わせであったことから、ベースボールに自然に関心を抱くようになる。1858 年の対ブルックリン 3 連戦に出場している。1870 年にシンシナティ・レッドストッキングスの解散後、請われてボストンの監督に就任。1872 年から 4 年連続ペナントを制した。NL 結成に際しては事務局長に就任してフランチャイズ制などの新規約作成に尽力。

　彼の弟がレッドストッキングスの名遊撃手（short stop）とうたわれたジョージ・ライト（George Wright）である。守備位置をそれまでの一塁と二塁を結ぶ線上から後ろに下げて、両手を構えて強肩でボールを投げる様はそれまでの守備スタイルを革新するものであった。また、ボールを後逸しないように全身で構えて捕ったり、ボールの捕球スピードを落とすためにボールを引きつけてから、捕ることもできた。左右どちらからでも投げることができた。兄が監督を務めるレッドストッキングスの優勝に貢献するなど、現役選手として名前を残しただけでない。ジョージ・ライトがプロスポーツ界に尽くした貢献は計りしれないものがある。1871 年にはボストン市内にスポーツ用品店を開いている。さらに、同市内で友人とスポーツウェアメーカー「Wright & Ditson」を創業。1874 年の大リーグの英国遠征の際に、テニスに開眼して、帰国後にアメリカにテニスを紹介した。テニスチームを引率してアメリカ西海岸に遠征、テニスの普及活動に尽力した。その派遣メンバーの一人が後のデビス・カップの創始者となった、当時ハーバード大学の学生の Dwight Davis である。ライトは、「プロベースボールの父」として、フィラデルフィアのウェストローレルヒル墓苑に記念碑が建てられている（Reidenbaugh, pp. 345-346）。

9)　エラードの試合記録データでは 100 連勝である。つまり、アマ時代の 1868 年 10 月 6 日の対 Unions of Haymakers of Lansingburg, N.Y. 戦の 27-8 のスコアでの勝利からこの年は 8 連勝（Ellard, pp. 71-72）、1869 年 4 月 17 日の対 Picked Nine 戦の 24-15 から 65 試合全勝（ibid., pp. 117-118）。1870 年 6 月 14 日の対 Brooklyn

Atlantics 戦 7-8 で負けるまで、27 連勝。1868 年からは、100 連勝。1870 年は通算 68 勝 6 敗 (ibid., p. 159)。

10) 彼は青果卸や石炭商など手広い商売で頭角を現したやり手であり、シカゴ商業会議所の有力メンバーで、当時隆盛した「泥棒貴族」の一人であった。彼の抜け目ない性格により、ハートフォードのオーナーであるバークリーに初代 NL 会長を要請し、もっぱら表舞台に出るのを避けた。共和党員のバークリーはコネチカット州の政界進出のための良い肩書きとして、会長職を名目上引き受けたのである。彼は 1 年だけ会長職に就いたのち、政界に復帰し、1889 年から 4 年間知事、その後 1905 年から 11 年まで上院議員を務めた。NL を実質的に切り盛りしたのは、ハルバートである。バークリーがすでに 1937 年にベースボール殿堂入りを果たしたのに対して、彼の殿堂入りが 1995 年と遅れたのはこうした事情による。ベースボールの隆盛を見ずして、心臓疾患により 49 歳の若さで 1882 年のシーズン前に死去した。(Reidenbaugh, p. 155 および Rossi, p. 26)。当初から NA が東部主導であることを快く思わず、また、ビジネスとしのベースボールに可能性を見出していたハルバートにとっては、1871 年の大火に見舞われたシカゴ再建にベースボールを起爆剤にしようとする思いは人一倍強かったと思われる (Voigt 1966, pp. 60-63)。

11) 人口 4 万 2015 人のハートフォードがフランチャイズに選ばれた理由は、おそらく、大リーグ憲章の例外規定によると思われる。フランチャイズの原則は人口 7 万 5000 人であるけれども、球団全員の賛成があればこの基準にとらわれない。ハートフォード近辺に目立った町は存在しない。最も近い人口 1 万 1800 人のニューブリテンでさえ 10 マイル以上離れている。しかし、コネティカット州の州都であり、球団オーナーのバークリーは全米有数の生命保険会社 Aetna 社の社長であった (Koppett 2004, pp. 29-30)。

12) コロンビア大学の学生だったデューイはアムハーストカレッジの図書館で学生アルバイトをしていた。閲覧者が図書を探すのに思いのほかに時間がかかっていたことから、図書カードに関心を抱いた。1876 年 10 月 6 日にボストン公立図書館長のウィンザー (Justin Winsor) が中心になり図書館の将来像を協議した。デューイは若くおそらく協議の表舞台に立ったとは思えない。3 か月後にアメリカ図書館協会 (American Library Association=ALA) が設立された。協会のモットーは彼が通勤の騎馬上で思い浮かんだ「最小の支出で最大数の人々に最高の読書を」である。Wiegand Wayne (1986): *The Politics of an Emerging Profession: the American Library Association, 1876-1917*, Greenwood Press.

第2章

発酵の時代

2.1 ALの結成

　シンシナティ大学のロースクールを卒業したジョンソン（Bancroft Johnson, 1863-1931）は、弁護士活動を始めたものの、性に合わず、週給25ドルで地元紙 *Commercial-Gazette* の記者に1887年に転職し、1894年まで活動した。NL所属のシンシナティ・レッズの監督として乗り込んできたコミスキー（C. Comiskey）[1]と、シンシナティのテンミニッツ・クラブで1892年に知り合う。このクラブは10分ごとに注文しないと退店しないといけないというシステムであった。ジョンソン29歳、そしてコミスキー33歳。両者は意気投合し、いつしか無二の親友となる。1893年にジョンソンはアメリカの中西部に展開するマイナーリーグ「ウェスタンリーグ」のオーナー達からリーグの経営再建を依頼される。この年、リーグは経営不振で活動を休止していた。

　ジョンソンは、1893年11月、ベースボールに詳しかったことから1年でやめるつもりで引き受ける。年俸2500ドル、役職はリーグ会長、秘書そして金庫番の一人三役の兼任。現実は「会長、秘書そして空っぽの金庫の番人」だった。同リーグは、カンザスシティ、デトロイト、ミルウォーキー、ミネアポリス、トリード（オハイオ州、デトロイト南方）、グランド・ラピッズ（ミシガン州、デトロイト西方）、およびスーシティ（アイオワ州、オマハ北方）をフランチャイズとしていた（Murdock, pp. 30-

31)。

　ジョンソンの視界に入ってきたのは、いまや押しも押されぬメジャーリーグに発展し確たる地位を築いていた NL であった。その野生的で男らしい試合運びに魅力を感じつつ、時にはグラウンドで選手達が殴り合いの喧嘩を起こし、粗暴な騒ぎが起こる NL のやり方には批判的で、もっと家族全員が楽しめるベースボールを志向した。彼のビジョンに対する努力は実を結ぶ。次第に観客が増えて、ウェスタンリーグへの信頼が数字になって現れてきた。1894 年、リーグはすべての試合日程をこなし、8 球団中の 7 球団が黒字経営に転換した。オーナー達のジョンソンへの信頼感は揺るぎないものとなった（ibid., p. 32）。近い将来のメジャーリーグ昇格を目指して、とりあえずはマイナーリーグからスタートしたのである（Reidenbaugh, p. 165）。ここで、メジャーリーグとは大都市を本拠地とするリーグであるのに対して、マイナーリーグとは中小都市を本拠地とするリーグを意味することに注意したい。

　彼は自らのリーグに対して、秩序と荘厳さ漂うビクトリア朝の雰囲気を求め、選手に対しては何よりも規律を求め、賭けに加わらないことを厳しく要求しそして審判に絶対的な権威を与えた（Rader 1992, p. 71）。

　オーナー達から留任を求められ、任期 4 年限りの、フリーハンドで経営にあたりたいという条件を認めさせて、彼の経営手腕は花を開く。経営状況が苦しいマイナーリーグが多数を占めるなかで、彼の手がけたウェスタンリーグは誰も予想できなかったほどの成功を収める。経営再建は軌道に乗り、数あるマイナーリーグのなかで経営状況はピカイチというとの評判をとる。そうはいっても、このウェスタンリーグでさえ優秀な選手を大リーグに売り払うことで何とか経費を賄っていた。こんな状態ではいつまで経っても大リーグの慈悲のもとでしか経営できないと悟ったジョンソンは、ウェスタンリーグを大リーグに昇格させるしか屈辱から救う道はないと考えるようになった（Voigt 1966, pp. 312-313）。

　より詳しく述べる。ウェスタンリーグの優秀な選手を NL が引き抜く場合、従来はウェスタンリーグが受け取るドラフト料は 500 ドルであった。彼は、この金額が選手の価値よりも安く、しかもドラフトで有力選手を引

き抜かれた球団のチーム力は格段に落ちることを知っていた。ドラフト料を倍増して1000ドルとして、さらにマイナーリーグ在籍2年を満たした選手に限り、NLのドラフトの対象となるというジョンソンの私案に対して、NL側が端から拒否した。この態度をみて、第一弾として、彼はNLとの関係を断絶する。1900年、リーグの名称を地域性の強い「ウェスタン」から全米向けの「アメリカン」に改名し、アメリカンリーグ（AL）とする（Rader 1992, pp. 77-79）。これが第二弾である。この呼称はスペインとの戦争に勝利して愛国心に酔いしれた当時のアメリカ国民の心情にアピールし彼らの気持ちをうまくとらえた。

　ALが新規参入に成功した理由として、ネブラスカ大学歴史学教授のレーダーは次の4点を挙げている（ibid., p. 79）。とくに、②については、長く3000ドル台で低迷していた一人当たりGDPが、1899年には初の4000ドル台に乗り、1906年には5357ドルに達した（Carter et al., 3-25）。

① 12球団を持て余したNLは、4球団削減したために、クリーブランド、ボルティモア、ワシントンが空白区となり、ここにALが進出。
② 長い不況（1-13節参照）から回復し、消費需要が娯楽に向かった。
③ 五大湖周辺で採掘される石炭の流通を扱う、クリーブランドの石炭王ソマーズ（Charles A. Somers）が新リーグの各球団の資金面の面倒をみてくれたこと。「ALはジョンソンが創り、ソマーズがお金の面倒をすべてみた（Murdock, p. 50）」。
④ 新スター選手の登場、それは、NLの人気と実力を兼ね備えたスーパースター、カナダ出身のフランス系、ナポレオン・ラジョイ（Napoleon Lajoie, 1874-1959）二塁手が新しいリーグの理念に賛同してALのフィラデルフィア・アスレティックスに移籍し、打率4割2分2厘と大活躍し、ファン層をつかんだこと。

2.2　ALの大攻勢と2リーグの実態

1900年12月には、ジョンソン会長がNLのオーナー会議に乗り込む。

翌年からのシカゴを本拠地とする新チームの AL 加入（コミスキー率いるシカゴ・ホワイトソックス）を認めさせる腹積もりであった。すでに同地には NL のシカゴ・カブス（元ホワイトストッキングス）が本拠地として活動していたので、新たに別のチームが本拠地をおくことに NL 側が消極的とみて説得を試みるためである。ところが、同氏はオーナー会議にゲスト参加を拒否されたどころか、数時間待たされた挙句に結局はオーナー達とは会えなかった。一杯食わされたと、ジョンソンは怒った。彼の反撃は素早かった。すぐさま、実力行使にでて、NL のレギュラー選手 87 人を AL より高額のオファーによって、AL に引き抜く。年俸上限 2400 ドルの制約を課されていた NL の選手を、いわば札束攻勢で引き抜いたのである。平均 500 ドルアップを提示したという。一説によると、182 名の AL 所属選手のうちで NL 出身が 111 名にのぼったという（Rossi, p. 63）。

　これに対して、NL のオーナー達が何一つ具体的な対抗手段を打ち出せず、しかも一致した行動を欠いたので、結局はジョンソンとの妥協に追い込まれる（Koppett 2004, p. 88）。何といっても、NL には「史上最低のオーナー」の悪評が立つ、ニューヨーク・ジャイアンツのフリードマンがいた。まとまりがないのは無理もなかった（Murdock, p. 43）。

　ジョンソンのうまかった点は選手の年俸の扱い方であった。選手を長期間縛る代わりに年俸のスライド制を導入した。オーナーは賛成した。選手には同意なしに移籍やファーム送りにしないことを確約した。また、遠征費の均等負担、入場料の均等配分あるいは入場料一律 25 セントの施策はオーナーの支持を得た。NL の 46 名の選手、つまり、ラジョイ、クラーク・グリフィス（Clarl Griffith）投手、サイ・ヤング投手、ジョン・マグロー（John McGraw）三塁手およびジミー・コリンズ（Jimmy Collins）三塁手などが、次々に AL に移籍する。

　また、過去の幾多のリーグの失敗を他山の石として、AL は所属球団の発行株数の過半数の 51% を会長に信託することを求めた。こうすれば、球団売却についてジョンソンはいち早く知ることができる（Rader, p. 79）。

　彼は、NL に次ぐ第二のメジャーリーグを目指して着々と計画を進め、

アメリカ中西部に偏っていたALの球団構成を変えるべく、フランチャイズの一部を移し変える。まず、クリーブランドはNLが撤退していて、空白地帯となっていた。ここに進出した。次に中西部の中心都市シカゴである。NLのカブスがすでに本拠地を構えていた。カブスの本拠地のある市内北部を避けて、家畜置き場のある南部地区に進出した。しかも、球団名のホワイトソックスに都市名のシカゴを冠せず、カブスに配慮した。フランチャイズの地域構成を考慮してのジョンソンの采配であった。ALをボルティモア、ワシントン、シカゴ（南部地区）、ミルウォーキー、ボストン、デトロイト、フィラデルフィアそしてクリーブランドの8都市を本拠地とするリーグとした。1901年には、ALを大リーグと宣言する（Dewey & Acocella, p. 162）。

ここで、ALおよびNLのフランチャイズの広がりを各チームが本拠地をおく都市人口から比較する。

ALのアメリカの大都市の人口は、1900年センサスによれば、ボルティモア（全米6位51万人、以下同様）、ワシントン（15位28万人）、シカゴ（2位170万人）、セントルイス（4位58万人）、ボストン（5位56万人）、デトロイト（13位29万人）、フィラデルフィア（3位129万人）そしてクリーブランド（7位38万人）を合わせると、総計594万人にのぼる巨大なマーケットであった。

他方、NLのフランチャイズは、ボストン（5位56万人）、ブルックリン（4位117万人）、フィラデルフィア（3位129万人）、シンシナティ（10位33万人）、ピッツバーグ（11位32万人）、シカゴ（2位170万人）、ニューヨーク（1位227万人、ブルックリンを除く）、セントルイス（4位58万人）の計8都市にあった。ALよりも約38％多い、821万人の大市場を握っていた。ニューヨークをフランチャイズに取り込んでいたことがNLの最大の強みである。しかし、観客数では、1902年シーズンには、ALの方が多く、AL220万人に対しNL170万人（Rader 1992, p. 80）であった。

2.3　両リーグの和平協定（1903 年 1 月 10 日）

　1903 年シーズン開幕前の 1 月 10 日に、シンシナティのセント・ニコラスホテルにおいて、AL および NL は、リーグ間に横たわる見解の相違を収束させるべく、和平協定（ピース・アグリーメント）を締結した。ここに、「ベースボールの大闘争（Great Baseball War）」は終結した。NL 側からは、プリアム会長など 4 名、AL 側からジョンソン会長など 4 名が協定書に署名した（http//www.businessofbaseball.com/1903alnlagreement.htm、2006.4.8 閲覧）。

　その主たる内容は、次のとおりである。

　今後、球団と、選手、監督および審判との間で締結される契約は、妥当かつ拘束力をもつ（1 項）。選手の保留条項は承認されるべきである（2 項）。選手との契約に関する球団側のクレームを十分に検討した結果、選手の所属球団を、このアグリーメントに添付された選手リストに記する。A の記号は AL、B の記号は NL を示す（3 項）。この添付書類で示された球団以外から選手が受け取った金銭は、直ちに返却されるべきであり、この金銭を選手側が全額返済するまで、選手活動はできない（4 項）。AL のフランチャイズ都市は、ボストン、ニューヨーク[2)]、フィラデルフィア、ワシントン、クリーブランド、デトロイト、シカゴ、セントルイスとする。NL の都市は、ニューヨーク、ブルックリン、フィラデルフィア、ピッツバーグ、シカゴ、セントルイス、シンシナティとする。大リーグの球団は当該リーグの過半数の合意なくしてフランチャイズを変更してはいけない。フランチャイズ都市を同じくする球団は合併してはいけない。しかしながら、リーグの過半数の球団の合意のもとでフランチャイズ都市を別の都市に移転することができる。この場合、同一リーグの戦力を弱体化させる目的で、選手を移籍させたり契約解除してはいけない（5 項）。2 月 1 日までに両リーグの会長は試合日程委員会を構成する 3 名の委員をそれぞれ指名する。3 週間以内に当該リーグに提示し日程の了承を求める。この委員会は、両リーグの球団間の交流試合日程を規定する（6 項）。2 月 1 日までに両リーグの会長は試合規定委員会を構成する各 3 名の委員を指名す

る。3 週間以内に当該リーグに統一規定を提示し了承を求める（7 項）。両リーグは上記の了解事項すべてを記したナショナル・アグリーメントを締結する。両リーグの会長であるジョンソンおよびプリアムは、このナショナル・アグリーメントを作成・準備・定式化する委員会の委員として、各リーグを代表する。さらに、ナショナル・アソシエーション（次節参照）のパワーズ（P. T. Powers）会長をこのナショナル・アグリーメント定式化の協議・助言のために招聘する（8 項）。最終項である 9 項には、このアグリーメントに署名した以下の 8 名の委員の氏名を次のように記載している。Harry C. Pulliam, Aug. Herrmann, James A. Hart, Frank de Haas Robinson, B. B. Johnson, Charles Comiskey, Charles W. Somers, H. J. Killilea。

　この和平協定で、ジョンソンは AL をメジャーリーグであると NL に認めさせたうえで、保留条項を相互に確認したといえる。

　ここで、1 点注意すべき点がある。それは、AL のフランチャイズにニューヨークが入っていることである。AL のニューヨーク進出は、ニューヨークジャイアンツのオーナーであり、市政を牛耳るタマニー・ホールの旗頭の一人であるフリードマンが反対しているので難しかった。そこで、ジョンソンはフリードマンとは別系統のタマニーと交渉することで、この難局を乗り切った。賭博王のファレル（Frank Farrel）と、とかく悪名高い元警察署長（William Devery）にフランチャイズの権利を与えたのである（Rader 1992, pp. 80-81, Koppett 2004, p. 93）。

2.4　両リーグのナショナル・アグリーメント（1903 年 9 月 11 日）

　この和平協定の結果、同年 9 月 11 日には、のちに「1903 年のナショナル・アグリーメント」として知られる和平協定が NL、AL およびナショナル・アソシエーション（National Association of Professional Base Ball Leagues、マイナーリーグの団体、1901 年に設立。A ディビジョンから D のディビジョンのリーグから構成）の間で締結された。

　その目的は、以下の 4 項目であった。①ベースボールがアメリカ国民の

バスタイム（娯楽）として、清廉なる秩序に対する国民の絶対的な信頼を保証する安全策を講じ、選手が高度な技量を磨き、スポーツマンシップを尊ぶことで、ベースボールを永遠不滅のものとする、②ビジネスとしてベースボールにかかわる関係者（オーナー：筆者注）の（選手：筆者注）所有権の保護、ただし、球団経営においては競争精神を犠牲にしてはいけない、③選手の技量を向上させ、ひいては彼らの専門性に対する十分な年俸を保証することで選手全体の福祉を向上させること、そして④ベースボール規則の統一化。

このアグリーメントの各条項を概観する。

第1条（基本精神）では、この協定は不変不滅の協定であって、全員一致の場合を除いて改正できないとして、協定から脱退または逸脱する当事者は、大リーグの敵として扱う。

第2条（権利）では、各球団は、この憲章ならびに法に基づいて、球団内部の諸事項を管轄し、選手を統治する権利を有する。

第3条（コミッションの機能）では、2リーグを統括する機構として、両リーグから選出された計3人の委員による委員会を創設し、毎年、会議を開催し、シーズン日程の円滑な処理のための諸規則を取り決める。ただし、必ず1名は各リーグから選出されなければいけない。

第4条（コミッションの構成）では、この委員会、つまり、ナショナル・コミッションは、マイナーリーグに関する事項以外のすべての事項を管掌する。両リーグの会長はこの委員として、毎年1月第1月曜日かそれ以前に、3人目の委員であり委員長となる候補者を合議して決める。委員長はコミッションを統括する（1項）。1月第1月曜の年次総会のほかに、委員長あるいはその他二人の委員の要請により会議を開催する場合がある（2項）。このアグリーメントの精神を踏みにじった当事者に対して、罰金あるいは出場停止の処分を下す権限を保有する（3項）。選手の帰属をめぐり両リーグで紛争した場合は、委員長が法および証拠に基づいて裁決する（4項）。NLとマイナーリーグが選手帰属をめぐる見解の相違を平和的に解決できない場合は、証言を求めたうえで、コミッションの委員長とAL側委員が判断を下す。同じく、ALとマイナーリーグで交渉が決着しない

場合は、同様のルールに従う。ただし、判断を委ねられた両者で意見が異なった場合は、委員長の裁決が優先する（5項）。

　第5条（フランチャイズ）では、両リーグのフランチャイズ都市を取り決める。NLは、ニューヨーク、ブルックリン、フィラデルフィア、ピッツバーグ、シカゴ、セントルイス、シンシナティ。ALは、ボストン、ニューヨーク、フィラデルフィア、ワシントン、クリーブランド、デトロイト、シカゴ、セントルイス。各大リーグの球団は当該リーグの過半数の合意なくしてフランチャイズを変更してはいけない。フランチャイズ都市を同じくする両リーグの球団は合併してはいけない。同一リーグの戦力を弱体化させる目的で、選手を移籍させたり、契約解除してはいけない。しかしながら、リーグの過半数の球団の合意のもとでフランチャイズ都市を別の都市に移転する場合はこの限りではない。もしも、大リーグのある球団がマイナーリーグ球団のフランチャイズ都市に移転する場合は、該当リーグは、2500ドルをナショナル・アソシエーションに支払う必要がある。さらに、移転球団自体も移転先のマイナーリーグ球団に何らかの経済的な対価を支払う必要がある。もしもこの対価の補償金額で両者が合意しない場合は、ナショナル・コミッション委員長、移転を希望する球団そしてナショナル・アソシエーションの委員の計3名で調停する。裁定は最終決定であって抗告できない（1項）。両リーグはすでに存在するフランチャイズ都市あるいはその半径5マイル以内には自らのリーグに所属する球団を進出させることはできない（2項）。

　第6条（選手の保留条項）では、すべての関係者は保留権を遵守し、選手と球団の間の契約を尊重する（1項）。球団との契約を遵守せず、また、保留条項を守らない選手を擁護するリーグまたは球団は、無法組織であり、契約上かつテリトリー上の権利に関するいかなる申し立てもこれを無視する（2項）。球団の保留権は絶対で、当該球団がこのアグリーメントのもとで契約解除するか保留しない場合にのみ、保留権は解除せられる。もしも、同一リーグに属する他球団が契約解除後10日以内に選手本人との契約意思を示す場合には、他のリーグの球団は契約交渉ができない（3項）。ファーム制度は禁止する。大リーグの選手が降格してマイナーリー

グの球団傘下に入った場合、この選手に対する大リーグ球団の権利は消滅する。また、球団間の選手の貸し借りに関する調整は当事者間で行ってはいけない。さらに、他球団はこれを承認してはいけない（4項）。ナショナル・アソシエーションは階層的なリーグをもち、かつリーグ別に年俸の上限を課すべきである。この上限規定を守らないリーグをナショナル・アソシエーションは保護しない（5項）。マイナーリーグの、選手にたいする権利は、絶対である。ただし、9月1日から10月15日の期間には、大リーグは来シーズンをにらんでナショナル・アソシエーションから選手を選択できる特権を保有する。この場合、大リーグ球団は、Aリーグの選手では750ドル、Bリーグの選手では500ドル、Cリーグの選手では300ドルそしてより下級リーグの選手では200ドルをナショナル・アソシエーション事務局に支払う必要がある。いずれも半額を選択時に、残り半額を翌年6月1日に支払うこととする（6項）。マイナーリーグ選手の採用を希望する球団は、その旨をナショナル・コミッションに通知し、選手の名前と所属球団名を報告し、前項の所定金額を納めなければいけない。コミッション事務局長は直ちにアソシエーション事務局長にこの旨を連絡し、アソシエーション事務局長は当該の球団およびリーグに通知し、シーズン終了時に指名選手の移籍を命じる。こうした移籍情報は直ちに公表されなければいけない。もしも、移籍が無効になった場合、あるいは金銭面での不払いが生じた場合、このアグリーメントにかかわるすべての当事者に速やかに通知しなければいけない。この場合、同一リーグに属する球団は不払いの球団の諸権利を、所定の金額を支払うことで肩代わりできる（7項）。大リーグの各球団はマイナーリーグ球団から選手をいつでもリースできる（8項）。大リーグに上がった選手が一年以内または翌年に契約解除となった場合、他の大リーグ球団からの契約申し込みがなければ、選手を喪失したマイナーリーグ球団は、すべての球団に対して選手に対する優先保有権を持つ（9項）。

　第7条（選手との契約）では、大リーグの各球団は、毎年9月25日当日までに、コミッション事務局に登録選手リストおよび契約を拒否した選手リストを提出しなければいけない。契約拒否の選手は、（契約解除後に

他球団と契約を済ませた選手と同じく）、契約終了から来シーズン開始までの期間、いかなる他球団とも契約する資格はない。3月1日までに契約更新のない選手は契約解除とみなす（1項）。

第8条では、選手との正式契約書式（1項）、選手との正式書式によらない契約形式（2項）、出場停止の場合の措置（3項）、ナショナル・コミッションの裁定にあたっては、当事者は宣誓の上で求められた証拠を提出する（4項）、出場停止選手は抗告の権利を有する（5項）。

第9条は、ナショナル・コミッションの事務当局の職務・予算に関する記述である。第10条は、八百長試合に関する処罰を規定する賭博にかかわった選手を球団は逮捕せしめ告発せねばならない。

このアグリーメントを受けて、コミッションの3人の委員として、NL会長ブリアム、辣腕のAL会長ジョンソンそしてコミッションの委員長には、ジョンソンの友人であったNL所属のシンシナティ・レッズのオーナーであるヘルマン（A. Herrman）会長が就任する。ジョンソンはNLにも球場での飲酒を禁止させた。新しい体制は急成長を続けるアメリカ経済の好調を強い順風として、とくにフランチャイズに何の変更もなく、その後の半世紀を駆け抜けることになる（Rossi, p. 66）。

2.5　協議制のナショナル・コミッションの廃止と独裁制のコミッショナーポスト設置

1915年、ジョージ・シスラー（George Sisler）事件が起こった。シカゴ大学を卒業したシスラーはALのセントルイス・ブラウンズと契約した。ところが、彼は高校時代にNLのピッツバーグ・パイレーツのマイナー球団の一つであるエイクロンと契約を締結していた。シスラーの所属をめぐり、セントルイスとピッツバーグの球団間で紛糾した。トロイカ体制のコミッションは協議を重ねて、「未成年時代のプロ契約は無効」として、2-1の評決でセントルイスとの契約を正式なものとした。

1918年にはフィラデルフィア・アスレティックスのスコット・ペリー（Perry）投手の移籍が問題となった。この選手の移籍の正当性をめぐり、

アスレティックスと移籍先のボストン・ブレーブス（現アトランタ・ブレーブス）の間で移籍交渉が難航し、ナショナル・コミッションがボストン移籍の裁定を下した。ところが、これを不服としたアスレティックス側が裁判に持ち込み、同投手の移籍をくつがえす判決を下した（Spink, chap. 4）。

さらに、第一次世界大戦のまっただ中に開催された1918年のワールドシリーズは、盛り上がりに欠けるものとなった。当時のベイカー国務長官の命によりシーズン途中の9月第1月曜日のレイバーデーの試合を最後にシーズン強制終了となり、その時点での首位球団であるボストン・レッドソックス（AL）とシカゴ・カブス（NL）が、ワールドシリーズ出場を果たした。このシリーズでは、出場した球団選手だけでなく惜しくも出場できなかった選手にも報奨金を支払う約束になっていた。しかし、観客数が思いのほかに少なく、報奨金も十分に出せないことが明らかになった。両軍選手はボストンでの9月10日の第5試合をボイコットする動きに出た。これに対して、ナショナル・コミッションは選手側を説得し、1時間遅れの試合開始となった。選手側の身勝手な行動が招いた事態であるにかかわらず、事態収容に動いたナショナル・コミッションが批判された。こうした幾つかの事件が積み重なって、トロイカ体制ではなく強力な一人のコミッショナー体制が願望されるようになった（ibid., 第3章、第4章）。

次第に、ALのジョンソン会長の神通力が薄くなってきた。1915年に新しくヤンキースのオーナーに就任したジェイコブ・ルパート（Jacob Ruppert）やティリンガスト・ヒューストン（Tillinghast L'Hommerdien Huston, 1869-1938、米西戦争でキューバに進駐して第16工兵連隊長であったことからCap Hustonと呼ばれていた）、そして、レッドソックスのオーナーになったハリー・フレイジー（Harry Frazee）は、ジョンソンに何ら忠誠を誓う必要はなかったし、遠慮もなかった。ヤンキースの二人の新オーナーは、同じニューヨークのジャイアンツとの対抗心から、ヤンキースのチーム力を上げるために、選手補強に大金をつぎ込んだ。とくにボストンのエースのカール・メイズ（Carl Mays）のヤンキース移籍問題は、ジョンソンと両球団の関係を険悪にした。

1919年7月13日の対シカゴ戦に登板したメイズは、2回に味方捕手が

相手の二塁盗塁を阻止しようと投げたボールが彼の頭を直撃、この回の終了後に彼はマウンドに再度上がらず、手早く着替えて汽車でボストンに戻ってしまった。そして、メイズは他チームへの移籍を要求して以後の登板を拒否した。こんな身勝手な要求を許せば保留条項がなし崩しになるとの危機感から、会長として、ジョンソンはボストンとの関係を修復しない限り他球団に移籍してはいけないと彼に勧告した。しかし、財政難にあったボストンは、彼を破格の4万ドルの補償金と交換にヤンキースに移籍させた。会長通達を無視されたジョンソンは、ついに、トレードの無効を宣言し、彼を出場停止とした。これに対して、ヤンキースは会長判断を拒否して、ニューヨーク地裁に訴えた。地裁は、ジョンソンには球団と選手との関係に何ら口を挟む権利はないとの評決を出した。さらに、レッドソックス、ヤンキースそしてホワイトソックスの3球団はALを脱退してNLに加入するとほのめかした。NLの新会長に就任したジョン・ヘイドラー（John Heydler、プリアム会長の元秘書）は、ナショナル・コミッション会長のヘルマンの再選に賛成せず、強く彼を支持するジョンソンと対立した。ここにナショナル・コミッションの機能は会長職が空席の状態が続く異常事態のなかで停滞することになる（Rader 1992, pp. 107-108)。

2.6 1921年の新アグリーメントとコミッショナーの誕生

1919年のワールドシリーズで、丁度2年前の1917年ワールドシリーズを制覇した強豪のシカゴ・ホワイトソックス（AL）の先発投手二人を含む8人の選手が八百長試合を行った。彼らの年俸はリーグ最低といわれるほどに極めて低かった。ユニホームの洗濯代すら自弁していた選手達がベースボール賭博のプロの甘い誘いに乗ったのである。ユニホームがいつも汚れていた彼らは「ブラックソックス」と一部では揶揄されて呼ばれていたほどである。1917年のワールドシリーズ優勝の際に、オーナーのコミスキーから高級ワインでなくて安物のワインをあてがわれたことが、選手達が彼に憎悪感をもち、感情的に八百長に走った遠因の一つであるかもしれない。映画「エイトメン・アウト」が丹念に描く。

1903年に締結されたナショナル・アグリーメントで、ナショナル・コミッションは大リーグの統治機構として創設された。トロイカ体制で多くの問題の調整にあたってきたが、ワールドシリーズの八百長事件を契機に、ナショナル・コミッションの限界が白日のもとに晒された。

こうして、新しく1921年の新アグリーメントが締結されることになった。その概要を以下に示す（http//www.businessofbaseball.com/1921mlagreement.htm、2006.4.8閲覧）。

第1条（コミッショナー）では、コミッショナー職を創設（1項）。そして2項では、次の職務を担当することが述べられている。国民的スポーツとしてのベースボールの名誉を大きく損なうとして、告発、申し立てあるいは嫌疑をかけられた、いかなる容疑や事件に関して、(a) これを調査するために、関係者を喚問し、証拠書類の提出を命じ、もしも、これを拒否する場合は、処罰を下す、(b) 調査終了後に、選手、球団ないしリーグに対して、予防措置、救済措置そして懲罰措置を決定する、(c) いずれかのリーグ会長の要請を受けて、両リーグ間で生じた問題の調停と最終決定を行う、(d) 選手が当事者である問題の調停と最終決定を行う、(e) コミッショナーの解任に関して、コミッショナーおよび他の関係者が遵守すべき事務手続きを定式化し公表する。大リーグ、球団、事務、経営者そして選手がベースボールを冒瀆する行為に及んだ場合、公的譴責処分をとる。大リーグまたはその球団の場合は、コミッショナーは5000ドルを超えない罰金を課す。球団の場合、このアグリーメントに従って開催される会議には出席できない。大リーグおよび球団の職員の場合は、停職または解雇とする。選手の場合、コミッショナーは一時的追放あるいは永久追放を宣する（3項）。このアグリーメントに無関係の組織ないし個人がベースボールを冒瀆した場合、コミッショナーは、選手のモラル向上とベースボールの名誉を守るために、適切な法的処置その他必要な手段をとる（4項）。コミッショナーの任期は7年で再任可能。年俸5万ドル（5項）。初代コミッショナーはランディス。後継者は、大リーグ球団の多数決で決める（6項）。

第2条（顧問会議）は、アドバイザリー・カウンセルを規定しており、

コミッショナー、両リーグ会長の計3名から構成され、見解が分かれた場合はコミッショナーの意見が優先する（1項）。2項では、(a) その職務としては、ワールド・シリーズの規約作り、(b) 両リーグ間の各種の交渉の規約作り、(c) 選手と球団の関係の規約作り、球団間の規約作りを掲げている。顧問会議は大リーグに現行の規定・規制・正式文書の書式の見直しを勧告する（3項）。顧問会議はコミッショナーの業務遂行に不可欠の事務的・行政的経費の見直しを大リーグに勧告する（4項）。

第3条（幹事・会計）では、顧問会議が要望する期間、幹事・会計を置くことができる。

第4条（統一規約）では、顧問会議で決まった規約・規制・統一書式は、大リーグが承認したうえで、大リーグの根本規定となり、両リーグが歩調を合わさない限り、修正できないとする。修正協議で両リーグの見解が一致しない場合は、コミッショナーが最終決定を行う（1項）。今後の修正手続きについては、前項に従う（2項）。

第5条（合同会議）では、以下の事項を述べる。コミッショナーが大リーグのすべての合同会議を主宰する（1項）。両リーグ間の問題あるいは合同会議に提議されたすべての問題に関して、各球団代表者の出席が求められ、協議の上で見解が分かれる場合は投票を行う。全会一致とならない場合はALおよびNLの会長が各1票を投じる。票が分かれた場合はコミッショナーが決する。抗告はできない（2項）。両リーグの会長のいずれかが、書面にて開催を求めた場合は、コミッショナーは合同会議を開催しなければいけない（3項）。

第6条（財務）では、顧問会議の経費およびコミッショナーと幹事・会計の年俸が、顧問会議が主催する試合の収入で補填できる範囲を超えた場合は、大リーグが支出するものとする（1項）。大リーグおよび各球団は、顧問会議の要請に従い、前項の処置によっても顧問会議の経費上の赤字補填ができない場合は、応分の負担をする（2項）。

第7条（コミッションの管轄権に対する服従）では、大リーグならびに各球団は、コミッショナーの決定およびこのアグリーメントの規定に基づいてコミッショナーによって下された処分に同意し、たとえ裁判所に訴え

たならば有利になると思われる案件であっても、これを抗告する権利を放棄することに同意する（1項）。選手および職員との契約書類には、必ずコミッショナーの懲戒処分の決定に従う旨の条項を入れておく（2項）。

第8条（アグリーメントの有効期間）は、有効期間25年としている。

第9条（修正の範囲）では、コミッショナーの権限に関しては今後も、任期中は縮小してはならない（1項）。

汚れたイメージを一新させるために、オーナー側は、新しいポストとして「コミッショナー」制度を新設。タフト前大統領、パーシング将軍（ヨーロッパ派遣軍総司令官）、ウッズ陸軍参謀長（ルーズベルト大統領の後継者と目されていた）、ジョンソン上院議員（カリフォルニア州）などの名前があがった。大リーグは1915年のフェデラルリーグ（2.7.2項参照）を原告とし、大リーグを被告とする裁判（2.7.2項参照）で態度を明確にしなかったことで結果的にオーナー側に与した、判事のランディス（Kenesaw Mountain Landis）[4]を初代コミッショナーに任命した。彼は、この裁判において、大リーグの独占体制を守ったのである。1921年1月12日に正式に初代コミッショナーとして就任した。彼の要請に応じてオーナー側は彼の身分を終身職とした。

1920年秋のクック郡大陪審において、1919年のワールドシリーズで一部の選手が八百長試合を認める証言を行った。9月28日に大陪審は、同球団の8人の選手に対して、有罪判決を下さなかった。しかし、ランディスは彼らの永久追放（ban for life）を決めた。彼らの球団はホワイトソックスではなくてブラックソックスと揶揄された（White, pp. 104-115）。

2.7 勃興時代から発酵時代におけるイノベーション

勃興時代から発酵期におけるアメリカ大リーグのイノベーションは、次の二つにまとめることができる。一つは多くのリーグの波乱に満ちた興亡の歴史を経て今日の大リーグの制度を確立・整備したことである。もう一つはその後約1世紀にわたり選手達の移籍の自由を縛った労働協約を確立

したことである。これについては詳しく経緯を追いたい。

2.7.1 大リーグ制度の確立

大リーグの制度的な整備として、次の諸点をあげることができる。①球団が本拠地とする都市は人口7万5000人以上とした、②試合日程を一元的に管理した、③テリトリーにおける独占的な権利を各球団に認めた、④マイナー・リーグに属する球団との交流試合を全面的に禁止した、⑤1903年からNLとALの優勝チームの間でのワールドシリーズを開催した。

次の表2-1は当時の大リーグの球団構成を示している。半世紀たった1952年においてすら何ら変更もなく固定していた。

次に⑤のワールドシリーズについて詳説する。この新企画の恩恵を最大限に享受できたのは、大リーグのコミッション事務局である。彼らはシリーズの審判を指定し、シリーズ出場資格選手を認定し、収支勘定を決算したうえで、当日の入場料収入を、球団、選手そしてリーグに配分した。収入の一割は事務局に落ちていたから、この思いがけない収入は事務局の自主性を高め、オーナー側からの経済的な独立を促すことになった。恒例になったシリーズをつつがなく終了させることが事務局の大きな仕事になってきた。したがって、シリーズの八百長事件（2.6節参照）が大リーグはもとより母体のコミッション事務局の屋台骨をどれほど揺るがせたかは容易に想像できる（Voigt 1966, pp. 311-312）。

表2-1 大リーグの状況（1952）

ナショナル・リーグ（1900）	アメリカン・リーグ（1902）
ブルックリン・ドジャース	ボストン・ピルグリムズ
ボストン・ブレーブス	シカゴ・ホワイトソックス
シカゴ・カブス	クリーブランド・インディアンス
シンシナティ・レッズ	デトロイト・タイガース
ニューヨーク・ジャイアンツ	ニューヨーク・ヤンキース
フィラデルフィア・フィリーズ	フィラデルフィア・アスレティックス
ピッツバーグ・パイレーツ	セントルイス・ブラウンズ
セントルイス・カーディナルス	ワシントン・セネターズ

（出所）Lichtman, p. 97

1903年10月1日のワールドシリーズ初戦、NLはピッツバーグ・パイレーツ、ALはボストン・ピルグリムズ（後のレッドソックス）。ボストンのエース、サイ・ヤングが完投したものの、初回の4点ビハインドが大きく、7-3のスコアでピッツバーグが勝利。サイ・ヤングは、NLのセントルイスから1900年末に引き抜かれた名投手であり、通算286勝の実績を買われての入団であった。ボストンのハンティントン・アベニューグラウンズは、1万6242人の観客であふれ、一部はグラウンド内に急遽仮設された椅子にすわって応援した（Murname, p. 11）。5勝3敗でボストンがシリーズを制した。

　ワールドシリーズは財政的にも大成功を収めた。優勝したボストンの選手には1182ドルが均等配分され、負けたボストンの選手にはオーナーのドレイファス（Dreyfuss）が男気を発揮して自らの分け前をつぎ込み、134ドル多い1316ドルが均等に渡された。シリーズに登場した球団のオーナーに対する配分額は1903年の5万ドルからうなぎ上りに増大し、1912年には49万ドルに達した。選手の配分額も優勝チームが選手一人4000ドル、惜しくも敗れたチームには一人2600ドルとなった（Rossi, p. 68）。ALの1909年のレギュラーシーズン観客動員数は723万6000人にのぼった。

　しかし、翌年のシリーズは中止にいたっている。これは、NLの優勝チームであるニューヨーク・ジャイアンツが対戦相手であるALのボストン・ピルグリムズとの試合を拒否したからである。見下げていた新興のALのチームとは対戦したくなかったのである（Rossi, pp. 68-69）。

2.7.2　保留条項の制定と最高裁の判断

　この労働協約は、本節冒頭で述べたようにその後1世紀にわたり選手たちの命運を握った、オーナー側にとって画期的な協約である。それは彼らが選手側と一言の相談をすることもなく独断で決めた代物であった。当時は全米に多くのリーグが群雄割拠しており、まさに戦国時代であった。実力のある選手の取り合いがオーナー達を悩ましていた。「互いに入札合戦はよそう（Let's stop bidding against each other）（Koppett2004, p. 34）」が彼らの合言葉となった。保留条項はこのような状況のなかで他リーグと

の法的な関係をきっちりとさせる狙いの産物の一つである。

　保留条項の歴史的経過をたどる。1879年9月29日、バッファローにおいて、ボストン・レッドストッキングスのオーナーでNL会長代行のソーデン（Arthur Soden）主導の保留条項が取りまとめられた。「各球団は5人の選手を保留できる。他の球団は彼らをこの選手たちと契約してはいけない」がその内容であった。かくして、5人の選手は当該球団に留まってプレーを続けるか、あるいは退団してプレーをあきらめるかしか選択できないことになった。また、NLの各球団は保留した選手をスカウトした球団とは、それがNLの球団であろうと他のリーグの球団であろうと、一切試合をしないことで一致した（ibid., p. 34）

　保留条項の基礎には、NLの初代会長ハルバートの案があり、スポルディングおよびソーデンの音頭で具体化された。この労働協約の主眼は選手の管理にあった（ibid., p. 41）。

　1870年代には意識されることの少なかった労働協約がその後1世紀にわたり選手を縛ることになる。ベースボール選手の労働市場を規制して、所属チームを除いて、一切の他球団との年俸交渉を禁止し、移籍の自由を奪った。自由競争による年俸の決定を排除することになった。選手の移籍だけでなく、行動と金銭面の収入を厳しく規制した（ibid., p. 46）。

　保留条項のその後の歴史的経過をたどる。1879年にはNLは各球団が指定した5人の自軍選手の保留を認めた。各球団が逃げられては困ると思った大黒柱の選手達であった。指定された選手たちにとっては、絶対的な雇用契約となった。それまで、フリーエージェントの立場を享受していた選手にとっては、大きな制約となった。1883年には11人、86年には12人そして87年には14人の保留が各球団に認められた。14人といえば当時ではチーム全員といってもよかった（Seymour 1960, pp. 106-109）。1889年には全選手に適用されて彼らの立場と発言力は急速に弱くなり、すでに1886年には年俸に上限を課されていた。最高年俸は2500ドルとされ、この年俸を受けられるのは、各球団に対して一人と決められた。その代わりに、ドラフト制度を創設して、新人選手に対しては、何がしかのルールで、決められた入団交渉の相手側球団に限り、年俸交渉を許した。

1880年代の平均年俸は1600ドルであったから、当時の労働者の平均年収は650ドル程度であったことを考えると、平均在籍年数6年を考慮しても若い青年には魅力的であった（Rossi, pp. 32-33）。

　1913年にコロンビアリーグが、中西部に創設された。1914年にはフェデラルリーグと名称変更し、フランチャイズの一部を東海岸に移して、本拠地をピッツバーグ、ブルックリン、シカゴ、インディアナポリス、ボルティモア、バッファロー、カンザスシティおよびセントルイスとして、自ら、メジャーリーグを宣言した。実現すれば、3番目のメジャーリーグになるはずだった。この新興リーグは、ALとNLの選手協約を尊重していたものの、水面下では高給で有力選手獲得に動いていた。メジャーリーグ側も高給を提示して移籍を防ぐなど、両者の攻防はすさまじかった。1915年1月5日にフェデラルリーグは、NLとALがベースボールを独占してトラストを形成しており、これは明らかに独占禁止法違反であるとして、最高裁に告訴した。11通の嘆願書は、大リーグの行動規範となっているナショナル・アグリーメントを違反として、大リーグの組織自体を解散させ、そのなかに含まれる保留条項等のすべての契約を無効として、大リーグ側が提起したすべての訴訟を取り下げさせ今後も訴訟させないことを求めていた（Spink, pp. 54-56, Voigt 1966, p. 316）。

　ところが、1907年のスタンダード・オイル事件で罰金2900万ドルを宣告して、一躍「反独占の旗手」で知られたランディス判事が世評に反して動かず、事態は膠着したままで推移した。長引く裁判による訴訟費用の増大という思わぬ出費で、この新リーグの財政は悪化して、ついに和解の道を探ることになる。結局、既存の2リーグはフェデラルリーグが独占禁止法違反の訴訟を取りさげる代わりに、この新興リーグ8球団に60万ドルを支払い、さらにセントルイス・ブラウンズ（AL）およびシカゴ・カブス（NL）をこの新興リーグの同地区のオーナーが別々に買収するという線で妥協が図られる（Lichtman, p. 83）。

　こうして、保留条項の設定、相次ぐライバルリーグの消滅は、選手たちの年俸を抑えることとなり、一生にわたり選手たちの生活を一球団に縛る結果になった。

ところが、この結果に、フェデラルリーグに所属しながら大リーグとの話し合いの蚊帳の外に置かれていたボルティモアのオーナー達は、腹の虫が収まらなかった。彼らがほかのフェデラルリーグの球団のオーナー達がうまくセントルイスやシカゴの大リーグの球団を買収できたように、自分たちも大リーグの球団を買い取りたいと申し出たところ、期待に反して、大リーグから即座に断られたうえ、5万ドルの補償金を受け取る代わりに球団を解散するように逆に求められた。頭にきたボルティモアのオーナー達は、1916年3月にイリノイ州北部地区裁判所にシャーマン反トラスト法でメジャーリーグを訴えた。被告は、NL会長テナー（J. K. Tener）、AL会長ジョンソンおよびナショナル・コミッション会長ヘルマン（Seymour 1971, pp. 230-232）。

2.7.3 アメリカ最高裁判決

そもそも、シャーマン反トラスト法は、1890年に州際（interstate）取引または国際取引における独占および取引制限を禁止するために制定された法律。「不法な制限および独占から取引を保護するための法律」の通称である。法案の提起者であるオハイオ州シャーマン上院議員にちなむ。

ここで、この法律に関する前提的な問題意識について説明する。まず、この法律はアメリカ連邦政府の法律であり、州の法律ではないことである。したがって、ある州内で独占的位置にある事業者の経済的な意義を問題にしないという点である。彼らの事業は州内で完結しており、その地域のたとえば消費者の利益を損なうと認識されていても、それはその州の問題であり、連邦政府の範囲外になる（滝澤、pp. 112-113）。シャーマン法の第一条は「州際のあるいは外国との取引もしくは通商を制限するすべての契約、トラストその他の形態による結合、または共謀は、……これを違法とする」と規定している。州際つまり複数の州にまたがる事業だからこそ、州にまかせずに、連邦政府が規制をかけるのである。

1922年5月29日、アメリカ最高裁のホームズ（Oliver Wendell Holmes Jr）判事は、おおよそ次の主旨を述べた。「すでに、高等裁判所は詳細な調査をした結果、NLの保留条項はシャーマン反トラスト法の適

用範囲にないという判断をくだしている。高裁の判断は核心をついており、フェデラルリーグの被った損失を取り返すことにおいて格別の困難はないと思われる。各球団は全米の各地に本拠地をもっている。そして州をまたいで互いに各地で興行してビジネスを展開している。かくして球団は頻繁に遠征を繰り返しているから、「州をまたがる商業」であるとされる。しかし、我々は高裁の判断は正しいと判断する。このビジネスは、ベースボールの興行であり、これはまったく州内の業務である。ベースボールのファンを増やし人気を上げるために、ほかの州に本拠地をおく球団との試合は欠くべからざるものであるだろう。しかも事実として、各球団は選手の遠征費を負担している。だからといって、ベースボールというビジネスの定義を揺るがすものではない。球団の遠征はたまたま起こることであって、本質的な問題でない。興行は非経常的な性質をもつものであって、確かに利益を目指すものではあるけれども、通常的な意味では商務（trade of commerce）ではない。被告側が主張するように個人的な努力というものは、生産にかかわらないから、商業とはいえない。州内において商業とはなりえないものは州際においても商業にはなりえないのである（United States Supreme Court, pp. 465-466）」。つまり、「ベースボールは興行であって商業ではなく、メジャーリーグにたいする参入規制および選手協約は独占禁止法に違反しない」との判決を下した（Lichtman, p. 83）。ベースボール選手の個人的な努力は生産とは無関係であり、商業には含まれない。「州間の商業条項はベースボールには適用されない」。たまたま、各州をまたいで移動するのであり、「純粋に州内の業務」であるとの判断を下したのである（White, pp. 78-79, Rader, p. 110）。雑誌『タイム』の編集主幹のドーレ氏にいわせると、この裁決により、「連邦政府のシャーマン反トラスト法の楔から解放されて、マフィアの連中も目をむくやり方で好き放題にオーナー達は結託できる」ことになった（Drehle, p. 25）。

　なお、1920年にその後のニューヨーク・ヤンキース時代到来を予感させる大トレードがなされた。財政的に行き詰まったボストン・レッドソックスがベーブ・ルースをはじめ、一流選手を一挙にヤンキースに金銭トレードしたのである。これまでの弱小球団は一夜にして強豪チームに一変し

た。ベーブ・ルースは移籍1年目に54本、翌年には59本のホームランを量産した。また彼の活躍は、前年のシカゴ・ホワイトソックスの八百長事件の暗雲を一挙に取り払った（Heinrichs, pp. 120-121）。

2.8 革新的な経営戦略とイノベーションの展開

勃興時代から発酵時代は、それまでの既成概念を打破する経営革新的なアイディアが具体化され、イノベーションが次から次に実を結んだ時期でもあった。サンデーゲームの開催、春キャンプの実施、コミッショナーポストの新設、鉄筋球場の新設、投手戦から打撃戦へのルール改定である。なお、黒人選手の締め出しを特記事項として付加した。これは恥ずべきイノベーションに数えていいだろう。

2.8.1 サンデーゲームの開催

当初、NLは日曜日開催をしていなかった。しかし、労働者がゆっくりと休めるのは日曜日である。1902年には、NLは、シカゴ、セントルイスそしてシンシナティの3都市での開催を認めた。1920年までには、ボストン、フィラデルフィアそしてピッツバーグを除いて、日曜日開催を許可する。

1910年4月14日の木曜日、ベースボール少年だった当時のタフト大統領が開幕試合に登場して、観客席からピッチャーマウンドに向けて第1球を投じた。これが始球式の最初である。

2.8.2 春キャンプの実施

フィラデルフィア・フィリーズが1886年に初めて実施した。1905年までに大リーグ全球団が実施した。春キャンプの当初の狙いは体づくりにあり、「春のトレーニング」といわれる由縁である。選手全員が必ずしも参加しなければいけないというものではなかった。セントルイス・ブラウンズ監督のリッキーは、春キャンプの開催場所をフロリダ州セント・ピーターズバーグに決め、体づくりと同時に選手の技量を高める訓練を実施し

た。ブルックリン・ドジャースに移籍した彼は 1947 年にはドジャースのキャンプ地であるフロリダ州ベロビーチにドジャースタウンを開設して近代的な訓練設備を誇る施設を建設した。若い選手の力を伸ばすのは行き届いた教育しかないとの信念をもって、たとえば黒板を使って、野球理論の講習を繰り返した（Puerzer, pp. 90-91）。

春のオープン戦は、当時から選手にとっては絶好の PR 機会でありオーナー達にとってもオープン戦の収入はけっして無視できなかった。フロリダとアリゾナが春キャンプをはる場所として有名である。練習試合はグレープフルーツ・シリーズ、およびカクタス・シリーズと呼ばれる。

2.8.3 鉄筋球場の建設

この時代で特筆すべきことは、それまでフィールドとかグラウンドとよばれていた球場を鉄とセメントの球場に作り変えたことである。こうした球場は地域のランドマークとして 20 世紀前半まで使われた。なお、リグレー・フィールド（1914 年開場）とフェンウェイ・パーク（1912 年開場）は今も健在である。

球場の新設も大きなイノベーションの一つに数えてよいのである。元々は、グラウンドやフィールドを仕切ってプレーしていた。その後、観覧席を設置することになり、内外野席を間に合わせの木造建築とした。しかし、木造建築では、火事に見舞われて全壊してしまうことが少なくなかった。そこで、耐火の鉄筋球場をとの声が日増しに強くなり、AL のフィラデルフィア・アスレティックスの共同オーナーであるベンジャミン・シャイブ（Benjamin Shibe）にちなんで、ホームグラウンドであるシャイブ・パーク（Shibe Park）が 1909 年に登場する。土地代 6 万 7000 ドル、建設費 30 万 1000 ドル。鉄筋耐火構造の 2 階建てで収容人員 2 万 3000 人、さらに、1 万人収容の外野スタンド、そしてスタンド下に 200 台の駐車場をもつ大規模なスタジアムであった。なにしろ、当時の一般的な収容人員は、8000 人から 9000 人であったから、巨大なスタジアムがフィラデルフィアにその威容を見せたことになる。この年には新球場の年間観客数が 67 万 4915 人となり、シャイブ・パークは新しい球場建設の嚆矢となった

(Lichtman, pp. 82-3)。

　4か月後にはピッツバーグに総工費200万ドル、2万5000人収容の3階建てエレベータ付の鉄筋スタジアム、フォーブス・フィールド（Forbes Field）が完成。「やってみる価値はある」という鉄鋼王のカーネギーの忠告に従い、牛が草をかむ、市内から離れたオークランド・シェンリーパーク（Schenley Park）に広大な球場を建設したのである。対仏戦争で有名なイギリスの将軍の名前にちなんで命名された。開幕試合は3万人の観衆であふれ、竣工直後の2週間で5回も超満員となった（Rossi, pp. 78-79）。

　1910年竣工のコミスキー・パーク（Comisky Park）はローマのコロシアムを模した球場で2万8000人収容、総工費75万ドル。以上の3球場は、グリーンの天然芝を見下ろすことから「緑の神殿」といわれるほどに、当時の建築技術の粋をこらしたものであった。

　1911年6月に部分完成したニューヨークのポロ・グラウンズ（Polo Grounds）は、同年4月に火事で焼け落ちた球場（3万1000人収容）を鉄筋3階建てで再建したものである。正面はイタリア製大理石で飾られ、渦巻状の装飾を施されたシートは洒落ていた。収容人数は3万4000人。元々はポロ競技用のグラウンドを改装したので、センター（455フィート）が深く、両翼（右翼257フィート、左翼279フィート）は短い（http://www.ballparksofbaseball.com/past/PoloGrounds.htm）。

　1916年までに、フィリーズとカーディナルスを除いて、すべての球団のホーム球場は鉄筋に改装された。エレベータを新設し、婦人用の化粧室を新設するなど、装いを新たにした。ただし、スタジアムという呼称が使われたのは、1923年のヤンキースタジアムを嚆矢とする。それまでの球場は、フィールド、グラウンドあるいはパークと呼ばれていた（Charlton, p. 130）。

2.8.4　ルールの改定——投手戦から打撃戦への展開

　ルール改定に関する歴史的な経過をたどる。初期には、内野手は素手でボールを捕っていたし、捕手は走者が出ると立ちあがって、投手の投げたボールを捕っていた。また、投手は打者が打てるように「アンダーハンド」で投げるのが一番の役割であった。

初期のベースボールは、我々が子供の頃にしていたソフトボールに似たスポーツであった。打者が打てるようにゆっくりと投げていた。ストライクは取らなかった。打者が打つまで投手はひたすら投げていた。

　ボール自体も現在より少し大きかった。1867 年のルールブックでは、ボールの周径は $9\frac{1}{2}$ インチ以上 $9\frac{3}{4}$ インチ未満で、重さも $5\frac{1}{2}$ オンス以上 $5\frac{3}{4}$ オンス未満（Chadwick, p. 9）であった。しかし、1876 年からはボールの周径は 9 インチ以上 $9\frac{1}{4}$ インチの範囲に、重さは 5 オンス以上 $5\frac{1}{2}$ オンスの範囲に決まり、それ以降変化していない（Koppett 2004, p. 362）。

　当時のグラウンドには、現在のバッターボックスと同じく、6 フィート×4 フィートのピッチング・ボックスがあった。しかし、マウンドと呼ばれる盛り土はなかった。ホームベース中心と、ピッチャーボックスのホームベース側との距離は 45 フィートだった。この距離はベース間の距離のちょうど半分であり、打者は投手にたいして、「球が高い」とか「低い」などの注文の声が届く距離であった。この距離は、1881 年には 50 フィートに延びた。1887 年には、打者は投手にたいして、「腰より低く投げて」とか「腰より高く」などの声かけすることを禁じた。ピッチング・ボックスも低くした（Charlton, p. 51）。

　ストライクを取るようになったのは、1870 年代前半である。それまでは打者が好きな球を来るのを待ってから打つまで投手はひたすら投げていた。ニューヨーク・ミューチャルズのある打者は好きな球が来るまで 50 球もねばったという逸話が残っている。これではたまらないということから、なかなか打たない打者には試合のスピードアップのためにストライクをカウントするようになった。打者は単に当てにいくのでなくて、強打して、ライナーや球足の速いゴロを心がけるようになった。投球法も変わった。なるべく打たれないように速球を投げ、ハリー・ライトのようにチェンジアップを心がける投手が出てきた（Rossi, p. 18）。打たれるのが仕事でなくて、打たれないようにするのが投手の役割と大きく変わってきた。

　投手の投げ方も、当初のアンダーハンドから徐々に腰から上の線まで投球できる高さが緩められ、1884 年には「オーバーハンド」が承認された。ファウルがストライクに数えられたのは、1901 年であった。四球が

9球から字義通りに改められたのは、1889年であった（Koppett 1967, pp. 300-301）。カーブが発明されたのもこの時代である。カミングス（William Arthur "Candy" Cummings, 1848-1924）が16歳のとき1864年に投げているうちに自然とマスターしたという（Charlton, p. 49）。

1875年、捕手はマスクをかぶるようになり、一部の選手は捕球の痛みを避けるために皮製の簡単なグローブをつけるようになった。このグローブは指の先の部分はカットされて、ボールを投げやすいように工夫されていた。ほかの守備陣は素手であり、強襲ヒットやエラーはとくに多かった（Rossi, p. 18）。たとえば、図2-1は、1876年から1910年のNL所属球団の平均エラー数を示している。1884年の494個が最高であり、それ以降逓減していき1908年には253個にと半減している。たとえば、NLの1883年シーズンには、最下位のフィラデルティアは639個（一試合当たり6.52個）、優勝球団のボストンでさえ409個（4.18個）のエラーを記録した。グラウンド上のプレーが激しかったこともエラー多発の一因であろう。観客もそうしたラフプレーを歓迎した。

1893年には、投手マウンドのプレートからホームベースの中心までの距離を、60フィート6インチ（18.44m）に長くした（Koppett 1967, p.

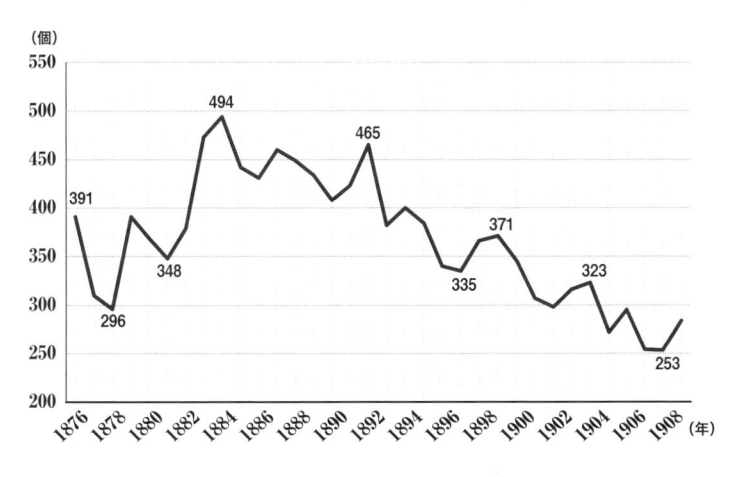

図2-1 球団平均エラー数の推移

出所）　*The Baseball Encyclopedia*

図 2-2　チーム打率の推移

出所）　The Baseball Encyclopedia

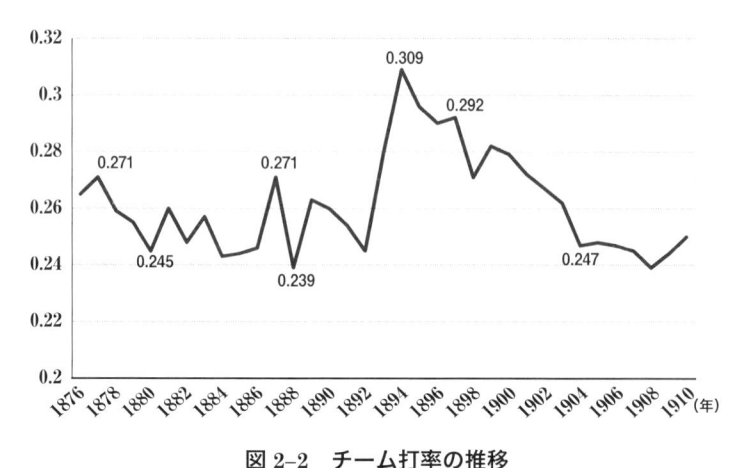

300）。これによりまず、全般に打率が上昇した。このルール改定前後の各 10 年間の平均打率は、ルール改定前が 0.255 であるのに対して、改定後は 0.280、また、前後 5 年間で比較しても改定前が 0.260 で改定後が 0.292 となる。このルール改定の影響は非常に大きい。図 2-2 に示すように、翌 1894 年にはリーグの平均打率が 0.309 を記録した。フィラデルフィアのチーム打率は 0.349 である。1892 年にはリーグの 3 割打者は 9 人であったが、1893 年には 26 人となった。それどころか、1894 年には 4 割打者が 5 人出ている。ヒュー・ダフィー（Hugh Duffy）は 0.440 を記録した。この記録は今も破られていない（The Baseball Encyclopedia 1969, p. 150）。

　次にマウンドとホームベースの距離が長くなったので当然ながら犠牲バントが増えた。ヒットエンドラン（hit-and-run play）も増えた。また、いわゆる「ボルティモア・チョップ」が新しい作戦に取り入れられた。打者が投球を、ホームベース近くの日差しでカチカチになったグラウンドに叩きつけるように強打して、高いバウンドのゴロを放ち、一塁を駆け抜けようとする作戦である。盗塁も増えたし、ヒットでも隙あらば二塁を狙う積極的な走塁が試みられた。この時代は、こうした積極的な走塁で二塁を陥れた場合、盗塁と記録されていた。ウィリアム・ビリー・ハミルトン

(William Billy Hamilton）外野手は大リーグ通算1593試合出場し1692打点937盗塁の偉業を達成した（Rader 1992, pp. 66-67）。

マウンドからベースまでの距離が延びたことにいち早く反応したのが、オリオールズのネッド・ハンロン（Ned Hanlon）監督であった。投手の疲労を考えて、従来の投手4人制を6人制に切り替えたのが功を奏して、1894-1896年のペナントを制し、チームのフランチャイズが1899年にブルックリンに変更になってからも、1900年と1901年に2年連続でペナントを制した（ibid., pp. 68-69）。

ところが、1900年から1920年にかけては、「デッドボールの時代（era of deadball）」、あるいは「ピッチャーの時代（era of the pitcher）」といわれる。データをみても、打率は下がってきたことがわかる。まず、1900年にはボールに唾をつけてコントロールをつけることが認められた（スピットボールの是認）。打球は遅くなるし、重くなって飛ばなくなった。喫煙家の投手のつばは茶色いし、土をつけた指でボールを投げれば、白球もたちまち土色に変わり打者にはみえづらくなった。これにより、たとえば、ニューヨーク・ハイランダースのジャック・チェスブロ（Jack Chesbro）投手は1903年の21勝15敗が翌1904年には41勝12敗と大変身を遂げた。1908年のシカゴ・ホワイトソックスのエド・ウォルシュ（Ed Walsh）は40勝15敗（ibid., pp. 82-88）の好成績を残した。彼の通算防御率1.82はその後破られていない。

マウンドの高さの上限は、1903年にはそれまでよりも5インチ高くなり15インチとされた。打者に対して、マウンドから威圧的にボールを投げ下ろす可能性が増加して、ピッチングに幅が出てきた。サイ・ヤング、クリスティ・マシューソン（Christy Mathewson, 1880-1925、現役373勝、スクリューボールを始めて実戦投入、ピッツバーグ・スターズでプロアメフト選手としても活躍）、ウォルター・ジョンソン（Walter Johnson, 1887-1946、通算417勝、1916年には369イニング登板して被本塁打ゼロの速球投手）などの歴史に残る名投手が輩出した時代である。

投手にとって有利な状況がめぐってきた。投手自身が長くなった投球距離に次第に慣れてきた。さらに、1900年には、ホームベースが従来の12

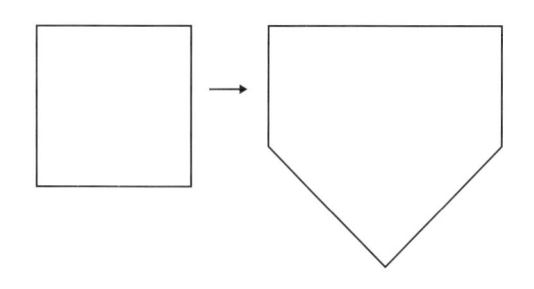

図 2-3　ホームベースの変更

インチ (30cm) の正方形からピッチャーマウンド側の長さが 17 インチ (43cm) になる五角形になった。ピッチャーマウンドの反対側の真ん中の 8.5 インチから二つの正三角形を切り取りとったから、ホームプレート自体の面積は約 50% 増加したことになる (図 2-3)。これでストライクゾーンの幅が広がった (*The Baseball Encyclopedia*, p. 23-33)。

　また、打者が打ち放った最初の二つのファウルをストライクと認定したのは、NL では 1901 年、AL では 1903 年からである (Koppett 1967, p. 301)。両リーグで導入時期が 2 年間ずれているので、1896 年から 1900 年までの導入前 5 年間と 1903 年から 1907 年までの導入後 5 年間で、両チーム合わせての一試合当たりの得点数および三振数を比較すると、得点力は 11.36 から 7.82 にと 31% 下がり、三振は 4.70 から 7.50 にと 60% 増大した。得点力は 1908 年には 1894 年の 15.32 から半分以下の 6.80 点にまで低下した。三振については、1894 年の 4.34 から 1911 年には 8.08 にまで増加した (図 2-4 参照)。

　この投手力全盛時代を象徴する試合として、NL のシンシナティ・レッズ対シカゴ・カブスの一戦 (1917 年 5 月 2 日) をあげることができる。レッズのトニー (Fred Toney) およびカブスのボーン (Jim Vaughn) の両投手の投球がいずれも冴えわたり、9 回を終わって、ともにノーヒットノーランを演じていた。10 回表にレッズがクリーンヒットと相手の連続エラーから 1 点をもぎとり、これが決勝点になって、レッズが 1-0 で勝

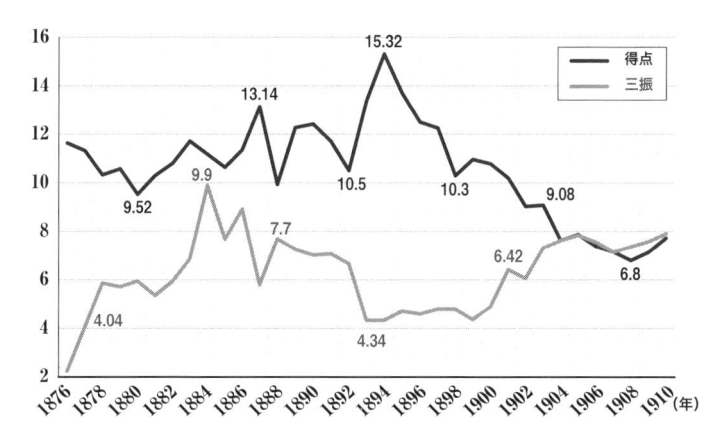

図 2-4　試合当たりの得点数と三振数の推移
出所）*The Baseball Encyclopedia*

利。10回裏をトニー投手はノーヒットで抑えた（Wallace, pp. 32-33）。

　マウンドとホームベースとの距離が長くなると、馬力のある大型投手が活躍することになった。身長6フィート2インチで体重210ポンドのサイ・ヤングがその典型である。これに対して、打撃側はヒットエンドラン、盗塁、そしてバントなどの作戦を多用して、数少ないチャンスを活かそうとした。大振りしてホームランを狙うのではなくてバットを短く握ってボールに当てようとすることが多くなった。セントルイス・カーディナルズのジョン・マクロスキー（John McCloskey）監督は、17打者に連続バントを命じている。また、ALのホームラン王の本数は、1901年から1920年まで辿ると、14, 16, 13, 10, 8, 12, 8, 9, 9, 10, 11, 10, 12, 9, 7, 12, 9, 11, 29, 54（*The Baseball Encyclopedia*, pp. 169-229）である。最後の29本と54本はベーブ・ルースが記録している。1915年の7本は、クリーブランド・インディアンスのブラジオ・ロス（Braggio Roth）外野手が記録している。

　しかし、1920年代に入ると、大リーグは次のようにルールを変更して打者優位のゲーム展開になるように注力した。まず、打球が遠くに飛ぶように、トリック投法を禁止した。また、スピットボールや投手がボールにグリースを塗ることや刻みをつけることを禁止した[5]。ゲームのルールに

も変更が多々加えられた。その狙いはスピード化とおもしろさ、つまり打ち合いのダイナミズムの追求にある。得点のとりあいのゲームのほうが、一般には、投手戦よりも観客は楽しめる。英文では、"A 2-1 game is aesthetically pleasing but 9-8 games are more fun（Creamer, p. 85）"となる。

2.8.5　黒人選手の締め出し

　黒人選手の参入についても明確な判断を下した。元々、ニグロリーグと呼ばれた黒人たちのリーグがすでに1860年代には存在していた。1869年、南北戦争の終結の2年後に、NABBAは、フィラデルフィアの黒人チームの加入を拒否した。当時は、奴隷解放が宣言された時期であり、黒人選手たちは白人チームでの活躍を夢みたのであるが、冷たくあしらわれた。「もしも黒人チームの入会を認めたならば、感情的な反発が出るだろう。これに反して、認めないならば、無用の混乱も衝突も起きない」という人種差別主義者の常套句で退けた（Rader, p. 23）。

　しかしながら、彼ら独自のニグロリーグは黒人層に支持され、それなりの人気があり、1955年まで続いた（Burns, Ward and O'Conner, p. 50）。この時期に消滅したのは、第二次世界大戦後に大リーグが黒人選手の参入を認めて、優秀な選手たちが次第に大リーグに引き抜かれてその存在意義をなくしていったからである。

　なお、メジャーでの最後のニグロリーグ出身の選手はハンク・アーロンであり、1952年にニグロリーグのインディアナポリス・クラウンと内野手として契約している（Charlton, p. 111）。大リーグ通算755本塁打を記録した。[6]

[注]

1) コミスキー（1859-1931）。1900年に所有していたマイナーの球団をセントポールからシカゴに移転し、シカゴ・ホワイトストッキングと命名する。1901年にALに加入し、翌1902年にシカゴ・ホワイトソックスと改名する。1919年に年俸の低さを理由にして、「史上最強の球団」といわれていたホワイトソックスの主力選手8名が八百長事件を起こす。

2) 1903年に、ニューヨークでカジノを経営する青年実業家2名が、経営不振のボルティモア・オリオールズを買収して、ニューヨークに移転させ、ニューヨーク・ハイランダースと名称を改めた。10年後にニューヨーク・ヤンキースと再度名称変更した（Dewey & Acocella, p. 392）。

3) 1908年NLのシカゴ・カブス対ニューヨーク・ジャイアンツの最終戦は9月23日、1-1のまま最終回ジャイアンツの攻撃でツーアウト、走者一塁三塁の場面で次の打者がセンターに抜けるヒットを放ち、誰もがジャイアンツのサヨナラ勝ちと確信した。ポロ・グラウンズの観衆はグラウンドになだれ込んで歓喜の声をあげた。当時19歳の一塁走者のマークル（Fred Merkle）は殺到する観衆を避けるために一塁と二塁の間まで走ったもののベンチに足早に引き揚げた。この様子をみた二塁手のエバース（Johnny Evers）は、センターを守っていたホフマン（Solly Hofman）に返球するように合図したもののグラウンドに膨れ上がった観衆で二塁に正確な返球ができなかった。このボールを観衆の一人が摑んだことをみた控え投手のクロー（Rube Kroh）は、フィールドに入ってこのファンをなぐってボールを奪い取り、二塁手に手渡した。球審はアウトを宣告した。ジャイアンツの監督は猛然と抗議したものの受け入れられず、連盟に提訴した。日没のために引き分け試合となった。両球団ともに、98勝55敗の成績で終えたために、リーグ優勝を賭けて10月8日に3万5000人の大観衆を飲み込んだポロ・グラウンズで決定戦が開催され、4-2でシカゴが勝利した（Neft and Cohen, p. 40）。球審の判定を支持したNL会長プリアムに対して、オーナー側は審判の権威を認めたとして評価した。しかし、手のひらからサヨナラ勝ちが滑り落ちたニューヨーク・ジャイアンツの怒りは収まらなかった。神経質なプリアムにしては、難しい判断を下したことになる。その後彼は1909年に入って、神経衰弱に陥り、ついに7月28日にニューヨーク・アスレティッククラブの自室にて短銃で自らの頭を撃ち抜き死亡する（Rader, p. 94）。

4) ランディスは1907年に当時アメリカ経済を牛耳っていたロックフェラー率いるスタンダード・オイルに対して、貨物リベートの容疑で2900万ドルの罰金を科した。現職裁判官の7倍にあたる年俸5万ドルで初代コミッショナーを引き受け、1921年から1944年まで就任。「ベースボールの専制君主」として権勢を振るった。北軍軍医の息子として、オハイオ州Millvilleで生まれる。鉄道のブレーキマンを志したものの就職に失敗し、インディアナ郡での自転車スピード競争で有名となる。その後ローラースケート場を経営したけれども、うまくいかず、速記を

学んで、裁判所での速記官として就職、その後、シンシナティ大学ロースクールで本格的に法律を学びノースウェスタン大学で学士号を取る。1905 年には、当時のルーズベルト大統領からイリノイ州北部地区判事に任命される。賭け事、競馬そしてベースボールの規約すれすれをうかがう球団経営者を毛嫌いした。若い選手を縛って移籍の自由を奪っているという理由で、徹底したファームシステム嫌いの彼は、1938 年にリッキー率いるカーディナルズの 91 人の選手を解放し、傘下のファームチームに罰金を課した（Reidenbaugh, pp. 189-190）。元判事のランディスが嫌ったのは、リッキーの保有するマイナーリーグの有望選手の多くが、メジャーに出たり入ったりして、彼のさじ加減一つでマイナーリーグの試合が左右されることであり、ひいてはファン離れを起こして、リーグそのものが衰退することを恐れた。

5) 1920 年 8 月 17 日にヤンキースのメイズ投手の投げた球が打席のクリーブランド・インディアンスのチャップマン（Ray Chapman）遊撃手のこめかみを直撃、同選手が 12 時間後に死亡するという痛ましい事故が起こる。ボールが汚れていて打者にはみえにくかったことも事故の要因の一つとされた。真白いボールはよくみえるし硬いのでよく飛ぶということで新しいボールにたえず交換することが求められたけれども、それではボールが打者にみえすぎて打たれるという投手側の意見も取り入れて、主審はわざと新しいボールにグラウンドの土をつけてあとで磨いてから補給することで折り合いをつけ、現在まで続いている（Lichtman, p. 87）。

6) ニグロリーグの名投手であったテッド・ラドクリフ（Ted Radcliffe）選手が 103 歳の長寿を全うして 2005 年 8 月に亡くなった。彼は、ジャッキー・ロビンソン選手がドジャースに入団した 1947 年当時にすでに 44 歳で現役選手としてなお活躍していた。1960 年代にはクリーブランド・インディアンスのスカウトをしていたこともある。1932 年のダブルヘッダーでは第 1 試合では捕手、第 2 試合では投手をして翌日の新聞に「ダブル・デューティ」と書かれた。ジョージア州ウェイクロスに遠征した際にガソリンスタンドの洗車用ホースから水を飲もうとしたときに白人経営者から「ホースを下ろせ、それは白人しか使えない」とののしられて、ガソリンの切れたクルマを 5 マイル押した体験や大リーグでの遠征経験から黒人が泊まることができたのはカナダとノースダコタくらいのものだったと生前に語っている（*New York Times*, 2005.8.12）。

第3章

制度化の時代

3.1 制度化の時代の特徴

1920年から1960年にかけては、アメリカ大リーグの制度化の時代である。フランチャイズ都市が固定し、野球のルールが定着し、大リーグ機構が確立された時代である。

① フランチャイズは、アメリカ東海岸を中心に北東部に偏り、わずか10都市で本拠地の変更はなかった。ニューヨーク（3球団がフランチャイズ展開）、ボストン、シカゴ、セントルイス、フィラデルフィア（以上2球団が展開）、シンシナティ、ピッツバーグ、クリーブランド、デトロイトそしてワシントンである。
② すべてのきまりや習慣、伝統、日常の些細なやり方までが固定化して当然とされ、人々は疑うことがなくなった。
③ オーナーの権力が選手を圧倒し、また他のリーグからの挑戦や参入が事実上なくなった。

この三つが制度化時代の大きな特徴である。これには、大リーグの慣習を1922年の最高裁が承認した（第2章7節）ことが大きい。弱小球団が従来のようにリーグから追い出される心配がなくなったこと、および当時の大リーグに君臨したコミッショナーのランディスの超保守主義思想が重

要なポイントである。

　あれほどたくさんあった球団の離合集散がなくなり、新規球団の加入もない時代になった。NL や AL のいずれに所属する弱小球団であってもそれまでのように追放される恐れがまったくなくなって、大リーグに残留できた。しかも、球団数は、NL も AL もいずれも固定メンバー 8 球団であった。

　次の表 3-1 は当時の大リーグの球団構成を示している。半世紀たった 1952 年においてすら何ら変更はなく固定されていた。

　次の図 3-1 は表 3-1 の各球団のフランチャイズの地理的な展開を示している。最西部のフランチャイズはミズーリ州セントルイスであり、当時のフランチャイズは、アメリカの北東部に偏っていることがわかる。

　この停滞した時代を象徴する歴史的事実の一つは、新スタジアム建設がまったくみられなかったということである。1932 年のクリーブランドのミュニシパル・スタジアム竣工を最後に 1956 年のミルウォーキー・カウンティ・スタジアムまで一切なかった。この間、球場そのものは陳腐化し、道路網の整備が進んで住宅地が郊外に拡大したことから、旧市街地の真ん中に建設された球場をめぐる周囲の環境も次第に悪化して客足が遠のいてきた。

表 3-1　大リーグの状況（1952）

ナショナル・リーグ（1900 年創設）	アメリカン・リーグ（1902 年創設）
①ブルックリン・ドジャース	❶ボストン・ピルグリムズ
②ボストン・ブレーブス	❷シカゴ・ホワイトソックス
③シカゴ・カブス	❸クリーブランド・インディアンス
④シンシナティ・レッズ	❹デトロイト・タイガース
⑤ニューヨーク・ジャイアンツ	❺ニューヨーク・ヤンキース
⑥フィラデルフィア・フィリーズ	❻フィラデルフィア・アスレティックス
⑦ピッツバーグ・パイレーツ	❼セントルイス・ブラウンズ
⑧セントルイス・カーディナルス	❽ワシントン・セネターズ

（出所）Lichtman, p. 97

○印 NL　●印 AL

図 3-1　大リーグのフランチャイズ都市（1952）

3.2　英雄ベーブ・ルースの登場

　古今東西、歴史の転換点においては一人の英雄が登場して新しい時代の扉を開く。アメリカ大リーグの新時代を切り拓いたのは、ベーブ・ルース（Babe Ruth, 1895-1948）である。

　彼は1915年にボストン・レッドソックス（AL）で投手を務めていた。15年18勝8敗、16年23勝12敗、17年24勝13敗、そして18年13勝7敗の実績をあげ、16年のワールドシリーズ第2戦では14回を被安打6で投げきり、2-1のスコアで勝っている。18年のワールドシリーズでは、第1戦はゼロ封の完投勝利、第4戦は先発し勝ち投手となっている。1918年のシーズンオフには年俸を従来の7000ドルから倍額アップを要求して、結局は1万ドルで契約更改している。豪華な6室つきの一戸建て住宅が3000ドルで買えた時代の1万ドルは当時としては破格の待遇であった。

　1918年の11月11日午前11時に第一次世界大戦の休戦がアメリカに伝えられ、国民の関心は一挙にベースボール、ボクシングそして競馬という人気スポーツに集中した。翌19年には彼は左翼手を兼ねながら17試合に

登板、133イニングを投げ、9勝5敗、かつ29本のホームランをかっとばしている。打点114。その前年は11本のホームランで打点は66であった。打者として成長していたことがわかる。19年のシーズンオフの契約交渉で、オーナーのハリー・フレイジー（Harry Frazee）は翌年のベーブ・ルースの年俸を2万ドルで了承。ところが、オーナー本人の財政危機から翌1920年1月5日に突然、ベーブ・ルースは10万ドルの金銭トレードの形でヤンキースに移籍となる。当時のヤンキースは、創設以来17年間で4位に食い込んだのがわずか3回という弱小の新興球団であった。ヤンキースは、レッドソックスのフェンウェイ・パーク（Feneway Park）を抵当に30万ドルをフレイジーに貸し付ける交換条件で、年俸2万ドルで彼を迎え入れたのである（MacCambridge, pp. 80-84）。

　図3-2（縦軸単位は千人）は、ニューヨークにフランチャイズをおく、ヤンキース、ジャイアンツそしてロビンズ（後のドジャース、当時の名称はブルックリン・ロビンズ）および彼の移籍前のレッドソックスの、1913年から1927年までの15年間の観客数の推移を示している。彼の加入でヤンキースの人気はうなぎ上りで、観客動員数は前年の61万9164人から108%増の128万9422人に達した。ヤンキースの折れ線が1920年に急カー

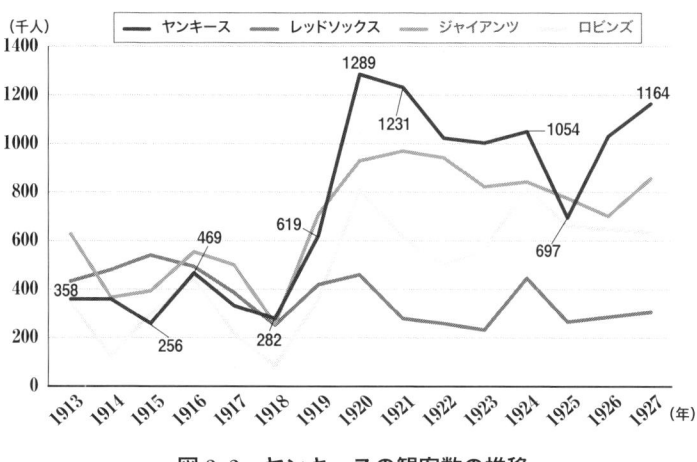

図3-2　ヤンキースの観客数の推移

出所）http://www.baseball-reference.com/leagues/NL/1920-misc.shtml

ブを描いて上昇している。移籍前後の観客動員数の年平均は、前期（1913-1919）38万2000人、後期（1921-1927）106万2000人と2.078倍となった。反対に、ベーブ・ルースを失ったレッドソックスの人気は失速し、前期43万人が後期31万7000人と急落。成績も低迷することになる。ワールドシリーズを制覇したのは、1918年以来86年振りの2004年。ようやく「ルースの呪い」を取り去ったわけである。NLに属するジャイアンツとロビンズは、48万6000人と26万9000人が、後期85万6000人と65万6000人となり、1.76倍と2.44倍を記録した。

彼の大活躍は、前年の「ブラックソックス事件」の暗雲を一挙に払い去り、大リーグの人気回復に大きく貢献した。大リーグの新しい歴史の幕は、1920年1月5日に切って落とされたことになる。ヤンキースが25歳の彼を獲得した日である。彼の登場は、従来の大リーグの試合展開を革新した。試合を決するのは、投手力や守備力ではなくて、攻撃力であることを人々に知らしめ、本塁打の応酬というスリリングな打撃戦が華々しく花開いたのである。しかも、その舞台はアメリカ最大の都市ニューヨークであった。それまでは弱小チームであったヤンキースは大きくイメージチェンジに成功した。その後は、ヤンキースはワールドシリーズの常連となり、大リーグ人気をひっぱっていく。

次の図3-3で明らかなように、大リーグの年間最多ホームラン記録は、ALでは1920年から21年に彼の活躍でレベルが一段切り上がる。NLにおいても数年の遅れをともないながら大きく切り上がる。

ベーブ・ルースは、ボストン・レッドソックス時代の1919年には29本のホームランを放った。この記録は、それまでの1884年のネッド・ウィリアムズの27本を36年ぶりに破る大記録であった。なにしろ、ALの2位は、ヤンキースの三塁手フランク・ベーカー（Frank Baker）、セントルイス・ブラウンズの一塁手ジョージ・シスラー（George Sisler）、そしてフィラデルフィア・アスレティックスのティリー・ウォーカー外野手（Tilly Walker）の3人のわずか10本であった。ちなみに、9本はクリーブランド・インディアンスの外野手エルマー・スミス（Elmer Smith）、8本はデトロイト・タイガースの一塁手ハリー・ハイルマン（Harry

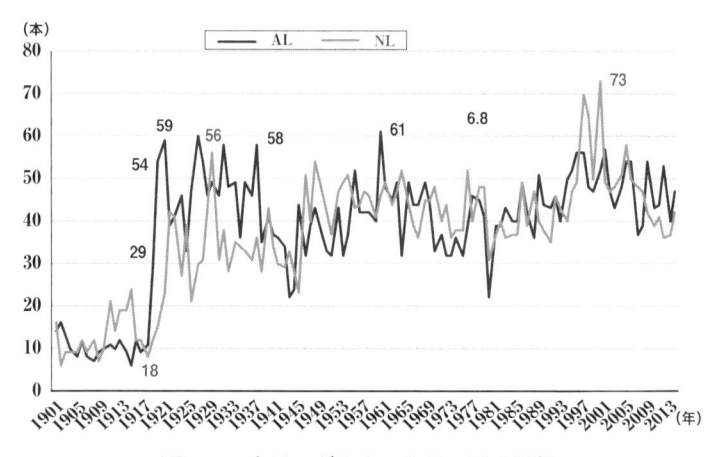

図 3-3　大リーグのホームラン王の記録
出所）http://www.baseball-reference.com/postseason/1903_WS.shtml

Heilmann)、およびフィラデルフィア・アスレティックスの一塁手ジョージ・バーンズ (George Burns) の二人であった。ベーブ・ルースのホームラン数は第2位の3倍の本数であり、彼の存在感はほかを圧倒していた。

他方、NLのトップはフィラデルフィア・フィリーズの外野手ギャビー・グラバス (Gavvy Cravath) の12本、次にニューヨーク・ジャイアンツの外野手ベニー・カウフ (Benny Kauff) の10本、フィラデルフィア・フィリーズの外野手サイ・ウィリアムズ (Cy Williams) の9本、そして、セントルイス・カーディナルズの内野手ロジャーズ・ホーンズビー (Rogers Hornsby) の8本と続いていた。いずれにしても彼のホームランの数は当時の人々にとっては想定外の快挙であったといえる。なにしろ、それまで、外野席に飛び込む打球は打者の腕力や技量だけではなくむしろ偶然の賜物と人々は信じていた。人々の既成概念を崩したのは、彼の腕力と技術であった。

前年の1918年のホームラン王は、ボストン・レッドソックスのベーブ・ルース本人およびフィラデルフィア・アスレティックスのウォーカーの二人でともに11本、第3位が7本、NLでは、グラバスが8本、その前年の1917年は、ALでは、ニューヨーク・ヤンキースの一塁手ウォリー・ビッ

プ（Wally Pipp）の9本。NL ではグラバスおよびニューヨーク・ジャイアンツの外野手デーブ・ロバートソン（Dave Robertson）の12本であった。

　1919年の大リーグ全体のホームラン数が446本（内訳は、AL 240本、NL 206本）で、球団平均28本であったから、ベーブ・ルースの29本はこれよりも多かったことになる。球団別では最高のヤンキースが45本、最低のピッツバーグ・パイレーツは17本であり、16球団の中の10球団が全選手のホームラン数を足しても彼一人の本数に届かなかった。

　彼は翌20年には信じがたい大記録、ホームラン54本を達成する。この年の大リーグ全体のホームラン数が630本（内訳は、AL 369本、NL 261本）で1球団当たり39本であったから、全球団平均よりも15本多かったことになる。彼の記録を球団として上回ったのは、本人の所属するヤンキース（115本）を除くと、フィラデルフィア・フィリーズ（64本）しかなかった。最低のピッツバーグ・パイレーツは16本であった。

　彼の快進撃は続く。1921年には59本の本塁打を放つ。この年の大リーグ全体のホームラン数が937本（内訳は、AL 477本、NL 460本）で球団平均58.6本であったから、一球団分のホームランを一人で打っていたことになる。最高のヤンキースは134本、最低のボストン・レッドソックスは17本であり、16球団の中の9球団が全選手のホームラン数を足しても彼一人の本数に届かなかった。

　なお、地元コロンビア大学中退のゲーリッグ（H. L. Gehrig）が1925年にヤンキースに入団した。生粋のニューヨーカーのゲーリッグは、ベーブ・ルースの人気の影に隠れたきらいもあった。しかし、彼の最大の功績はアイアンマンと称されたように連続出場2130試合という点にあるといえよう。

3.3　イノベーション1 ── MVP顕彰

　制度化の時代にあっては、リーグ全体のイノベーションといえるものは、次の3点である。MVP顕彰、オールスター戦開催、そして野球殿堂の創設である。

従来、球団のリーグ優勝争いという形でシーズンを通じてファンを魅了してきた大リーグが、個人成績を顕彰した。個人成績に注目させ、シーズンオフにまでファンの関心をつないだ点が新鮮であった。1910 年にデトロイトのチャルマーズ社（Chalmers Motor Car Company）による新車の宣伝のための企画が、MVP 制度の起源である。最高打率を記録した選手を顕彰する企画であった。NL の 1910 年首位打者は打率 0.331 のフィラデルフィア・フィリーズのシェリー・マギー（Sherry Magee）にいち早く決まっていた。

　ところが、AL の首位打者をめぐり、デトロイト・タイガースのタイ・カップ外野手とクリーブランド・インディアンスのナップ・ラジョイ二塁手の二人が首位打者争いを最後まで繰り広げた。カップといえば、後に球聖と称えられ、通算打率 3 割 6 分 7 厘、首位打者 12 回、野球殿堂入り第 1 号を果たした大選手である。[1]

　首位打者を取るために、カップは最後の 2 試合を欠場し、打率 0.385 で逃げ切りを図った。なお、野球殿堂の公式記録は 509-196 の打率 0.385、別の機関記録では、506-194 の打率 0.383 となっている（http://www.baseball-reference.com）。

　ラジョイは残り 2 試合をセントルイス・ブラウンズとのダブルヘッダーで、8 打席 8 安打を達成した。うち、6 安打は三塁への内野安打であった。ブラウンズの監督の指示どおりに三塁手がベース後方に大きく守備陣形を取ったために、34 歳の足の速くないラジョイでも内野安打となったのである。ブラウンズはカップに首位打者の栄冠を取らせたくなかったのである。それでも打率は 0.384 にしかならず、結果的にわずか一厘の差でラジョイは首位打者に届かなかった（Rader 1992, p. 97）。首位打者に自動的に与えられるのが、チャルマーズ社の新車であった。リーグ全体で人気があったラジョイと、嫌われていたカップを天秤にかけて、チャルマーズ社は新車を二人に贈呈することを決断した（Koppett 2004a, p. 111）

　そこで、翌 1911 年から、贈与規定を変更して、首位打者ではなくて球団成績に最も貢献した人物に与えるものとして、MVP 賞（=Most Valuable Player Award）を設定し、投票により MVP を選定することに

した (ibid., p. 111)。1914 年までこの賞（正確にはチャルマーズ賞）は続いた。初代受賞者は AL では打率 0.420 で首位打者のタイ・カッブ、NL では、本塁打 21 本、打率 0.300 そして打点 107 をあげたシカゴ・カブスの右翼手フランク・シュルツ (Frank Schulte) に決まった。打率 0.334 で首位打者のピッツバーグのホーナス・ワグナー (Honus Wagner) はMVP の選に漏れた。

ところが、この賞は大リーグ機構が選定するものではないので、機構は賛成しかねた。また、この自動車メーカーの事情から、数年でこのチャルマーズ賞は廃止となった。1922 年になると、NL と AL は個々に MVP に類した賞を設立した。同一選手の再受賞は認めなかった。その後、世間受けが良かったハリウッドのアカデミー賞（1927 年設立）をまねて、1931年に新しい MVP 制度を全米野球記者協会（BBWAA＝Baseball Writers Association of America) に選考を委ねる形で、大リーグとして設立した。1931 年から 1945 年にかけて、同様の賞をスポーティングニュース社も授与していたので、両者は競合関係にあった。1945 年には、二つの賞は統一されて現在の MVP となり、今にいたるまで 70 年を超える時を刻んでいる。

シーズン終了後もファンの関心を大リーグにひきつけておく舞台の一つとして、その後、個人を顕彰する賞として、BBWAA が選定する新人王（1947 年制定、以下同様）、サイ・ヤング賞（1956）、ゴールデン・グラブ賞（1957）および最優秀監督賞（1983）のほかに、ロベルト・クレメンテ賞（1971）、ハンク・アーロン賞（1999）、およびウォーレン・スパーン賞（1999）などを創設してきた。ほかのプロスポーツにも大リーグなどのこうした個人賞創設は大いに刺激を与えたといえよう (Rossi, p. 133-134)。

3.4　イノベーション 2 ── オールスター戦の開催

オールスター戦は大不況の影響による観客離れを打開するために案出された。両リーグのベストプレーヤーを集めて、ファンの注目を浴びようという戦術である。当初は 1933 年の 1 回限りの企画であって、今日まで続

く年中行事になろうとは誰も予想しなかった。

　シカゴ・カブスの親会社であり、地元有力紙であるシカゴ・トリビューン紙の編集者（スポーツ担当）のウォード（Arch Ward）が、地元シカゴ万博の協賛として両リーグのベストプレーヤーを集めて、対抗試合を開催することを企画し提唱した。超一流のプレーを観衆に見せることで、ベースボールに象徴されるスポーツの魅力を宣伝したかったのである。利益はプレーヤーズ・チャリティ基金（生活苦に陥っている引退選手の支援が目的）に寄付することにした。出場選手はファン投票により選考されるとした。結果としては、50万票が投じられた（ibid., pp. 134-136）。なお、当日試合が降雨中止になった場合の損失は全額トリビューン紙が負担することになっていた（White, p. 121）。

　ウォードが考えた売り込みのセールスポイントは、①大恐慌の影響を受けてベースボールは苦境にあるとしても、衰退の状況にないことを全米に知らしめる、②ファンによる選手選考の過程は、彼らのご贔屓の球団に対する関心を呼び覚まし、結果的にレギュラーシーズンの観客動員増につながる、③ベースボール隆盛に貢献した創始期の選手の労に報いるために、オールスター戦の収益をプレーヤーズ・チャリティ基金に全額寄付すれば、将来的に彼らに対する年金制度設立につながる、の3点にあった（ibid., p. 121）。

　引退選手に対する年金制度の視点は過去にはなかったものであり、高く評価されるべきである。大恐慌時代にあっては引退選手の生活は苦しく単純労働力の一端を担うしか途がなかった。たとえば、最初に野球殿堂入りしたワグナーは、ピッツバーグのスポーツ用品店の経営に失敗して破産し困窮状態に陥るなど、引退選手は苦難の生活を強いられていた（ibid., p. 122）。彼らに援助の手をさしのべたのが当事者たる球団経営者ではなく、新聞社であったことは興味深い。

　しかし、開催にこぎつけるには問題が山積みであった。まず、ALとNLでは対応が違った。AL会長ウィル・ハリッジ（Will Harridge）は全面的に賛成した。NLは当初は慎重であり、試合日程を一部ずらして、ようやく7月6日のオールスター日程を確保した。というのは、チャリティ

に利益はすべて寄付されることになっていたから、オーナー側には一銭も入らなかったし、万が一の選手の怪我のリスクを考慮して、オーナー側は顔をしかめた。また、通常の試合日程の邪魔になるし経費もかかる。選手側にとっても選ばれることは名誉なことではある反面、怪我のリスクがあるし移動の面倒もあり、参加報酬もごくわずかでありボランティアに近かった。しかし、大成功という結末でこんな危惧は一挙に飛び去った (Koppett 2004, p. 185)。

1933年7月6日に、シカゴのコミスキー・パークに4万9000人を集めて第1回のオールスター戦が開催された。AL を率いたのは往年の名捕手であり、50年間フィラデルフィア・アスレティックスの監督を務めたマック (Connie Mack)、NL を率いたのは、名三塁手として活躍し引退後はニューヨーク・ジャイアンツの監督を31年間勤めたマグローである (Adomites et al., p. 103, p. 107)。売り上げ5万6378.5ドルのなかで、利益4万6506ドルを全額基金に寄付した。当時38歳のベーブ・ルースが3回裏にオールスター戦初のホームランをかっ飛ばした。試合は、4-2でAL が勝利している (White, p. 122、ただし得点4-1の記述は誤り)。

1934年の2回目以降は前年度リーグ優勝チームの監督が各リーグを率いることになった。1935年から1946年は監督が全出場選手を指名し、1947年からは投手を除くスターティングメンバー8人をファン投票としたほかは、投手も含めて監督指名と変更した。ところが、1957年にはシンシナティ・レッズのファンが組織的な投票行動を起こして、一塁手を除くすべてのポジションを抑えた。コミッショナーのフリックはうち二人を排除した。試合は5-6でレッズの NL は負けている。1958年からは選手、コーチそして監督が投票して、出場選手を選考する形に切り替えた。1970年からはファン投票に戻した (Ivor-Cambell, pp. 237-238)。

3.5　イノベーション3 ── 野球殿堂・博物館の設立

野球殿堂はニューヨーク州の田舎町クーパーズタウン[2]に1939年に設立された。同地はニューヨークから北へ300km、州都オールバニーから

バッファローを結ぶ線上の中間にあり、オールバニーから西に 100km に位置し、オッツェゴ湖のほとりにある[3]。同地に建設されたのは、最初のベースボール試合が当地で開催されたという伝説からである。

　ハルバート NL 会長の急死のあとを受け、1882 年に第 4 代会長に就任したのが、NL の法律顧問であったアブラハム・ギルバート・ミルズ (Abraham Gilbert Mills) である。1884 年に会長を辞任したあとは、彼はオーチス・エレベータ社の経営に終生携わることになる。1905 年に彼を長とする、野球の起源を探る、NL の調査委員会が発足する。同委員会は、クーパーズタウンこそ 1839 年にダブルデイによってはじめて野球が行われた場所であるという結論を下した (Vlasich, pp. 1-8)。

　実は野球統計の父であるチャドウィック (Henry Chadwick, 1824-1908) と実力者スポルディングの間では、野球のルーツをめぐって見解が相違していた。イギリスから 12 歳で家族とともに移民してきたチャドウィックにとっては、イギリスのラウンダーが野球のルーツであると考えることに何の疑問もなかった。ところが、スポルディングの立場は正反対で、野球はアメリカ固有のスポーツであるべきであり、実際そうであるとの見解に固守した。そのために、彼は古くからの友人であり、NL 会長を務めたミルズを長とする委員会を設立し、ベースボールの起源をさぐらせたのである。ただし、調査の前にすでにスポルディングの結論があり、その線に沿って行動が開始された。ベースボール誕生の地はどこでもよかったのであるが、コロラド在住の 71 歳の元技術者から、自分はニューヨーク州クーパーズタウンの出身であり、子供の頃 (1839) に友人ダブルデイが考えた野球ルールの図表に従ってみんなで野球をしたという手紙がスポルディングの手元に舞い込んだのである。こうして、俄然このニューヨーク州の片田舎の村落が注目されることになる。次に、ミルズ委員会が、ニッカーボッカー・クラブの古いメンバーの一人にヒアリングした結果、彼のチームメイトが野球ルールの図表をもっていて、それに従ってクラブは野球をしていたと証言した。ところが、ミルズ委員会は二つの野球ルールの図表が同じ物なのかの確認作業を半ば放棄して、強引に「クーパーズタウンのダブルデイが最初にこの地で野球を行った」と結論した (White, pp. 123-124)。

　野球殿堂に関しては、すでに 1920 年代に NL オーナー達が首都ワシントンに設置するように運動していたけれども、議会が資金拠出に応じなかった。クーパーズタウンの地元民は手作業でグラウンドを整備し木製のスタンドを完工している。しかし、1929 年の世界恐慌の影響もあり、1933 年になってようやくニューディール・プログラムの一環としてグラウンドが本格的に改修され、翌 1934 年に外野フェンスが整備された。しかし、地元の名家であり、シンガーミシンの創業家であるクラーク家が 30 年代半ばに入り、ステファン・クラーク（Stephen Carlton Clark）の時代になって、本格的にクーパーズタウン振興に乗り出す。ステファン自身および彼が創設したクラーク記念財団の事務局長アレキサンダー・クリーランド（Alexander Cleland）[5]から野球博物館建設の申し入れがあった。

　彼らの脳裏には、村おこしという狙いがあった。1920 年制定の禁酒法は、ホップ栽培を主たる産業とする同村の経済を苦境に追いやっていた。NL 会長のフォード・フリック（Ford Frick）は博物館に加えて、野球殿堂の構想を実現するように勧告した。野球殿堂のアイディアを 100%フリック会長が創案したかどうかについては実は確定できない。クリーランド事務局長が 19 世紀に活躍した選手 5 名と 20 世紀に入ってから活躍した選手 5 名を顕彰する考えをフリックに打診したところ、彼から野球殿堂のアイディアを示唆されたという。実は、1920 年にニューヨーク市は国民殿堂（Hall of Fame for Great Americans）を設立して、偉大なるアメリカ国民を顕彰していた。フリックはおそらくこの個人を顕彰する制度を野球に適用したと思われる（Vlasich, pp. 6-7）。

　ニューヨーク州が 1939 年に万国博覧会（「明日の世界」をテーマにして、会場はクイーンズ区フラッシング・ミードウ地区）を開催することから、州から広報面での協力を得たことも成功の大きな要因の一つといえる。しかし、何といってもクラーク家の支援が最大の力となった。

　野球殿堂入りの選手や功労者を選考する基準は当初は次の 2 種類から成っていた（Smith, p. 58）。

① 全米野球記者協会（BBWAA）記者226人の投票による決定。対象は引退した選手。
② 野球殿堂特別委員会（ベテランズ・コミッティ）78人による推薦。対象は監督、経営者、功労者、勃興期の名選手。

まず、①の対象者を選考するための投票が、226人のベースボール記者によって1936年に行われた（Rossi, pp. 136-138）。

最初の殿堂入りは次の5名であった。通算打率0.366を記録し、タイガースで活躍したタイ・カッブ外野手（222票、得票率98.2%）、417勝を達成しセネターズで活躍したウォルター・ジョンソン（Walter Johnson）投手（189票、83.6%）、373勝をあげジャイアンツで活躍したクリスティ・マシューソン（Christy Mathewson）投手（205票、90.7%）、本塁打714本の大記録を達成し常勝ヤンキースを支えたベーブ・ルース外野手（215票、95.1%）、そして通算打率0.327でパイレーツを支えたワグナー遊撃手（215票、95.1%）。ほかにも指名された選手はいたけれども、投票者数の75%以上という選考基準を満たさなかった（Smith, p. 58, *Sporting News*, p. 724）。

続いて、1937年からは、②の対象者に関して、監督、経営者、功労者、勃興期の名選手などの選考を開始した。野球殿堂特別委員会は、次の5人を推薦した。初代NL会長のバークリー、AL創設者・初代会長のジョンソン、50年間のアスレティックス監督として3回ワールドシリーズを制覇したコニー・マック（Connie Mack）、31年間のジャイアンツ監督として3回ワールドシリーズを制覇したジョン・マグロー（John McGraw）、そして勃興期のベースボール普及に大きな貢献をした選手の代表として、ボストン・レッドソックスで活躍したジョージ・ライト（Smith, p. 58）。

1938年と1939年にも選考は行われた。ベースボールのルールを初めて明文化したカートライトは1938年に殿堂入りした。野球殿堂・博物館は、ベースボール誕生100周年を祝ってクーパーズタウンにて1939年6月12日に竣工した。当日は野球殿堂入りの選手のなかから現存者11人全員が祝賀パレードに参加した[6]（Wallace, Hamilton and Appel, pp. 84-93）。

3.6 シンシナティ・レッズのイノベーション
―― ナイトゲームの開催

本節以降でとりあげる取り組みは、特定球団の成果であるので、リーグ全体のイノベーションとはみない。しかし、その後の大リーグの発展に大きく貢献することになる。それらは、ナイトゲーム（night baseball）の導入、黒人選手の採用、ファーム制度そしてラジオ実況中継である。

まず、ナイトゲームの導入である。これは大リーグ全体で推進したのではなく、ほとんどのオーナーもコミッショナーも全員反対であった。「ベースボールは昼間やるもの」と誰もが疑わなかった。ニグロリーグやマイナーリーグでは個別的に開催されていたが、試合数自体は多くはなかった（White, pp. 160-162）。

ところが、大恐慌の影響をもろに受けて経営的に行き詰まっていたシンシナティ・レッズのGMであったラリー・マクフェイル（Larry MacPhail）が、窮余の策として提案したのが、ホームでの年間7試合のナイトゲーム開催である。1926年の観客数が67万3000人、それが不況の影響で次第に低下し、1934年には20万7000人にまで激しく落ち込んでいた（図3-4参照、縦軸の単位は千）。

他球団のオーナー達の反応は冷たく、人工照明灯のもとで試合をするなんてとてもできないという感想をもらしたオーナーもいた。マクフェイルはナイトゲームを平日開催として、翌日は選手の休養を考慮して休日とすること、そしてナイトゲームの観客数を別建てとすることで原案をまとめた（Koppett 2004, p. 180）。オーナー会議は5-3の評決で実施を決断した。こんな珍奇なものはどうせ数年でファンから見放されるとみていたようだ。1935年5月24日の金曜日、大リーグ最初のナイターは、シンシナティ・レッズがフィラデルフィア・フィリーズを迎えての対戦となり、マクフェイルの要請に応じて、ルーズベルト大統領がホワイトハウスからクロスリー・フィールドの点灯スイッチを押している。なんと平日の7倍になる2万422人の観衆を集めた（Rossi, pp. 172-179）。

このシーズン、レッズは計7試合のナイトゲームを平日にクロスリー・フィールドで開催して、計13万人、一試合平均1万8700人の観客動員数

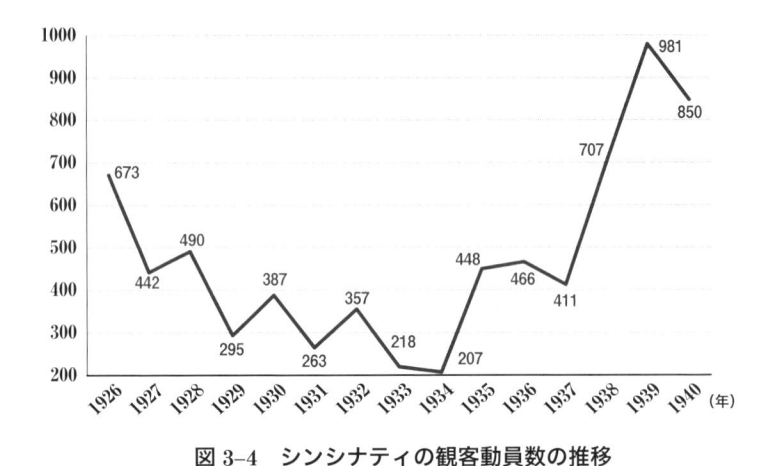

図 3-4 シンシナティの観客動員数の推移
出所） http://www.baseball-reference.com/teams/CIN/attend.shtml

を記録した。平日のナイトゲーム以外のホームゲーム 61 試合の観客総動員数が 31 万 8000 人であり、一試合平均 4300 人であったことを考えると、彼の新企画は大成功であった。動員総数 44 万 8000 人は、前年 20 万 7000 人および前々年 21 万 3000 人の倍に達した。ナイトゲームの効果は大であったというしかない。

マクフェイルがドジャースの GM として移ると、彼は 1938 年 6 月 15 日の水曜日に地元ブルックリンのエベッツ・フィールドにシンシナティを迎えて、大リーグで 2 番目の球団として、ナイトゲームを主催した。3 万 8748 人の観客が詰め掛け、1 万 5000 人が入場をあきらめて帰宅している。ダブルブッキングが多く発生して観客同士の小競り合いがあった。この試合、レッズのエース、ジョニー・ヴァンダー・ミーア（Johnny Vander Meer）投手が 4 日前のボストン戦に続き、2 試合連続の完全試合という偉業を達成した。しかし、ナイトゲームはシーズン 7 試合に限るというルールは依然として守られていた（Koppetto 2004b, p. 191）。

アメリカが第二次世界大戦に参戦すると、コミッショナーのランディスは、1942 年 1 月 14 日に時のルーズベルト大統領に書簡を送り、そのなかで大リーグ機構は参戦を支持したうえで、真珠湾攻撃によって昂揚してい

るアメリカ国内の愛国心がベースボール批判に向けられてベースボールが一時休止に追い込まれる事態を危惧すると表明した。そして、ベースボール継続を強く求めた（Rossi, pp. 141-142）。大統領は、翌日、後に「グリーンライト書簡」として知られる手紙をランディスに送り、ベースボール継続にゴーサインを出した。「あくまでも個人的な見解であるが、試合を従来どおり続けることは、アメリカにとってベストの選択である。今後ますます失業者は減少し、労働者は以前より長時間かつ厳しい条件で勤務するであろう。したがって、彼らは娯楽の機会をもつべきであり、従来よりも仕事を忘れて気分転換するべきである」とした。さらに、大統領は「ナイトゲームの開催数増加を希望する、というのは、それは労働者が昼間労働にシフトするという機会を与える（Rusenman, p. 62）」と述べた。工場動員に駆り出された多くの一般大衆にはデイゲーム観戦は時間的に難しかった。こうして、ナイトゲームはアメリカ国民に次第に定着していった。。

3.7 カーディナルズのイノベーション（1）
── 黒人選手の採用

さらに、特筆すべきことは（1）黒人選手の導入および（2）ファームシステムの導入である。先進的な球団単独の取り組みであり、リーグ全体のイノベーションといいがたいけれども、その後の大リーグの発展に大きく貢献することになった。いずれも、セントルイス・カーディナルズのオーナー、ブランチ・リッキー（W. Branch Rickey, 1881-1965）[7]の働きによる。

とくに黒人選手の登用はアメリカ社会全体にも大きな影響を与える。折からの公民権運動の高まりもあって、好機と判断したリッキーは、ニグロリーグにスカウティングを送り込んで、実力だけでなく、自己抑制力に優れるとみたジャッキー・ロビンソン（Jack Robinson）とドジャース入団契約を交わす。オーナー会議は、15-1 という圧倒的な多数でこの契約に反対した。ところが、黒人選手導入に反対していた初代コミッショナーのランディスが亡くなり、ケンタッキー州選出上院議員を辞して着任した、後任のチャンドラー（Albert Benjamin Chandler、在任期間 1945-1951）は、コミッショナーとしての職権を行使するのでもなく反対もしなかっ

た。この民主党穏健派政治家の動かない態度に対して、オーナー達は一斉に反発、チャンドラーのコミッショナー再選には至らなかった。その後、彼はケンタッキー州知事に復帰して、在任中、ケンタッキー大学メディカルセンター設立に尽力した。

　オーナーとしてリッキーはまずロビンソンをカナダ・モントリオールのファーム球団であるロイヤルズに1年間送り込んだ。「何をされても言われても、絶対に歯向かうな、相手にするな。一度でも手を出すと、事態を20年間後戻りさせる」。これはリッキーがロビンソンに与えた命令と忠告であった。モントリオールは伝統的に人種偏見がアメリカほどは強くはないとみて、とりあえずは1年間、同地のファーム球団ロイヤルズで修行させた。ロビンソンの活躍でロイヤルズはリーグ優勝を飾り、マイナーリーグのワールドシリーズを制した。翌1947年には背番号42をつけて、ドジャースの正二塁手として活躍する。1947年4月15日の木曜日の開幕試合では、2万6623人の観客の半数以上が黒人ファンであったという。フィラデルフィアのダッグアウトからの「お前なんか、早く綿畑に帰れ」などの悪口雑言にも、リッキーとの口約束を守りたい一心で耐えに耐えた（Burns, Ward & O'Conner, pp. 49-54）。同年、ロビンソンは、新人王と盗塁王となる。1949年には首位打者と盗塁王に輝き、MVPに選ばれる。デビュー50年目の1997年には彼の背番号42は全球団の永久欠番となる。

　続いて、リッキーはニグロリーグから二人の黒人選手、ロイ・キャンパネラ（Roy Campanella）捕手およびドン・ニューカム（Don Newcombe）投手をスカウトし、1950年代のNLにあって強力な球団に変貌させる（Adomites et al., p. 227）。1960年になると、黒人選手を最後まで拒んでいたボストン・レッドソックスもついに受け入れる。2005年シーズンでは7人の黒人監督が指揮を執っていた（Drehle, p. 17）が今や、マリナーズのマクレントン（McClendon）のみである。

3.8　カーディナルズのイノベーション（2）
　　　──ファーム制度

　リッキーが先駆的に取り組んだのは、そればかりではない。資金に事

欠くセントルイス・カーディナルズのオーナーとあっては、富裕な球団に比して前途有望な選手を容易に獲得できなかった。当時、マイナーリーグはメジャーリーグとは一線を画して独立独歩の道を歩んでいた。メジャーリーグの各球団は、一般にはマイナーリーグの優秀な選手を一本釣りしていた。彼はこう考えた。伸び盛りの若い選手は真の実力の見極めが難しい。肉体的にも精神的にも未完成であるから、当たり外れが大きい。むしろ、多くの若い選手を集団として自前で安定的に育成するなかで有望選手を見出して鍛える方がリスクは少ない。たとえ、一本釣りしても、野球は個人競技ではないから、一人のスーパースターで勝敗がつくというよりもむしろ9人の出場選手全体の総合力がより重要である。それにはチーム全体のレベルアップが不可欠である。あたかも、農場で家畜を大切に育てるように、彼は若い選手を育成すべく、1918年、ファーム制度を案出した (Koppett 2004, p. 175)。

　第一次世界大戦以前、全米の中小都市には多くのマイナーリーグが活動を展開していた。メジャーおよびマイナーの両リーグは営業地域を異にする相互に独立した経営体であり、メジャーリーグと同様に、マイナーリーグの各球団も所属リーグでの優勝を目指してペナントレースを戦っていた。ナショナル・コミッションはNLとALの2リーグを統括していたのに対して、ナショナル・アソシエーション[8]は数十のマイナーリーグを統括していた。

　1906年には28（27、シーズン終了時のリーグ数、以下同様）リーグ、1908年32（32）リーグ、1910年46（42）リーグ、1912年47（36）リーグ、1914年40（37）リーグと推移していたが、第一次世界大戦勃発からマイナーリーグは衰退し、1916年24（22）リーグから、1918年9（1）リーグと壊滅状態に追い込まれていく。その後、1920年22（21）リーグ、1922年30（29）リーグ、1924年28（25）リーグ、1926年28（25）リーグとやや持ち直している。自動車、ラジオそして映画という強敵が大衆文化として台頭する時代であった。わざわざ球場に足を運ぶ必然性がなくなってきて、マイナーリーグ斜陽論が語られるようになった。全体として、当時のマイナーリーグは不安定な経営状態であることがわかる (Seymour 1971, pp. 401-403)。

　メジャーリーグとマイナーリーグの関係からいえば、マイナーリーグは入場料では収支が合わず、選手をメジャーリーグにドラフトで送り込む、つまり売却することで帳尻を合わせていた。メジャーは安く、マイナーは高く選手を売買したいから、両者の交渉はなかなか決着しなかった。ドラフト価格だけでなく、メジャーに売る人数そしてマイナーに一時的に行くオプション選手の人数が争点となっていた。1905年にはメジャーがドラフトで獲得できるマイナー選手は二人から一人に絞られ、移籍料は750ドルから固定価格1000ドルに引き上げられた。1911年からは、マイナーリーグのなかの序列に従い、AAリーグ2500ドル、A1500ドル、B1200ドル、C750ドル、そしてD500ドルがドラフト料と決められた。その後の推移はSeymourに詳しい（ibid., p. 405)。

　ところが、リッキーは、こうした常識を転換して、マイナーリーグのなかからめぼしい球団を買収して、自軍のファームとした。実は当時のマイナーリーグはDリーグを底辺にしてCリーグ、Bリーグ、AリーグそしてトップのAAリーグまで階層構造になっていた。そこで、これらをフランチャイズ・チェーンのように組み直し、新人をピラミッドの下から訓練してAAリーグに上げるようにシステム化した。カーディナルズの1918年の成績は最下位で、2年間ユニフォームを新調できないほど財政的に困窮していた。1919年から1920年はマイナーリーグとの交渉が膠着し、ドラフトが実施されなかった。

　1903年のナショナル・アグリーメントは、大リーグがマイナーリーグの選手をドラフトすることは認めた。しかし自らファーム制度をもつことを禁止した（第6条4項)。当時最強のマイナーリーグであったいくつかのリーグ（パシフィック・コースト、インターナショナル、そしてアメリカン・アソシエーション）から、優秀な選手を取るには、金銭交渉一本しか方法がなかった。カーディナルズは諦めるしか道がなかった。それどころか、財政難を解決するために自軍の優秀な選手を金銭目当てで放出せざるを得ないところまで追いつめられていた（ibid., pp. 413-414)。

　大学出の有望選手を将来はカーディナルズでメジャーデビューさせるか

らそれまでマイナーリーグで面倒をみてほしいという紳士協定で若い大学出の有望選手を預けても、いったんマイナー球団に所属した以上は、そのオーナーの意のままである。オーナーがほかのメジャー球団と交渉してその有望選手を売り渡しては元も子もない。また、マイナー球団の有望選手と入団交渉をしても、オーナーが同じくほかのメジャー球団にも話を持ち込めば、彼をめぐる獲得が競争となる。資金力のないカーディナルズは彼を取れないことになる。オハイオ州の貧しい農家に生まれたリッキーにとって、農場で作物を育てるように、自球団のファームで若い選手を手間ひまかけて育てることに違和感はまったくなかったことになる。こうして、1932年に、彼はアーカンソー州のマイナー球団であるフォート・スミス・ツインズ（Fort Smith Twins）の株式の半数を取得したのを皮切りに、彼は全米各地のマイナー球団を、安値で買収していく（ibid., p. 414）。

　こうしてカーディナルズ、第二次世界大戦前には計32のマイナー球団を傘下におく一大「チェーンストア」となる。こうして買収した球団は、AAリーグ所属3球団、Aリーグ1球団、Bリーグ4球団、Cリーグ4球団、そしてDリーグ20球団（Dリーグ自体が異なる20リーグから構成されていて、これらのすべてのリーグに球団を保有していたことになる）である。うち、15球団を完全に保有し、残り17球団とファーム契約を締結していた（ibid., p. 415）。多くの選手を傘下において鍛えるなかで優秀な選手を育成することで、リッキーはいわば「量を質に転化する」を実践したということができる。

　ファームの選手達と独占的な雇用契約を締結し、そこで手塩をかけて育成した若手の最有望選手を親球団たるカーディナルズに送り込み、二番手の選手をメジャーリーグの他の球団に高く売りつけることでリッキーは財政難を解決させた。他の球団はリッキーの野心的な試みは早晩失敗するとみていた。なにせ、一本釣りよりもマイナーリーグの球団を丸抱えすることは経費がかかるからである。だから、あえて反対しなかった（Koppett 2004, p. 176）。

　カーディナルズは、1926年10球団、1938年には過去最高の38球団を

支配下においたこともある。一時はカーディナルズのファームを巣立ってメジャーにスカウトされて活躍する選手が65人をくだらないときもあった。彼が他球団から金銭で獲得したのは、1万ドル支払った、1919年のヘインズ（Jesse Haines）投手くらいしかない（Seymour 1971, p. 416）。

　彼の創案したファーム制は、チーム戦力の強化につながり、その具体的な成果は、20世紀に入って1回もリーグ優勝をしていなかったチームが、1926年89勝65敗でリーグ優勝を飾ったのを皮切りに1946年までに9回のリーグ優勝に輝いたことも明らかである（図3-5参照）。ワールドシリーズはこの期間に6回制覇した（カッコ数字の①、数字のみはリーグ優勝）。とくに、1926年のワールドシリーズは、ヤンキースを4勝3敗で抑えての初優勝に結実した。ファーム制は大成功したことになる。

　他球団はファーム制度導入には及び腰でヤンキースが同制度を導入したのは1931年シーズン終了後である。ヤンキースは、インターナショナルリーグ所属のニューアーククラブを買収した。ドジャースにいたっては、1942年にオーナーがリッキーに交代するまで消極的であった。それでも、次第にマイナーリーグ所属の球団は続々とメジャーリーグの軍門に下っていった。大恐慌の影響をまともに受けて経営が悪化し、ほかに選

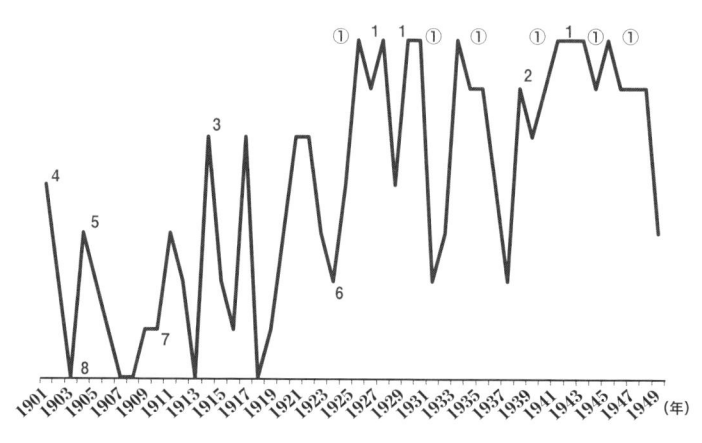

図 3-5　セントルイス・カーディナルズのリーグ順位の変遷

出所）http://mlb.mlb.com/stl/history/year_by_year_results.jsp

択の余地がなかった。1928年に31のマイナーリーグのなかの3リーグがシーズン途中で崩壊したのを皮切りに、1931年には19リーグのなかで無事シーズンを終了したのは16リーグ、1936年にはマイナーリーグの2/3がメジャーリーグの支配下に入った。1940年には、マイナーリーグ所属の球団の保有数は、カーディナルズ29、ドジャース18、ヤンキース14、ブラウンズ11から、アスレティックス4、セネターズ4、フィリーズ3、カブス2と続いた (Koppett 2004, pp. 192-193)。

メジャーリーグの親球団からみたマイナーリーグ球団の評価は次のようなものであった。面倒をみているわりには効果はもう一つ。それでもメジャー球団が彼らを財政的な支援を継続してきたのは、傘下の球団から育ってくる有望な選手と独占契約ができたからであろう。

3.9 カブスのイノベーション —— ラジオ実況中継

ラジオ中継によって、リーグ全体のイノベーションが一気に進んだわけではない。ラジオの実況中継にはオーナー達は大反対であった。そんなことをしたら、お客がスタジアムに足を運ばないという理由からであった。最初のラジオ中継は1922年のワールドシリーズである。その後、大リーグはラジオ中継の是非を各球団に委ねた。カブスのオーナーであったウィリアム・リグレー (William Wrigley, 1861-1932、チューインガムの世界的なメーカーの経営者) は、1925年にはカブスの本拠地での全試合をラジオ実況中継することに踏み切った。しかも放送局からはお金を取らなかった。ラジオ中継はカブスのいい宣伝媒体であって、かえって球場に足を運んでくれる観客が増加すると考えたからである。

1920年以降の年間観客数データ (図3-6参照、ただし、縦軸単位は千人) をみると、カブスは人気のある球団で、NLの球団平均の年間観客数と比較すると、リーグ4位に沈んだ1920年と21年こそ、平均よりも少ないが、翌年以降は絶えず平均を上回る観客数を記録しており、同じく2年連続で4位に沈んだ1924年と25年にも平均を上回っている。その後1926年からは怒濤の7連覇を達成して観客数は27年からは5年連続で100万

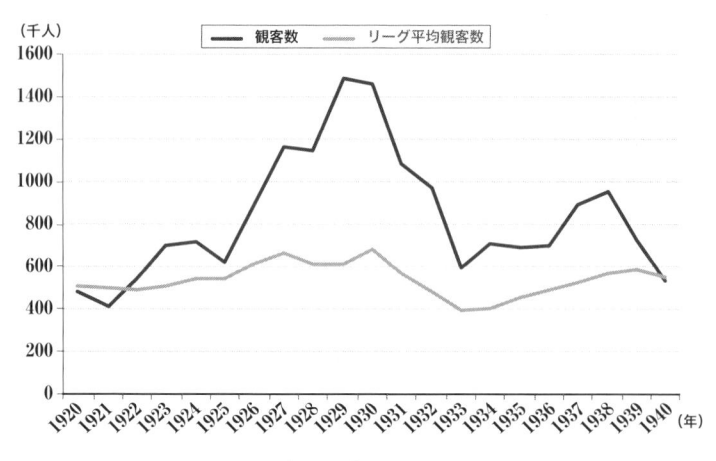

図 3-6 シカゴ・カブスの年間観客数の推移
出所) http://www.baseball-almanac.com/teams/cubsatte.shtml

人の大台に乗せている。とくに1929年の大不況が始まった1929年には148万5000人を記録した。この結果は、球団の強さはもちろん、ラジオの宣伝効果がなかったとはいえないと思われる。

複数の球団を抱える大都市の球団はアウェイの試合のラジオ中継を許諾しなかった。本拠地で戦うもう一つの球団側への観客動員での悪影響を互いに心配したからである。したがって、セントルイス、シカゴ、ボストンそしてフィラデルフィアに本拠地を構える各球団はアウェイで戦う試合をラジオで流さなかった。ニューヨークの3球団は、とくにラジオ中継に対する態度が硬く、ホームであろうとアウェイであろうとすべてラジオ中継を許可しなかった。しかし、1938年になると、ドジャースは全試合のラジオ中継に踏み切った。残るヤンキースとジャイアンツも翌1939年にホームゲームの中継に限り追随した。こうして、1940年代にはラジオの実況中継が飛躍的に増加した（Koppett 2004b, pp. 189-190）。

テレビの実況中継については、1947年にピッツバーグを除く全球団がホームゲームの放映契約をテレビ局と締結した。先行のラジオ契約料収入は球団によって異なる。たかだか1万5000ドルから7万5000ドルであった。テレビ局はテレビコマーシャル料を稼ぐには、できるだけ多くの視

聴者を必要としたから、そのためには魅力的なコンテンツが不可欠であった。大リーグ中継はアメリカ国民にテレビを買わせるに十分魅力的なコンテンツであり、テレビ局には願ってもない交渉話であった。高い視聴率を得るには数百万ドルの放映料を払う価値のあるものであった。1951年になってドジャースとジャイアンツの試合が大リーグとしてはじめて全米中継された。これがアメリカ国民を大リーグ観戦に引きつける契機となって、各球団はテレビ中継を新たな収入源と位置づけ、放映料を入場料収入の有力な補完的な財源とみなし始めた（ibid., pp. 231-232）。

　この時代には、ほかにも現在に続く措置がはじまっている。たとえば、背番号についても、当初は選手の背中に間に合わせの紙に、たとえば守備番号の番号を書いてはっていた。1929年開幕試合からヤンキースは打順どおりに背番号をつけた。1から32までで、縁起の悪い13と23は欠番とした。ベーブ・ルースは3、ゲーリックは4とした。背番号システムは、1931年までにAL、33年までにNLの全球団が採用した（Charlton, p. 148）。

［注］

1)　ジョージア州でかつて奴隷を所有していた豊かな農家出身のカップ（1886-1961）は、圧倒的に北部出身の多いチームメイトとは考え方や思想が全く違っていた。彼は自らの出目に自信があったから、チームメイトに合わせようという考えは全くなかった。こうして、彼はチームメイトからも浮いていた。新人時代は、バットを折られたり、ユニフォームを壁にピンで止められたり、衣服を隠されたり、バスルームに閉じこめられたりと、いじめられたという（Rader, p. 97）。

2)　この町の名前は、1785年にこの周辺の土地を取得した、ウィリアム・クーパー（William Cooper, 1754-1809）にちなむ。不動産業で成功し、後にニューヨーク州中部選出の連邦判事に任命される。アメリカの著名な長編歴史小説『モヒカン族の最期』（1826年刊行）は彼の息子、ジェームズ・フェニモア・クーパーによる。

3)　筆者は2005年に野球殿堂を訪問した。マンハッタンからバスで片道5時間の道程であった。外観を煉瓦づくりにした3階建ての殿堂・博物館1階には殿堂入りした選手、監督、審判、あるいは経営者などのレリーフが260人分、壁面に飾られている。この人数は予想以上に多い。博物館のパンフレットによれば、メジャーリーグの選手で殿堂入りできる選手の確率は1％ということである。現在、ロー

スター 40 人で 30 球団の合計 1200 人であるから、この趨勢が続くならば、毎年 2 桁の選手が殿堂入りすることになる。バット、ボール、ユニフォーム、グラブなどが計 3 万 5000 点、13 万枚の野球カード、250 万点の研究資料、50 万枚の写真資料、1 万 2000 時間分の映像資料を所蔵する。1 階奥には、1989 年に第 7 代のコミッショナーを務めたアンジェロ・ジアマンティ（Angello Bartlett. Giamatti, 1938-1989、英文学者、エール大学長、コミッショナー就任後わずか 5 か月で急死、現任死去はランディスに続いて二人目）を顕彰するジアマティ研究センターがあり、ベースボールに関する貴重な文献や映像を所蔵する図書館となっている。2 階には、191 人収容のグラウンドスタンド劇場がある。これはシカゴのコミスキー・パークをイメージして内装されていて、正面に往時のスコアボードが模されている。「ベースボール・エクペリエンス」という映像を 13 分間に凝縮して流している。大リーグを中心に手に汗握る好プレーなど野球の醍醐味が詰まった番組であり、西宮球場で阪急の山森外野手がホームラン性のフライを捕球したまま観客席に飛び込むシーンは印象的である。さらに、3 階には、往時のブルックリン・ドジャースの本拠地であるエベッツ・フィールドを映像で再現している。新古典的な豪勢なスタジアムを立体画像で再現している。博物館から歩いて 5 分のところにダブルデイ球場があり、木造の内野席スタンドに往時の香りが漂う。毎年、大リーグの 2 球団がエキビジション試合を行う。

4) エドワード・クラーク (Edward Clark, 1811-1882) は、アイザック・シンガー (Isaac Singer, 1811-1875) とともにシンガーミシンの共同経営者として活躍し、シンガー死去のあとを受けて 1875 年から 1882 年まで社長を務めた。元々はニューヨークの著名な法律事務所の共同経営者であり、その頃に、シンガーから木彫機械の特許問題を有利に解決したお礼として、当時経済的なゆとりのなかったシンガーからシンガー社の株式の 3/8 を受け取った。宗教心のある慎重で誠実なクラークに対して、シンガーは遊蕩な無精者で愛人に子供を産ませるなど、向こう見ずな一面があり、両者は水と油の関係であった（http://www.nytimes.com/2007/05/20/books/chapters/0520-1st-webe.html?）。クラークは、莫大な利益の一部でクーパーズタウン一帯の土地を購入し、大地主として、この地域のコミュニティの発展と活性化に還元し尽力した人物であった。1884 年にはマンハッタン・ウエストサイド 72 丁目に超高級マンション「ザ・ダコタ・ハウス」を建設。おおよそ 100 年後、元ビートルズのジョン・レノンがここで暴漢に射殺された。孫の Stephen はエールおよびコロンビアのロースクールを卒業後、1910 年に共和党選出のニューヨーク州議会下院議員（定員 150 名、任期 1 年）を経て、さらにシンガーミシン重役およびメトロポリタン美術館理事としても活躍。Clark 記念財団は彼によって創設された（Vlasich, p. 3）。

5) Cleland に関しては、次の文献が詳しい。クーパーズタウンでの第 1 回のシンポジウム（1989）での Vlasich 論文。イギリス・スコットランド生まれで、グラスゴーで石炭のセールスマンをした後、26 歳になった 1903 年にアメリカに渡った。シカゴ・セントラル YMCA に 3 年間勤務した後、公務員として移民関係の部

局に勤務した。1920 年代にはニューヨークでブロードストリート病院の事務統括あるいはボーリンググリーン地区協議会の事務局長として活躍。1931 年には、移民を物心両面で援助するクラーク・ハウス（ニューヨーク市）の事務局長に就任。1934 年 5 月 6 日にクーパーズタウン・ダブルデイ球場改修工事を視察した際に若い工事関係者から 5 年後がベースボール誕生 100 周年であることを聞かされる。同年 10 月に彼は AL 会長ハリッジ、NL 会長フリック、コミッショナーのランディスに野球博物館建設に協力依頼の手紙を出している。フリックは積極的な応援を約束する。元々この村には野球のプレーグラウンドがあり、1917 年に始まった村人の基金活動によって 1920 年には改修工事を終え、ダブルデイ・フィールドとして木造の観覧席が設置してオープン。1933 年にはニューディール計画の一環として再度補修工事がなされた。外野フェンスが張られ、見栄えのする入場口が整備された。1934 年夏の再オープンの式典にはニューヨーク知事代理が駆けつけた。名選手からのグッズ提供依頼に全米を駆けめぐるなどの努力を重ねる。野球博物館の初代事務長を 2 年間務めた。1954 年に 77 歳で死去。

6) この前座として、オリンピック男子陸上のオーエンス選手と、10 ヤードのハンディをもらったドジャースの俊足コイ（Ernie Koy）外野手が競走して、コイ選手が勝っている（Charlton, p. 137）。

7) リッキー氏（1881-1965）は、オハイオ州の農家出身。選手としてまた監督としてはとくに記すべき業績をあげていない。しかし、カーディナルズの経営者として、獅子奮迅の活躍を示した。彼は、ロビンソン・フィールドを売却。売却金で、ウェスタン・アソシエーションのフォートスミスおよびインターナショナルのシラキュースの 2 球団を買収。若手選手育成に力を入れた結果、1926 年、1928 年、1930 年、1931 年、1934 年、1942 年のワールドシリーズ優勝を達成（Reidenbaugh, pp. 261-262）。当時はヤンキース全盛の時代にあって、唯一対抗したのは、カーディナルズだけである。彼は、アイディアマンでもあり、バッティング・ケージ、スライディング・ピッツ（ベース周辺を土のままにして芝生を植えない）、そして黒板を使った机上練習を考案。また、1960 年には 3 番目のメジャーリーグ「コンチネンタル・リーグ」を構想した。これは、紆余曲折を経て、大リーグの球団数拡大につながる（Adomites et al., p. 227）。

8) ナショナル・アソシエーションの正式名は、The National Association of Professional Baseball Leagues（略称、MiLB=Minor League Baseball）。1901 年 9 月 5 日にシカゴのホテルで、イースタン・リーグ会長のパワーズ（Patric T. Powers）を初代会長として、14 リーグの 96 球団が参加して発足。事務所をオールバニーにおく。彼が辞任する 1909 年には、35 リーグの 246 球団が参加していた（http://www.minorleaguebaseball.com/app/milb/history/）。

第4章

革新の時代

4.1 西海岸への進出とエクスパンション

　大きく時代が変わりはじめたのが、1950年代である。まず、リーグの球団構成が大きく変化した。具体的には、①球団の移転（フランチャイズの都市の見直し）、②その結果として、球団の地理的な範囲の拡大、そして③球団数自体の拡大が始まった。

　従来の東海岸と中西部に偏在した16球団から西海岸を含めた全米各地への30球団のエクスパンションが怒濤の勢いで始まり、戦後の好景気を背景に史上空前のベースボール人気が全米全土に拡大するのである。球団名の先頭に都市名あるいは州名を冠した大リーグは、地域密着型の経営形態をとっており、企業名を冠する球団名は禁じている。完全なフランチャイズ制をとっているので、全米各地に新たに進出した各球団は、地域コミュニティの応援と理解を得ようと懸命の球団経営を展開していく。

4.1.1 フランチャイズ都市の見直し

　フランチャイズ都市の見直しが大変動の予兆であった。振り返ると、1903年にボルティモア・オリオールズ（1902年の成績は50勝88敗の最下位、現在の同名の球団とは無関係）がニューヨークに移転し、ハイランダースと名称変更した。新興リーグALの悲願である、ニューヨーク進出が、ライバルリーグNLのニューヨーク・ジャイアンツの抵抗を押し

切って、ここに実現したのである。球場がマンハッタンのブロードウェイの 165 丁目から 168 丁目あたりの海抜の高い位置にあることから、ハイランダースと称された（Graham, pp. 4-8）。しかしこの単語では新聞の見出しが収まりにくかったのか、1908 年頃には、地元新聞のニューヨークプレスのスポーツ担当編集長プライスがヤンキースというニックネームを使うようになった。1913 年にヤンキースと再度名称変更した（ibid., p. 16, Rice, pp. 4-8）。

その後 50 年、フランチャイズの変更はなかった。1953 年になってようやくフランチャイズを変更する球団が現れた。ボストン・ブレーブスはミルウォーキーに本拠地を移した。マーケットの小さいボストンでレッドソックスに人気面で圧倒され、同地に見切りをつけたのであった。1952 年の観客動員数 28 万 1000 人ではなす術がなかった。メジャーリーグが本拠地を変更するのは、なんと 50 年ぶりの出来事となった。ミルウォーキー市の人口は 63 万人ではあったが、移転後 7 年間において平均年間観客動員数 200 万人を記録した。ブレーブスの成功をみて、長期低迷を続けていたセントルイス・ブラウンズがボルティモア・オリオールズとして衣替えした。セントルイスでは、バドワイザービールのブッシュ家の支援を受けたカーディナルズに人気面でかなわなかったことから、本拠地に見切りをつけたのである。その翌年にはかつては強豪球団の一角を占めていたフィラデルフィア・アスレティックスがカンザスシティに本拠地を移した。大富豪デュポン家が財政的な面倒をみるフィラデルフィア・フィリーズには立ち向かえなかったのである（Rossi, pp. 160-162）。

とくに、1957 年のシーズン終了後に突然発表されたドジャースおよびジャイアンツのニューヨークからの撤退は、この時代の大いなる象徴的な出来事である。ドジャースはロサンゼルスに、ジャイアンツはサンフランシスコに新天地を求めた。これは政治的な波紋を引き起こし、とくにドジャースに対する移転反対運動は盛り上がりを見せた。ドジャースのオーナーであるウォルター・フランシス・オマリー（Walter Francis O'Malley）[1]は、アメリカ西海岸の将来性を見込んで、その未来に賭けた。野球は家族全体が楽しむものであり、とくに子供を将来のお客とみた彼

は、駐車場が広くとれる場所を求めていた。ブルックリンはこの条件を満たしておらず、周囲の治安環境も悪くなっていた（Kahn, pp. 47-51）。同地はニューヨーク市に編入されて間もなく、ドジャースは地元住民のアイデンティティの拠り所になっていたから、移転への反発と落胆そして批判は強かった。大リーグの球団のなかで、最も西にあった本拠地はセントルイスであったから、両球団の移転は、フランチャイズの地理的領域を文字通り全米に拡大させたことになった。

4.2　3連発のエクスパンション

　ブランチ・リッキーが提唱した第三のメジャーリーグ「コンチネンタルリーグ」の構想にはカナダの都市が入っている。これがコンチネンタルという名前の由縁である。参加した都市のいくつかは、彼の構想が破綻した後に、次に述べる第1次エクスパンション球団として、ALおよびNLに加入する。まず、ALは1901年の創設以来、はじめて、1961年にロサンゼルス・エンゼルスとワシントン・セネターズの新球団を加入させた。

　エンゼルスはロサンゼルスのフランチャイズ権の許可料としてすでに同市のフランチャイズを押さえていたドジャースに賠償金32万5000ドルを支払った。エンゼルスは、当初はマイナーリーグの球場を間に合わせに使っていた。そこで、同球団は、翌1962年にはドジャー・スタジアムを賃借する。ところが、ドジャースがスタジアム使用料として膨大な金額を請求したために1966年にはエンゼルスはロサンゼルスの南に広がるオレンジ郡アナハイム市に移転して、後に球団名をアナハイム・エンゼルスに変更した（Rossi, p. 171）。1955年に開園したディズニーランドは目と鼻の先にある。現在は、ロサンゼルス・エンゼルス・オブ・アナハイムに名称変更され、一般にはロサンゼルス・エンゼルスで浸透している。スタジアムは、1998年からエンゼルスタジアム・オブ・アナハイムと改称された。

　セネターズについては、やや複雑である。まず、ワシントンに本拠地を構えていたが1961年にミネアポリスに、ミネソタ・ツインズとして名称変更して移転した。ミネアポリスは、ミシシッピー川をはさんですぐ東側

のセントポールとは、双子の都市と呼ばれる。この移転を埋める形で同名の新しいセネターズが同年にワシントンに進出した。その後、この2代目のセネターズが1972年にテキサス・レンジャーズとして転出した（ibid., p. 171）[2]。

ALに1年遅れて、1962年にNLはニューヨーク・メッツ（メトロポリタンズの略称[3]）とヒューストン・コルト45s（「コルト45」という麦芽酒メーカーから訴えられ、後に、宇宙産業の中心地を象徴するアストロズに名称変更）を加入させた。こうして球団数は両リーグともに10球団となり試合数は年間154から162に拡大した（Fischer, p. 22）。1969年にはメッツがエクスパンション球団として初のワールドシリーズ制覇を果たし、続いて1986年には二度目の制覇に輝いた。

全米の人口移動にあわせる形で球団のフランチャイズ地移動は大掛かりなものであった。ミルウォーキー・ブレーブスは1966年にはアトランタに移り、1968年にはカンザスシティ・アスレティックスがオークランドに移った。

4.2.1　第2次エクスパンション

さらに、1969年には、第2次エクスパンションが行われ、ALおよびNLの両リーグの球団数はともにそれぞれ10から2球団増加し12となった。ALではカンザスシティは新たにロイヤルズを迎えた。そして、シアトルはパイロッツを迎えた。1985年には、ロイヤルズは、エクスパンション球団として、メッツに次いで、ワールドシリーズ制覇を果たした。NLでは、サンディエゴ・パドレスと、1967年トロントで開催された万国博覧会（エクスポ）にちなんで、命名されたモントリオール・エクスポズを新規に加えた。とくに、エクスポズはアメリカ以外を本拠地とする初の球団となった。ただし、パイロッツは翌年倒産し、ALはフランチャイズ権をミルウォーキーに売却、その後、ミルウォーキー・ブルワーズと改称した。

こうした2回にわたるエクスパンションは、大きく観客数を伸ばした。そして、6球団ずつを東部地区と西部地区に配属させて、地区別の優勝球

表 4-1　大リーグの状況（1969）

ナショナル・リーグ	アメリカン・リーグ
(1)　東部地区	(1)　東部地区
シカゴ・カブス	ボルティモア・オリオールズ
モントリオール・エクスポズ	ボストン・レッドソックス
ニューヨーク・メッツ	クリーブランド・インディアンス
フィラデルフィア・フィリーズ	デトロイト・タイガース
ピッツバーグ・パイレーツ	ニューヨーク・ヤンキース
セントルイス・カーディナルズ	ワシントン・セネターズ
(2)　西部地区	(2)　西部地区
アトランタ・ブレーブス	カリフォルニア・エンゼルス
シンシナティ・レッズ	シカゴ・ホワイトソックス
ヒューストン・アストロズ	カンザスシティ・ロイヤルズ
ロサンゼルス・ドジャース	ミネソタ・ツインズ
サンディエゴ・パドレス	シアトル・パイロッツ
サンフランシスコ・ジャイアンツ	オークランド・アスレティックス

出所）Koppett 2004, pp. 341-342

　団でプレーオフをまず行い、その勝者がワールドシリーズに出場することになった（表4-1参照）。なお、地区の区分は必ずしも地理的区分とは限らなかった。たとえば、シカゴやセントルイス（いずれも東部地区に所属）より東に位置するアトランタとシンシナティはともに西部地区に所属した。また、シカゴ・カブスとセントルイス・カーディナルズはいずれもアメリカの中西部にあるけれども、東部地区に入れた。これは両軍の対戦が長年の人気カードであり、両球団のオーナーが同一地区を希望したためである（Lichtman, pp. 99-100）。

　新規加入球団は加盟料として、ALでは525万ドル、NLでは1000万ドルを支払う義務が課され、さらに同じく新球団に移籍する選手一人につき17万5000ドルが課された（Rader 1992, p. 182）。

4.2.2　第3次エクスパンション

　その後、第3次エクスパンションがあり、新規参入する球団が相次いだ。たとえば、1977年にマリナーズがシアトルを本拠地として参入し

た。同年、トロント・ブルージェイズも参入した。いずれも AL 所属である。1993 年には、NL にフロリダ・マーリンズとコロラド・ロッキーズ（本拠地デンバー）が加入し、球団数が 28 球団となり、従来の東西 2 地区制から中地区を入れた 3 地区制となった。この段階でワイルドカード制度が導入された。さらに、1998 年には AL にタンパベイ・レイズが、NL にはアリゾナ・ダイアモンドバックスが加入した（Lichtman, p. 100）。

4.2.3　現況

第 3 次のエクスパンションを経て、大リーグは、現在の形となった。つまり、NL の 15 球団および AL の 15 球団の計 30 球団が 3 地区つまり東地区、中地区そして西地区に分かれている。NL（東地区 5, 中地区 5, 西地区 5、以下同様）および AL（5, 5, 5）である（表 4-2 参照）。なお、2005 年にワシントンに、経営不振のモントリオール・エクスポズを引き

表 4-2　大リーグの状況（2015）

ナショナル・リーグ	アメリカン・リーグ
（1）東地区	（1）東地区
①アトランタ・ブレーブス	❶ニューヨーク・ヤンキース
②フィラデルフィア・フィリーズ	❷ボストン・レッドソックス
③マイアミ・マーリンズ	❸ボルティモア・オリオールズ
④ニューヨーク・メッツ	❹タンパベイ・レイズ
⑤ワシントン・ナショナルズ	❺トロント・ブルージェイズ
（2）中地区	（2）中地区
⑥セントルイス・カーディナルズ	❻ミネソタ・ツインズ（ミネアポリス市）
⑦ミルウォーキー・ブルワーズ	❼シカゴ・ホワイトソックス
⑧シカゴ・カブス	❽クリーブランド・インディアンス
⑨シンシナティ・レッズ	❾デトロイト・タイガース
⑩ピッツバーグ・パイレーツ	❿カンザスシティ・ロイヤルズ
（3）西地区	（3）西地区
⑪ロサンゼルス・ドジャース	⓫ヒューストン・アストロズ
⑫サンフランシスコ・ジャイアンツ	⓬ロサンゼルス・エンゼルス・オブ・アナハイム
⑬サンディエゴ・パドレス	⓭オークランド・アスレティックス
⑭コロラド・ロッキーズ	⓮テキサス・レンジャーズ（ダラス市）
⑮アリゾナ・ダイアモンドバックス	⓯シアトル・マリナーズ

＊ヒューストン・アストロズは 2013 年に NL 中地区から AL 西地区に変更。

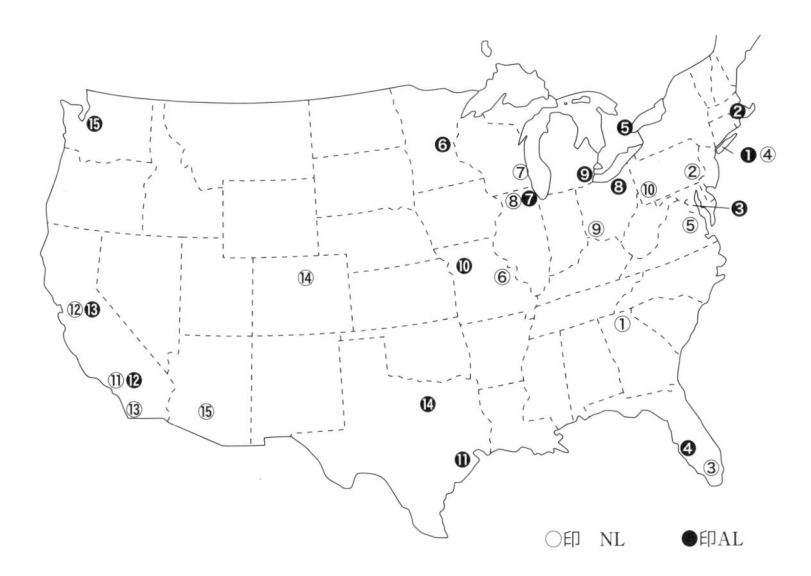

図 4-1　大リーグのフランチャイズ都市

継ぐ形で、ワシントン・ナショナルズとして看板を変えて 34 年ぶりに復帰した[4]。2005 年 4 月 14 日、テキサス・レンジャーズの前オーナー（在任 1988-1994）でもあったブッシュ大統領が始球式を行った。試合は 5-3 でダイアモンドバックスに勝利している（USA Today, 2005.4.15）。

図 4-1 は、現在のフランチャイズの地理的な分布を示す。ニューヨーク市、シカゴ市、ロサンゼルス都市圏およびサンフランシスコ都市圏には 2 球団が本拠地を置いている。また、テキサス州（ダラス市とヒューストン市）、フロリダ州（マイアミ市とタンパベイ市）、オハイオ州（シンシナティ市とクリーブランド市）、ミズーリ州（カンザスシティとセントルイス市）およびペンシルベニア州（ピッツバーグ市とフィラデルフィア市）も、同じく 2 球団が本拠地を構えている。いずれの州においても、2 球団の本拠地間の距離は 350km 前後である。以上の 9 地域の 2 球団の所属は基本的に NL と AL に分かれている。ペンシルベニア州の 2 球団のみが同じ NL リーグに所属する。

図 4-2 は 1901 年の AL 創設から今日にいたる過去 100 年間を超える大リーグの年間観客動員数を記録している。第一次世界大戦勃発、1929 年

図4-2 年間観客動員数の推移（1901-2014）

出所）Thorn, Palmer & Gershman, pp. 74-78,
http://www.baseball-reference.com/leagues/MLB/1900-misc.shtml

の大恐慌、第二次世界大戦勃発、1981年の50日にわたるストライキ、1994年から翌年にかけての232日に及ぶ長期ストライキの影響がみてとれる。2000年代に入ってからは、有力強打者の筋肉増強剤（ステロイド剤）の常用発覚などもあった。こうした一時的な攪乱的な影響を乗り越えて、順調に観客動員数を伸ばしてきているといえる。1994年と翌95年には5000万人、5047万人に低迷したものの、97年からの観客数は6000万台から7000万台を続けており、2007年には最大の年間観客数7948万人を記録し、2008年からは7400万人台前後を記録している。

4.3 新球場の建設ラッシュ

新しい球場の建設は顧客開拓面で大きな力を発揮した。1960年代から2003年にかけて27の新球場が本拠地に建設され、NLではドーム型球場や人工芝を敷き詰めた球場も出てきた。多くの球場は豪華なシート席を設け、社用接待に使われたので、大きな収入をもたらした。さらに、オールスターの球場として使われることも多いので、これも収入をアップさせた。

その契機となったのが、ヒューストン・アストロズの新しい球場として

初のドーム型球場として建設されたアストロドームである。この球団名は1962年のNL加入時はヒューストン・コルト45sであった。ホーム球場となったコルト・スタジアムは夏になると高温多湿でしかも蚊が出てくるという欠点があり、工費3100万ドルを投じて、アストロドームを1965年に新設した。ドーム内は華氏72度（摂氏22度）に制御され、バミューダ芝生が敷き詰められた。ところが、この自慢の天然芝がうまくなじめずに枯れ始めたので急遽人工芝に張り替えた（Wallace, Hamilton and Appel, pp. 178-181）。エキシビションゲームとして、ヤンキースが招待され、地元選出のジョンソン大統領が顔を見せた。4万7876人の観客が詰め掛けている（Fischer, p. 46）。その後、アストロズは、郊外の老朽化したアストロドームから、市内中心部に新しい球場エンロン・フィールドを2000年に建設して移転した。ところがまもなくエンロン社が倒産し、同社債権者の要求に応じて、球団オーナー側が命名権のリース料を債権者に払い戻したうえで、2002年にミニッツ・メイド社が28年間の命名権（1億7000万ドル）を獲得し、ミニッツ・メイドパークと名称変更となった（*Washington Post* 2002.4.11）。

　球場の新設が観客動員に大きな効果があると認識されたことから、球場を新設する動きが全米に出てきた。たとえば、クリーブランド・インディアンスが地元の全額負担で建設し、1994年4月に、エリー湖に面してオープンしたジェイコブス・フィールド（Jacobs Field）は、開場以来満員状態が2122日、455試合続いた（*AP.* 2001.4.5）。2008年に命名権を獲得したプログレッシブ・コーポレーション[5]が社名を冠して、プログレッシブ・フィールドと改称された。

　2012年にはマイアミ・マーリンズのホームグラウンドが新設のマーリンズ・パーク（収容人員3万7000人）に移転した[6]。アリゾナ・ダイアモンドバックスの本拠地チェイス・フィールドは、天然芝をもつ開閉式屋根のドーム球場で、1998年に竣工した、標高約1マイル（1600m）にある。当初はバンク・ワン・ボールパークとして開業したが、バンク・ワン銀行がJPモルガン・チェイス銀行に吸収合併されたので、現在の名称に変更された。高地のために気圧が低くボールの飛距離が長くなるといわれる。

2009年にはヤンキースが旧スタジアム北側の総合自然公園（テニス場、バスケットコート、ランニングトラック、野球場を含む総合グラウンド）に新球場ヤンキースタジアムを建設した。この総合公園の代替地として、周辺に分散して八つの公園を新設し、さらに当初の新スタジアム計画案の経費が60％増となり、地元住民の不満がマスコミに登場していた（*New York Times*, 2008.5.25）。しかも、13億ドルの建設費に対して、ニューヨーク市当局が9億4100万ドルの市債に加えて、3億5000万ドル分の市債を追加発行するという市の提案に対して、「私的な球団のために莫大な公費を投入するのはいかがなものか」という市議会の反対論が噴出した。総額1億9560万ドルを上限とした代替公園設備費のなかで、計八つの公園を建設、そのなかで、旧スタジアムは天然芝を張った野球グラウンド3個を併設したヘリテージパークとして、2012年にオープンした（ibid., 2012.4.6）。

　メッツも同じく2009年にシティ・フィールドを開設した。4億ドルで命名権を得たシティバンクを冠とした球場である。翌2010年にはツインズが新球場ターゲット・フィールド（収容人数4万人）を建設、早くもその年のシーズンチケット2万4000枚を売り切り、次年度の予約を開始した（AP, 2010.3.31）。

　西海岸も負けずと劣らない。サンフランシスコ・ジャイアンツは、それまでのキャンドルスティック球場（1971年から2013年までアメリカン・フットボール（NFL）のサンフランシスコ49ersがメイン球場として使用）から、2000年にサンフランシスコ湾に面した地に新球場を建設した。1962年のドジャースタジアム以来の、公的資金を全く導入しない民間資金100％の球場であり、現在はAT&Tパークと称されている。サンディエゴ・パドレスは、クアルコム・スタジアム（1967年竣工）を見切って、新球場新設を地元に要求した。否定された場合には、本拠地を移すという強い意思を表明した。1998年11月の市民投票の結果、税金投入による球場新設案が投票率68％のもとで賛成58％で可決された（AP, 1998.11.5）。2004年4月にペット用品ショップを全米で展開するペトコの冠パーク、ペトコ・パークがパドレスの専用球場としてオープンした。

こうした地元負担を柱とする球場建設が次々と行われたのは、雇用増進などの地元経済を活性化させるという期待と信念からである。これについては、否定的な議論を展開している論者がある。多くの選手の自宅が本拠地から離れており、しかも彼らの所得の相当程度が国および地元とは違う居住州に所得税として吸い上げられること、さらに、地元に落ちる選手家族達関係者の消費支出は案外小さいと指摘している（Siegfried and Zimbalist, pp. 364-365）。

　1971 年と比較して、当時の球場を現在も使用しているのは、30 球団のうちわずか 5 球団に過ぎない。ドジャースタジアム（1962 年竣工）、エンゼル・スタジアム（1966 年竣工）、オークランド・アスレティックスのオー・ドットコー・コロシアム（O.co Coliseum, 通販大手のオーバーストック・コム社が命名権獲得、2004 年から 2008 年までの名称はマカフィー・コロシアム）、シカゴ・カブスの 1914 年開設の本拠地リグレー・フィールド（Wrigley Field）、そして現役最古参はボストン・レッドソックスの本拠地、1912 年開設のフェンウェイ・パーク（Fenway Park）である。

4.4　インターリーグ

　1997 年からは、「インターリーグ」を導入した。これは、AL と NL の壁を乗り越えて、異なるリーグ間の同じ地区所属の球団同士が対戦するしくみである。日本では交流戦と呼ばれる。当初は、「メモリアルデー」「独立記念日」そして「レイバーデー」の間に日程が組まれた。その試合数は、1 球団当たり 20 試合を超えないと規定した。2002 年、2003 年そして 2004 年、AL 所属球団は 18 試合をこなし、NL 所属球団は中地区の 12 試合を除いて、西地区と東地区で 15 試合をこなした。

　2013 年からは MLB 全球団の試合数が統一され、各 20 試合をこなすことになった。2 連戦または 3 連戦を年間 8 回戦うことになった。対戦相手は同じ地区の球団とは限らない。たとえば AL 東地区所属球団は NL 東地区だけでなく、中地区や西地区のチームとも対戦する。アメリカ大陸は広大で飛行機での移動であっても、時間がかかり、しかも試合日程は過密で

表 4-3　大リーグの地区別ゲーム数（2015）

		AL 東地区	AL 中地区	AL 西地区	NL 東地区	NL 中地区	NL 西地区	試合数
AL	東地区	76	33	33	20			162
AL	中地区	33	76	33		20		162
AL	西地区	33	33	76			20	162
NL	東地区	20			76	33	33	162
NL	中地区		20		33	76	33	162
NL	西地区			20	33	33	76	162

	AL vs NL	AL vs NL	AL vs NL
2012,2015,2018,2021,…	東地区 vs 東地区	中地区 vs 中地区	西地区 vs 西地区
2013,2016,2019,2022,…	東地区 vs 西地区	中地区 vs 東地区	西地区 vs 中地区
2014,2017,2020,2023,…	東地区 vs 中地区	中地区 vs 西地区	西地区 vs 東地区

出所）　各チームの年間スケジュール表から筆者作成

あるので、違う地区のチームとの対戦は非常に難しい。しかし、3年のサイクルで回る（表4-3のローテーション表参照）。たとえば、2015年のヤンキースの場合、対戦相手はすべて同じ東地区のNLチームである。そしてホーム開催とアウェイ開催は同数の10試合である。ただし、対戦相手によってはホーム開催とアウェイ開催は必ずしも同数ではない。ヤンキースの場合、マイアミ・マリーンズとはホームとアウェイで同数の2試合ずつ、ニューヨーク・メッツとはホームとアウェイでいずれも3試合、ワシントン・ナショナルズとはホームとアウェイでいずれも2試合。しかし、アトランタ・ブレーブスとはホームで3試合のみ、逆にフィラデルフィア・フィリーズとはアウェイ3試合のみとなっている。

　インターリーグ実施の狙いは、1994年から95年にかけての232日のストライキの空白を埋めて、再び、野球ファンを掘り起こし観客動員数を増大させることにあった。ニューヨークのヤンキースとメッツ（ニューヨークの地下鉄で両球場に行けるので、サブウェイ・シリーズと呼ばれる）、ロサンゼルスのドジャースとエンゼルス（フリーウェイ・シリーズ）、オークランド・アスレティックスとサンフランコ・ジャイアンツ（ベイブリッ

ジ・シリーズ)、シカゴのホワイトソックスとカブス(ウィンディ・シティ・クラシック)に加えて、シンシナティ・レッズとクリーブランド・インディアンス(バトル・オブ・オハイオ)、そしてフロリダ・マーリンズとタンパベイ・レイズ(特産のみかん類にちなんだ、シトラス・シリーズ)の対戦が可能となった。主催球団が属しているリーグの規定に従って、試合は行われる。したがって、ALのホームグラウンドの場合には、DH (designated hitter) 制(後述)が採用されることになる。(Koppett 2004, p. 469)。

4.5 ワールドシリーズ

球団数の増大にあわせて、ワールドシリーズの新しい仕組みを1995年に導入した。まず、NLおよびALにおいて地区リーグ優勝を果たした3球団およびワイルドカード球団(リーグ内で各地区の優勝球団を除いて最高勝率1位の球団、同率の場合はワンゲーム・プレイオフで決す)の計4球団を選出する。最高勝率の球団とワイルドカード球団、そして勝率2位球団と勝率3位球団がディビジョンシリーズをそれぞれ戦い、3勝した球団が勝ちあがり、リーグ優勝をかけてリーグ・チャンピオンシリーズを戦う。ただし、最高勝率の球団とワイルドカード球団が同一地区の場合は、勝率2位の球団とワイルドカード球団、そして勝率1位と3位の球団が戦うことになる。ここで4勝した球団がリーグ優勝を飾る。

〈ディビジョンシリーズ〉

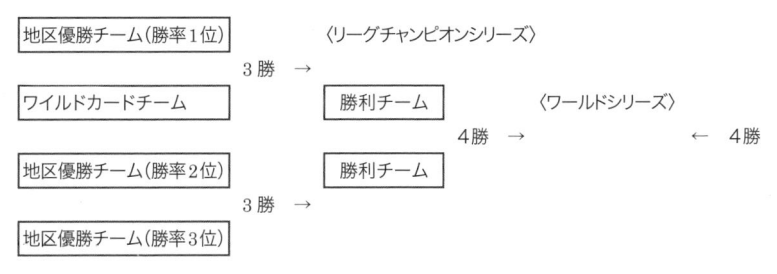

地区優勝チーム(勝率1位)		〈リーグチャンピオンシリーズ〉		
	3勝 →			
ワイルドカードチーム		勝利チーム		〈ワールドシリーズ〉
			4勝 →	← 4勝
地区優勝チーム(勝率2位)		勝利チーム		
	3勝 →			
地区優勝チーム(勝率3位)				

図4-3 ワールドシリーズまでの流れ

ワールドシリーズはALとNLの優勝球団の間で4勝先勝で戦われる。このシリーズを制覇するには、可能性として、最小で11試合、最大で19試合を戦う。ワイルドカード球団として初めてワールドシリーズを制したのは、NL東地区2位で参戦したフロリダ・マーリンズであった。1997年のことであった。ワールドシリーズの開催地は、ALとNLの隔年持ち回りである。

4.6 ルールの改訂

1961年、ヤンキースのロジャー・マリス（Roger Maris）が本塁打61本を記録し、不滅の記録と思われたベーブ・ルースの60本（1927）を塗り替えた。シーズン試合数が161と、ベーブ・ルースの時代の154試合より増加したとはいえ、誰もが賞賛する大記録であった。モリスの同僚ミッキー・マントル（Mickey Mantle）は54本で、二人でMM砲といわれた。さらに40本台を3人の選手が記録した。リーグ全体の本塁打数も激増した。この事態に、ベーブ・ルースの熱狂的な信者であるコミッショナーのフリック自身が、「彼の記録が破られること自体がおかしい、これは打者の実力ではなくストライクゾーンの取り方の誤りである」との思い込みが、彼の任命したルール委員会をして、ストライクゾーンを「肩の上部から膝の下まで」広く取るように勧告せしめた。1963年の正式のルールブックでは、「通常の打者のスタンスで肩の上部から膝まで」と改訂された。打者のスタンスといっても、結局は打者の体つきは違うから、ストライクゾーンの取り方は微妙であった（Koppett 2004, pp. 307-310）。

この改訂の影響は如実にデータに現れている。この年の一試合の平均得点は7.9、三振は11.6個と、得点は前年より0.9点減少し三振は逆に0.7個増加した。1957年から1962年までの6年間と、ルール改訂後の1963年から1968年の6年間を比較すると、年平均得点は8.8から7.7に、年平均三振は10.3から11.8に増加した。1968年には、得点は6.84と1908年の水準にまで低下した。打率にいたっては1908年の0.239を下回る過去最低の0.237となった。（図4-4参照）。

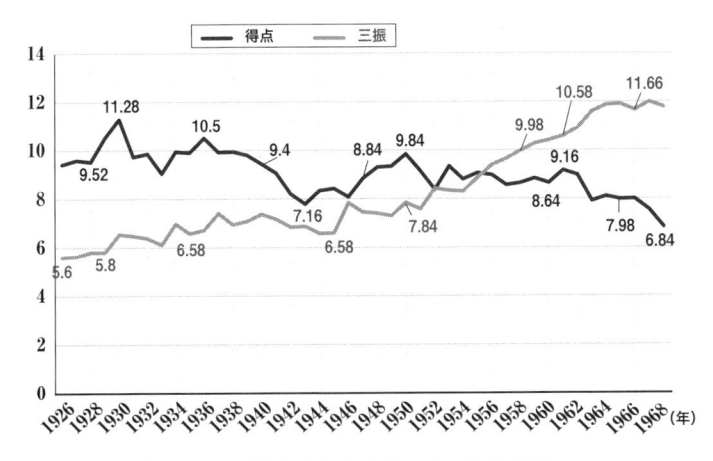

図 4-4 一試合当たりの得点と三振の推移

出所) *The Baseball Encyclopedia*

表 4-4 大リーグにおける攻撃側統計データの歴史的な推移

			得点	打率	本塁打数
1	1903-1919	デッドボールの時代	7.68	0.252	0.29
2	1920-1941	飛ぶボールの時代	9.69	0.280	0.96
3	1942-1945	戦中の時代	8.17	0.257	0.81
4	1946-1962	戦後の黄金時代	8.87	0.259	1.60
5	1963-1968	ストライクゾーン拡大	7.72	0.245	1.59
6	1969-1976	リーグ地区制	8.14	0.253	1.47
7	1977-1992	FAの時代	8.59	0.259	1.60
8	1993-1997	飛ぶボール復活の時代	9.66	0.268	2.02

＊ Koppett 2004, appendix F。すべて一試合平均。

　上の表 4-4 は、20 世紀の攻撃側統計データの特徴を示している。ストライクゾーン拡大の 6 年間は、デッドボールの時代よりも打率は低く、得点の低さでは肩を並べている。20 世紀前半のデッドボールの時代から飛ぶボールの時代への転換が、半世紀を経て、再び、ストライクゾーン拡大によりデッドボールの時代が復活し、そこから飛ぶボール復活の時代へと再現していることがわかる。歴史は繰り返す。

　1968 年はとくに投手の活躍がとくに目立つシーズンであった。「投手の時代」が復活した感があった。ドジャースのドリスデール (Don

Drysdale）投手は、58$\frac{2}{3}$イニング連続無失点の当時の大リーグ記録を達成するとともに6連続の完封試合を達成している。[7]

同じ1968年、デトロイト・タイガースのマクレイン（Denny McLain）は1934年以来の30勝の大台に乗る31勝をあげて、ALのMVPおよびサイ・ヤング賞を獲得した。カーディナルズのギブソン（Bob Gibson）は驚異的な1.12の防御率を達成しただけでなく、リーグトップの13試合完封、268奪三振を記録、15試合連続勝利、28試合完投の記録を添えて、NLのMVPおよびサイ・ヤング賞を獲得した。

「投手の時代」復活を物語る象徴的な試合が、ジャイアンツとカーディナルズの1968年9月17日と18日の対戦である。17日にジャイアンツのペリー投手（Gaylord Perry）が1-0のノーヒット試合を演じると、翌日は逆にウォッシュボーン投手（Ray Washburn）がジャイアンツに2-0のノーヒット試合を達成した。ALの最高打率はボストン・レッドソックスのヤストレムスキー（Carl Yastrzemski）の0.301。NLの最高打率は、シンシナティ・レッズのピーター・ローズ（Peter Rose）の0.335。両リーグの3割打者はわずか5人（Sports Encyclopedia Baseball, pp. 212, pp. 382-385）であった。

緊迫した投手戦よりも打撃戦の方が観客は飽きない。そこでルールブックが1969年に再度改訂された。ストライクゾーンも肩の上部から膝の下までの範囲から、脇の下から膝上までの範囲に狭められた。さらに、投手マウンドの高さが1904年に規定された15インチから10インチ以下に下げられた。打者有利のルール改正であるだろう。1971年のルール改正では、打者のヘルメット着用が決められた。1973年のDH（designated hitter）制導入も大きい影響を与えた。ALは採用したけれども、NLは導入を見送っている。DHの狙いは投手の代わりに、別の選手が打撃に入ることで試合の得点率を高めて活気ある試合展開に持ち込み、観客動員につなげようとするものである（Lichtman, pp. 100-101）。

いずれのリーグについても、引き分けはない。勝負がつくまで試合が行われ、勝敗が決まらない場合はサスペンデッド・ゲームとして後日戦うことになっている。

4.7 マスメディア

　まず、第一にいうべきことは、現在、四大テレビネットワークのなかで、大リーグの試合を地上波で全国放送しているのは FOX のみであり、ABC、CBS そして NBC とも本体では一切放送していないことである。

　　ABC‥‥親会社はウォルト・ディズニー、スポーツ専門ケーブルテレビ局
　　　　　ESPN を保有[8]
　　CBS‥‥コロンビア映画を母体に 1927 年に設立
　　NBC‥‥マンハッタンのロックフェラー・センターに本社をおく
　　FOX‥‥1986 年設立、21 世紀フォックス傘下

　次にいうべきことは、アメリカは国土が広く地上波が届きにくい地域があり、ケーブルテレビや衛星放送それにインターネット配信が一般的となっていることである。

　全米向けテレビ放映権収入（MLB 機構が一括管理）の推移を考察する。そこからの収入はうなぎ上りで、1973 年に 1800 万ドル、80 年 4157 万ドル、88 年 1 億 9700 万ドルに達した（Wallace, Hamilton and Appel, p. 233）。1984 年のロサンゼルス五輪大会の組織委員長として、五輪を成功に導いた手腕を見込まれて大リーグの第 6 代コミッショナーに抜擢されたユベロス（Peter Victor Ueberroth）は、マーケティング活動に熱心でとくにテレビ局との交渉に積極的であった。1989 年、CBS と全米向け地上波テレビ放映権を総額 10 億 8000 万ドルの 4 年間（1990-1993）契約で締結した。ケーブルテレビ局の ESPN との契約を加えた総額は 15 億ドルに達した。テレビ・ラジオ収入は均等割りであるから、球団当たり年間 1440 万ドルとなる（Rader 1992, p. 200）。

　3 次エクスパンションで球団の新設があり、ワイルドカードのチームが優勝戦線に登場するようになった。創立 5 年目のフロリダ・マーリンズが 1997 年のワールドシリーズを制覇し、同じく 3 年目のコロラド・ロッキーズが連勝に連勝を重ね、ホーム球場を 38 日連続でチケットを完売

し、ワイルドカードとして 1995 年プレーオフ出場を果たした。また、万年最下位のインディアンスが NFL 共用の郊外の球場から市内中心地に新設のジェイコブス・フィールドに移り 95 年と 97 年の AL で優勝を果たした。大リーグの人気が沸騰し、テレビ視聴率が上がったことから、大リーグは 95 年には総額 17 億ドル（96 年からの 5 年契約）で NBC、地上波放送の FOX、スポーツ専門ケーブル配信の ESPN、そして Liberty Sports（当時世界最大のケーブルテレビ局であるテレコミュニケーションズの番組統括企業）の 4 社と契約した。一球団年平均で 1100 万ドルから 1200 万ドルを超える収入となる。この契約により、ESPN では水曜および土曜のナイターそしてリーグのプレーオフの準決勝戦を、また Liberty は、週 3 日にわたり、傘下のケーブルテレビ局ネットワーク FX ネットワークで放映した。まさしく、大リーグは、「spectator sport」となった（Wallace, Hamilton and Appel, pp. 234-235）。

　この間に、マスメディアによる球団買収が続き、ディズニーは 1996 年にアナハイム・エンゼルスの経営権を握り、1998 年にはドジャースの経営権がオマリー一族から 3 億ドルで R. マードック率いるフォックス・コーポレーション（FOX）に代わり、タイム・ワーナーはアトランタ・ブレーブスを買収した（ibid., p. 235, Koppett 2014, p. 469）。

表 4-5　テレビ契約料の推移

契約期間	契約金額	年平均	契約企業
1984-1989	120,000	20,000	ABC, NBC
1990-1993	150,000	37,500	CBS, ESPN
1994-1999	25,500	4,250	ESPN
1996-2000	170,000	34,000	FOX, NBC, ESPN
2000-2005	85,100	14,183	ESPN
2001-2006	250,000	41,667	FOX
2007-2013	286,300	40,900	FOX, TBS
	252,000	36,000	ESPN
2014-2021	640,000	85,100	FOX, TBS
	560,000	70,000	ESPN

出所）　Wikipedia（MLB）Television contracts, *Reuters News* 1989.1.5, *FinancialTimes* 2012.8.29, *New York Post* 2012.8.9; 2012.9.19, *Pittsburgh Post-Gazette* 2012.10.3, Kramer 2005

ＭＬＢ機構は、2000年から2005年はESPN（8億5100万ドル、年平均1億4183万ドル）、2001年から2006年は地上波のFOX（総額25億ドル、年平均4億1670万ドル）（Kramer, p. 17）と契約した。現在の状況は次のとおりである。2012年にMLB機構は、2014年から2021年までの8年間、ESPN（ディズニー傘下）、FOX（21世紀フォックス傘下）そしてケーブル配信のTBS（Turner Broadcasting System, タイム・ワーナー傘下）と契約し、年間平均15億ドルの放映権収入が入る大型商談となった。各球団に5000万ドルが入る計算となる。さらに、この3社のネット配信権についても、視聴者がCATV事業者や衛星放送事業者の有料サービスに契約していることが条件となる形での付託を認めた。全国放送とは別に地元放送局との放映料契約も年間約数千万ドルにもなり、選手契約料を賄っていることになる。

　ベースボールのコンテンツとしての価値に遅まきながらも気づいた大リーグは試合のインターネット動画配信事業に積極的に乗り出した。ニューヨークを拠点に2000年にインターネット関連の諸事業を行うMLBアドバンスト・メディア（MLBAM）を30球団の共同出資で立ち上げている。社名どおりの、従来のテレビを超えた先進的なメディアであるインターネットをフル活用するために、サンマイクロシステムズ社と提携し、ライブ・ストリーミング・インフラの構築と充実を展開している。これを実際に配信するのがMLB.TVである。1日15試合、年間2430試合をライブ放送する。さらに、MLBAMは、大リーグおよび各チームの公式サイト（MLB.com）を運営している。2015年、MLBAMでは年間契約料129.99ドルで全試合視聴可能である。

　なお、興味深いテレビ放送のルールに、「ブラックアウト・ルール」がある。これは、全国放送のFOXと地元のケーブルテレビ局や衛星テレビ局が同じゲームを放送しようとしても、地元のローカル局の中継を優先するために、FOXの画面が真っ黒な画面となることである。したがって、アメリカでは、地元チームの試合はホーム開催であってもアウェイ開催であってもこうした地元局と契約しない限りみられない（*USA Today* 2015.5.6）。日本ではたとえば阪神タイガースの中継は、朝日放送の中継が

9時で時間切れになった場合などに地元のサンテレビが中継を引き継ぐなど、状況は異なる。

ジェットブルー社は、MLBAMと契約し、2015年から機内での大リーグのインターネットでの実況中継に乗り出した。顧客獲得の手段として無料アクセスを標榜している（*Wall Street Journal*, 2015.7.9)。

アメリカンフットボールのNFLの試合数はわずか256試合であるのに対して、メジャースポーツのなかでも圧倒的に試合数が多いのがMLBである。シーズンだけで2430もある試合をいかに加工調理してファンに魅力ある映像コンテンツにしていくかで、今後も各メディアの間で熾烈な戦いが演じられるだろう。大リーグは試合を重要なコンテンツ資産として囲い込もうとしており、ESPNに対して試合の実況中継のみを許諾する姿勢を明らかにしている（Adams 2005d, pp. 21-24）。既存のテレビ局を中抜きしようとする動きである。こうした大リーグの動きに対して、テレビ局の心中は穏やかではない。

さらに、人気球団のなかに、独自の放送に乗り出す動きが出てきた。開催権をもつ試合放送を魅力ある動画コンテンツに作り上げて自ら視聴者を囲い込もうとする狙いがある。たとえば、ヤンキースの場合には、YES（Yankees Entertainment and Sports Network）を2002年に設立してケーブルテレビ局に進出（Chinni, p. 13）。その後、21世紀フォックスがYESの発行株式の80％を出資して2014年に小会社とした。ヤンキースの試合だけでなく、プロバスケットチームのブルックリン・ネッツの生放送も流す（*Reuters*, 2014.1.25）。

YESが引き金となって、アトランタ・ブレーブスも、ブレーブスビジョン（BravesVision）を2004年に立ち上げている。同球団のマーケティング担当の副社長は、「ほかのメジャースポーツとは段違いに試合数が多い」と述べている。これまでこうした豊富なコンテンツを活用していてなかったことに大リーグは気づいたわけである。大リーグだけでなく、ほかのメジャースポーツの球団も独自のネットワークに進出した（Adams 2005d, pp. 21-24)[9]。こうした球団独自の動きは加速している。

4.8 大リーグの経営実態

1975 年の FA 導入までは、球団の主たる収入は、入場料および売店売り上げであった。ところが、FA によって選手の年棒が高騰してくると、新たな収入源を求めざるをえなくなった。

現在の状況を一言でいえば、本丸の球団経営で多少の損は出しても、ほかの事業で十分に儲けているというのが大都市を本拠地とする球団の実情に近い。球団自体の経営、スタジアムという入れ物の経営、そして野球というソフト資産を活用した放送ネットワーク経営の三者を相乗効果が発揮できるようにうまく管理している。本来の球団経営上の黒字をほかの関連会社に移し、意図的に球団経営の黒字を減らし、課徴金負担を減らすことができる。損益通算の見本のような経営システムであろう。日本での節税の一般的な手法は、親会社の赤字を関連会社の黒字で消して、グループ全体で節税しようというものである。MLB では、反対に、親会社の黒字を小会社に移し変えて、親会社の黒字を減らそうというものである。課されるのは、MLB の場合は法人税ではない。MLB 独自の税金つまり収入再分配制度による課徴金である。

高額な選手年棒は、オーナーにとっては、慈善団体に対する寄付と同じであり、免税措置の一種にしかうつらない。経費がかさんで利益水準が下がっても、大きな問題にはならない、というのもその分節税になるからである。また、大リーグのオーナーは地元の有力な名士であり、各種の行政の諮問委員会のメンバーとして委嘱されることも多く、球場周辺の再開発事業に一枚嚙めるといううまみがある。こうした情報は事業の拡大を狙うオーナーにとって非常に有益である（Drehle, p. 26）。

現在では、スタインブレナー[10]のやり方に刺激されたのか、大リーグの一部のオーナーにいえることは、球団経営で損を出しても、関連企業の事業でそれを上回る利益を上げようとしていることである。たとえば、シカゴ・ホワイトソックスが 3010 万ドルの球団の売り上げを記録したのに対して、シカゴで一番の人気球団のカブスはわずか 2360 万ドルしか計上していない。ところが、カブスの試合は、地元放送メディア企業であ

るWGNによって全米 5500 万世帯に流れている。カブスの親会社はトリビューン社（リグレー一族から 1980 年に買収）であり、ここが WGN（シカゴ・トリビューン紙傘下）の経営をにぎっている。同社のローカルメディア関連の売り上げは 5900 万ドルである。仮に、この売り上げを球団売り上げに移し変えると、球団経営は 180 万ドルの赤字から 3360 万ドルの黒字に一変するわけである（Zimbalist 2003b, p. 334）。

　クリーブランドでは、老朽化した球場の建て替えをめぐり、市民の議論が沸騰した。1990 年 5 月の住民投票を前に、当時のコミッショナーのビンセントは次のように語っている。「球場は老朽化し、観客数は低迷し、球団経営は難しくなった現状のままでは、フランチャイズ移転を真剣に検討する時期にある」。住民投票の結果、アルコールとタバコに対する「悪行税（sintax）」を 15 年間課することが了承された（*Tampa Bay Times* 1990.5.3）。1986 年からオーナーとなったジェイコブス兄弟は、地元での不動産業で成功した勢いをかりて、兄のディックが 25%、弟のリチャードが 75% の株式を取得して、不振のインディアンスを買収して大リーグに進出した（*New York Times* 1992.9.19）。新球場が入るゲートウェイスポーツ複合施設によって、寂れた旧市街地の活性化をもくろんでいて、このプロジェクトのメイン開発者として、球場建設費 1 億 7500 万ドルの 8400 万ドルは彼らが支出し、残りはこの新税で負担した。球場周辺の市街地再開発に成功した。インディアンスは、1954 年以来久しぶりに 1995 年と 97 年のワールドシリーズに進出した。リチャードが、2009 年に亡くなった際の訃報記事は、ジェイコブス・グループは全米屈指の不動産開発業者であり、クリーブランドのランドマークである 57 階建の高層ビル「キーセンター」がシカゴ・ニューヨーク間では最も高いビルであることを紹介したあとで、フロリダ州セント・ピーターズバーグに移転寸前まで進んでいた話を戻して、鉄鋼の町クリーブランドの再活性化のために、この弱小の地元球団を残すために買収してくれた。彼らなりの算段もあったであろうが、結果として市の経済復興に大きな足跡を残したと、彼の死を惜しんでいる（*AP* 2009.6.6）。

　また、球場の命名権を企業に売り渡すことも行われ、たとえば、1991

年のコロラド・ロッキーズの場合は大手ビール会社の名前を取って、クアーズ球場となった。

4.9 マイノリティの監督およびGMとしての進出

マイノリティ出身者が選手だけでなく監督やGMとして進出してきたことは、大リーグの大きな変化の一つである。

黒人初の監督は、現役時代に両リーグでMVPを獲得した最初の選手であり、クリーブランド・インディアンス監督を務めたフランク・ロビンソン（Frank Robinson）であった。ワシントン・ナショナルズ監督時代の2005年に投手起用をめぐって大家友和投手と対立し彼に代走を命じた監督でもある。

キューバ出身の初の大リーグ監督は1969年のサンディエゴ・パドレスのペドロ・ゴメス（Pedro Gomez）、そしてドミニカ出身ではモントリオール・エクスポズおよびサンフランシスコ・ジャイアンツ監督を歴任したフェリペ・アルー（Felipe Alou）がいる。

球団経営者では、初のヒスパニック系GMであるオマー・ミナヤ（Omar Minaya）がいる。2002年にモントリオール・エクスポズGMに着任し、2005年にはニューヨーク・メッツのGMに、そしてサンディエゴ・パドレスの上級副会長を経て、2015年より選手組合であるMBAPAの特別顧問に就任した。同氏はドミニカ出身でニューヨーク育ちである。当時のメッツのバレンタイン監督の進言に基づき、2000年末に日本でFA宣言した新庄剛志を外野守備力と打撃に注目し獲得した。2005年オフには球団最高年俸のマイク・ピアッツァ捕手（2008年現役引退）と再契約しなかった（AP 2005.1.30）。

2003年にアナハイム・エンゼルスの新オーナーになったのがメキシコ系アメリカ人のアートロ・モレノ（Arturo Moreno, 1946-）氏。高卒後に召集されベトナム戦争に出兵、帰還後にアリゾナ大学でマーケティングを専攻し、その後に経営したマーケティング会社の株式を公開し巨額の売却益を得た。メジャースポーツのオーナーになりたいという彼の野心が、ウォ

ルトディズニー社からの1億8400万ドルでのエンゼルス買収を決意させた。2005年にはファン層の拡大を狙ってアナハイム市の反対をものともせず、球団名をロサンゼルス・エンゼルスに変更。地元テレビ局とのテレビ放映権交渉を契約金25億ドル（17年間）で妥結した。彼の2015年の推定総資産は17億7000万ドル（*Forbes* 2015年3月号）である。なお、シアトル・マリナーズの場合は任天堂の山内溥社長（当時）が出資額の60%を出して、事実上のオーナーとなった。アメリカの国技であるベースボールを外国人に買収されるという危機感をアメリカ国民に抱かせてはまずいという配慮から、任天堂側が形式上のオーナーをシアトル在住のアメリカ人とするなどの妥協策を提案して、買収が認可されている。

4.10　マイナーリーグの自主独立経営

まず、北米のプロ球団には、大リーグ（MLB）に属する30球団のほかに、①マイナーリーグ（MiLB）に所属する球団、および②インデペンデントリーグに所属する球団がある。すでに述べたようにMiLBはMLBのファームであるのに対して、インデペンデントリーグは字義のとおり、MLBへの従属関係にはない。メキシコ最大のプロリーグ、メキシカンリーグもMLBへの従属関係にない。MLBからは3Aレベルとみられているリーグである。いずれのMLB球団のファームシステムにも属していない。

4.10.1　インデペンデントリーグ

MiLBを考察する前に、インデペンデントリーグを概説する。2014年現在、七つのリーグがある。そのなかで、チケット販売数を公開している5リーグのデータは次の表4-6のとおり。2014年の延べ観客数は約610万人である。一試合約3000人の観客を集めており、とくにアトランティックリーグは一試合平均4150人で人気がある。各球団はMLBとMiLBが進出していない地域をホームグラウンドにして、地域に密着した球団を目差している。

表 4-6　インデペンデント・リーグの現況

リーグ名	2014 年 試合数	観客数	平均観客数
American Association	566	1,885,998	3,332
Atlantic League	538	2,233,019	4,150
Can-Am League	179	416,654	2,327
Frontier League	613	1,444,322	2,356
United League Baseball	144	105,696	734
Independent	2,040	6,085,689	2,983

出所）http://www.baseballpilgrimages.com/attendance/independent-leagues-2014.html

4.10.2　マイナーリーグのしくみ

　大リーグ30球団は、傘下にマイナーリーグに所属する球団を保有している。3Aに1球団、2Aに1球団そしてAに3球団、ルーキーに1球団の計6球団を傘下に抱えている。メッツのみが傘下にマイナーリーグの7球団をもっている。傘下にもっているとは、保有しているのではなく、契約していることである。これがMLBのファームシステムである。かつては20を超える球団と契約していた大リーグの球団が多かったから、大きく時代が変わったことになる。若手選手は順調に上がれば、ルーキーリーグから順次階段を上がり、3Aから大リーグに昇格する。3Aは大リーグとは紙一重の実力者が多く、大リーグのロースターの交代要員の控え場所でもある。投手の平均年齢が若いことからも十分に油ののった選手たちが多い。2Aは大学野球の4年生並の実力、Aは下級生並の実力があり、そしてルーキーリーグは高校卒の新卒が入団する。大卒の選手は2Aリーグに入団する。

4.10.3　現況

　1980年代90年代には、マイナーリーグ（MiLB）に対するMLBの各球団の財政的な負担が大きくなってきていた。1990年の大リーグ協定は、球団は傘下のマイナーリーグの球団の備品等の経費のほかに、選手の年俸や食費等の経費を支払う義務があると明記している。さらに、1993年

アメリカ下院法務委員会経済法・商法部会反トラスト聴聞会で選手組合である MLBPA（Major League Baseball Players Association, 1956 年創設）副会長のスタン・ブランドは、大リーグ球団は傘下のマイナーリーグに 1 球団平均 750 万ドルを支出していると証言した（Krautmann and Oppenheimer, p. 88）。

ところが、次第に、状況が変化してきた。マイナー球団は親企業にあたる大リーグ球団との従属関係を次第に脱して独立色を強めている。経営母体は確かに大リーグ球団であるが、傘下のマイナー球団は独立採算性を取っている。これには経済的な背景がある。1980 年代にはファンの注目度も低くてわずか数千ドルでフランチャイズ権を取得できたマイナー球団であったが、いまや一試合に 1 万人を観客動員できるまでに財政的に潤沢になりそれなりに発展してきた。1990 年の MiLB の観客数 3840 万人は MLB の約半数であり、アメリカ社会に根付いたリーグであるといえよう。いつかは、マイナーリーグから大リーグを目指すリーグが出てくるかもしれない（Zimbalist 1992, p. 100）。

表 4-7 は、2005 年および 2014 年のデータを示す。ただし、観客数を公開していないリーグは除外している。3A のパシフィックコースト・リーグおよびインターナショナル・リーグは、一試合平均で 6000 人から 7000 人以上の観客を集めている。そうなると、観客を集めることができる選手をスカウトしてマイナーリーグでの優勝を狙う必要が出てくる。大リーグと事情が似通ってきた。

さらに 60 年代や 70 年代にみられたパターン、つまりマイナーリーグで修行した GM 見習いや幹部見習いが大リーグで経営トップに昇進するというパターンが極めて少なくなったこと、また、マイナーでの責任ある経営幹部の年俸が大リーグでの下働きのマーケティングやセールスの担当者よりも実質的に 2 倍高いこと、そしてベストセラー『*Moneyball*』に紹介されたオークランド・アスレティックスの例で明らかになったように、実績データで新人選手の実力を判断するようになってきて、現場の知識よりもむしろ財務とか経済学とか統計の知識が重要視されてきたことも大きい。経験を積んだスカウトの識別眼は信用度が落ちてきた。こうして、若

表 4-7 マイナーリーグ (2005, 2015)

リーグ名	2005年 試合数	2005年 観客数	2005年 平均観客数	2014年 試合数	2014年 観客数	2014年 平均観客数
Pacific Coast (3A)	1.112	7,346,408	6,606	1,114	7,001,658	6,285
International (3A)	911	6,687,519	7,340	966	7,021,590	7,268
Eastern (2A)	821	3,944,185	4,804	805	3,705,945	4,603
Texas (2A)	544	2,834,335	5,210	541	2,840,914	5,251
Southern (2A)	662	2,416,231	3,649	669	2,367,710	3,539
New York-Penn (A)	515	1,801,954	3,498	506	1,559,946	3,082
Carolina (A)	536	1,589,782	2,966	520	1,981,673	3,810
California (A)	685	1,581,566	2,308	698	1,646,252	2,358
Florida State (A)	768	985,878	1,283	776	1,236,128	1,592
Northwest (A)	303	879,675	2,903	301	981,774	3,261
South Atlantic (A)	1,048	3,520.437	3,359	922	2,983,882	3,236
Midwest (A)	949	3,486,604	3,673	1,068	4,142,818	3,879
Pioneer (Rookie)	299	616,332	2,061	290	623,031	2,148
Appalachian (Rookie)	311	311,484	1,001	324	320,103	987
Minor	9,464	38,002,390	4,015	9,500	38,413,424	4,044
Major	2,419	74,915,268	30,970			

注) Rookie は、ルーキーリーグを示す。
http://www.milb.com/milb/stats/index.jsp

くて優秀な経営トップがマイナーリーグの経営の采配をふるうことが多くなり、大リーグとマイナーリーグは相互に距離を置き始めている。実際、大リーグでも、オークランド・アスレティックスやボストン・レッドソックスでは若い GM がデータ重視の選手採用を実施して成功している (Adams 2005a, pp. 1, 26-27)。

4.10.4 観客数の推移とファーム球団の存在価値着

次の図 4-5 は 2005 年からの年間の MiLB 観客数の推移である。全部で 14 リーグからなる MiLB の観客数はおおよそ 4000 万人前後で推移している。これは MLB の観客数の約 2/3 であり、無視できない数値である。2000 年以降、61 の球場が新設されており、地元のファンに強く支持されていることがわかる。

1990 年当時のフィラデルフィア・フィリーズの場合、七つのマイナー

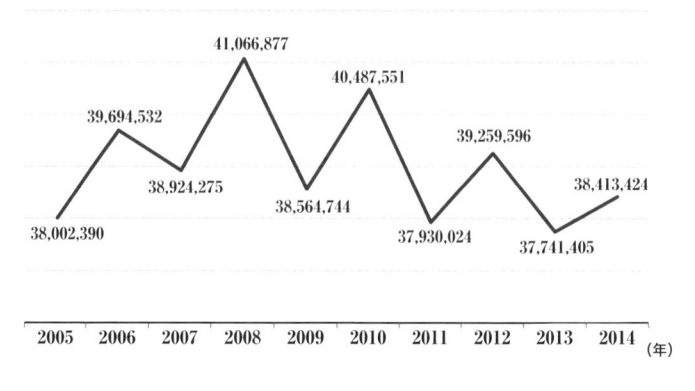

図 4-5　マイナーリーグの観客数の推移

出所）　http://www.milb.com/news/article.jsp?ymd=20150909&content_id=148297748&fext=.jsp&vkey=pr_milb&sid=milb

リーグの球団を傘下に抱えていて、経費（選手の経費等に球団の運営費）に 400 万ドル、スカウトに 200 万ドルを費やしていたという。30 人のスカウトが全米の有望選手の発掘に力を入れていた。同球団に高卒で入ったある選手の場合、23 万 1000 ドルの契約金と 850 ドルの月給を受け取る。うまく成長すれば、3 年内に 2A に昇格できて、2150 ドルの月給を受け取ることになる。しかしその後、3A そして大リーグに昇格できるかといえば容易でない。若手選手がマイナーリーグから大リーグに昇格できる確率は非常に小さい。同年に入団した 56 人のうち大リーグでプレーできる選手はおそらく 3 人程度であり、輩出確率は 6% ということになる（Gammons, pp. 41-43）。

　1982 年と 1984 年に 3809 人のマイナー選手を追跡調査した結果によれば、大リーグに上がれたのは 10% であったという。さらに、MiLB から大リーグに昇格した選手は、1990 年から 93 年の 4 年間でみて 1 球団当たり平均 3.85 人である。つまり、マイナーリーグの球団にかりに 80 人の選手がいるとして、そのわずか 5% が大リーグ昇格を果たしている計算になる。マイナーリーグにかかる維持費用が年間 550 万ドルから 656 万ドルかかるので、大リーグ昇格に成功した選手一人当たりの経費は、

142万8571ドルから170万3896ドルという計算になる（Krautmann and Oppenheimer, p. 89）。

さらに大リーグからみると、マイナー球団への投資金額は嵩む割には、大リーグ昇格を果たして球団に貢献する選手の数は期待ほどではなく、マイナー球団への投資は採算ラインぎりぎりとの計量分析の結果が出ている。それにもかかわらず、マイナーリーグと契約する理由として、クラウトマンとオッペンハイマーは、次の二つを指摘している。①大リーグ選手の思いがけない怪我や成績不振が出た場合に、臨時的にマイナーから選手を昇格させてロースターを埋めることができる、②マイナーリーグに人気が出た場合には大リーグにも波及して営業成績が上がる可能性もあるとオーナーがみている（ibid., p. 93）。

日本のプロ野球でも二軍選手を昇格させるよりも他球団から高額年俸でFA宣言をした一流選手をひきぬいてきている球団が多い。これでは、二軍への投資効率は非常に悪いことになる。前述のクラウトマンのデータ（20人に一人の成功者）が正しければ、大リーグ昇進を果たした選手の年俸が低いという批判も、ほかの19人への結果的に無駄となったトレーニング投資の回収費用を考慮に入れれば、マクロ的には正当化されるかもしれない。

[注]

1) オマリー（Walter O'Malley）は、フォードハム大学卒業後にニューヨーク市地下鉄技師補として就職。その後、友人とドリル掘削会社を設立しニューヨーク市電話会社や同教育委員会から地質調査の仕事を委託される。そして自らエンジニアリング会社を設立する。1942年にドジャースの大口債権者であったブルックリン信託銀行の顧問弁護士に就任。1950年にブランチ・リッキーから球団株式を取得してドジャースオーナーとなる。高校時代からの恋人キャサリンとの間に一男一女をもうける。彼女は結婚前の20歳で咽頭がんに侵され、生涯小声でしか話せなかった。

2) 1971年9月30日、2代目セネターズはロバート・F・ケネディ記念球場で1万4460人の観客が見守るなかで地元での最終戦をヤンキースを迎えて戦う。7-5のリードで迎えた9回表も二死走者なしでヤンキースの攻撃を封じ込めた矢先、地

元での最後の試合を惜しむ一部の群衆が一斉に「ショートを出せ」と、オーナーのショート氏をなじりはじめた。まるで赤子を集団リンチするように。群衆は試合中にもかわらずグラウンドに乱入し、ベースやスコアボードの電球などの略奪を始めた。球場のアナウンスが再三の制止警告を発したにもかかわらず、群衆の怒りを抑えることはできなかった。こうして、試合は没収試合となり、規定により 9-0 でヤンキースが勝利した。(*Times* 2005.6.18)。

3) 参入したメッツのユニフォームは、かつてニューヨークを本拠地にしていたジャイアンツのオレンジとドジャースのブルーを基調にしている。帽子とユニフォームで配色を変えて、帽子はブルーで球団マークがオレンジ、そしてユニフォームはブルーで球団マークはオレンジを縁取りに使っている。松井稼頭央が 2004 年に西武から入団して、先頭打者第 1 球ホームランで場内を沸かせた。

4) MLB がエクスポズの経営を引き継いでおり、入札の結果、2006 年に新しいオーナーが、地元の不動産王であるラーナー氏が率いる地域性の濃いアフリカ系アメリカ人を入れた投資家グループに決まった。買収額は推定 4 億 5000 万ドルである。同氏は、地元の幅広い団体を投資家コンソーシアムに加えて応札していた。ヘッジファンドのジョージ・ソロス氏が背後に控えるコンソーシアムのほかに、前国務長官のコリン・パウエルが加わったアフリカ系アメリカ人の経済団体など 8 グループが、球団の保有に名乗りをあげていた (*Pittsburgh Post-Gazette* 2006.5.4)。

5) なお、同社はクリーブランドで 1937 年に創業された、フォーチュン 500 の 157 位 (2014) にランクされるアメリカ有数の自動車保険会社である。ドライバーの運転特性を記録することで保険料を最高 30% 割り引くなど、最先端の企業経営に特徴がある。

6) フロリダ・マーリンズは、球団誕生以来フットボール・スタジアムを借用しており、マイアミ市に対してベースボール専用球場建設を陳情した (*International New York Times*, 2007.11.9)。

　　結局、このスタジアムの跡地に専用球場を建て替えた。

7) 6 連続完封を果たした 6 月 5 日のナイトゲームの興奮冷めやらぬ深夜、R. F. Kennedy 上院議員は、アメリカ大統領カリフォルニア州民主党予備選の接戦を制し、ロサンゼルスのアンバサダーホテルで勝利宣言の冒頭に彼の偉業を称えた。その直後、上院議員は 3 発の凶弾を受け暗殺された。

8) ESPN (=Entertainment & Sports Programming Network) は 1979 年にスポーツ専門のケーブルテレビ向け放送会社としてゲティ・オイルの資本参加により創設された。1984 年には ABC VE (ビデオ・デマンド) 社が経営権を掌握し (松平・北谷, pp. 103-106)、1996 年にウォルト・ディズニー社が経営権を握り、現在ではウォルト・ディズニー社が 80%、ハースト・コーポレーションが 20% の株式をそれぞれ保有している。2006 年 9 月、ABC のスポーツ中継製作部門である ABC スポーツ (ABC Sports) が、同じ系列下の ESPN と統合。現在の「ESPN on ABC」のブランド名となった。

9) 2005年8月6〜12日の1週間7試合において、ヤンキースの場合、12日の金曜の試合がチャンネル9で放映される以外はすべてYESが放映している。メッツの場合は、8月6日がチャンネル5、8月7日がESPN、8月9日と8月10日がMSG（Madison Square Garden Network）、8月11日がFSNY（Fox Sports New York）そして8月12日がチャンネル11。同球団はヤンキースにならって、2006年3月開局予定のスポーツネット・ニューヨーク・ネットワーク（SNY）を立ち上げた。メッツが契約していたMSGの試合視聴率ではYESのヤンキースの試合の3分の1の視聴率しかとれなかったので、自前のケーブルテレビ局を立ち上げたのである（産経夕刊2005.12.9）。

10) ヤンキースのオーナーであったスタインブレナー氏は、ワールド・シリーズ優勝を金科玉条とする。とても他球団が出せない、金に糸目はつけない積極策で人気選手を次々に獲得。贅沢税導入にオーナー達を踏み切らせたのは、彼への反発からである。まるで彼らが一致団結する様は共産主義社会そのままではないかとスタインブレナーは述べている。このユニオン協定に反対したのは彼一人であり、29-1で可決された。「アメリカ空軍での体験に加えて、1950年代のノースウェスタン大学やパデュー大学でのアメフト部アシスタント・コーチの経験が血となり肉となった。私は自ら先頭に立って戦うパットン将軍のタイプであって、後方陣地に陣取って前線を指揮、命令を下すアイゼンハワー将軍のタイプではない」とテーブルをどんと叩いて力説した（Miller, pp. 4-7）。1997年にはアディダスから10年間の総額9300万ドルのスポンサー契約をとりつける。彼の1973年にヤンキースへの投資額は16万8000ドルであり、それが今日では8億ドルを超える評価額となっている。（*Sport Business Journal* 2005.2.7-13, p. 32)。

第5章

競争均衡の時代

5.1 競争均衡の時代に向けて

　野球は一進一退の大接戦の方が、一方的な試合よりもエキサイティングである。また、ペナントレースがシーズン終盤までもつれ込めばファンは熱狂し、大勢の観客がスタジアムに駆けつけることになる。各チームの戦力が均衡していてこそ、こうした試合展開が期待できる。大リーグはどのような仕掛けを作って、ファンを魅了しつづけてきたのか、歴史的な背景を記述しつつ、現在の状況を考察する。

5.2 イングランドのサッカーとの比較から

　イングランドのプロサッカーのシステムは、大リーグのシステムとは好対照である。大リーグでは、シーズン順位最下位の球団であっても何のお咎めもない。マイナーリーグに降格されるわけでもない。クローズドシステムで動いているといえよう。

　ところが、イングランドのプロサッカーでは、リーグ間でチームの降格や昇格が頻繁にある。プレミアリーグ（20チーム）を頂点に、その下部には、順次フットボール・チャンピオンシップリーグ（24チーム）、フットボールリーグ１（24チーム）、そしてフットボールリーグ２（24チーム）と階層化されている。さらに、カンファレンス・ナショナル (24チーム)

から連なるセミプロのリーグが続く（内藤ら、pp. 11-18）。8月から翌年5月にかけて、プレミアリーグのチームは38試合をホームとアウェイで一試合ずつ戦う。シーズン終了後にプレミアリーグ所属20チームのなかの下位3チームを下位のチャンピオンシップ・リーグに降格させ、チャンピオンシップ・リーグの上位2チームおよび3位から6位のチーム間でプレーオフを行いその優勝チームを加えた計3チームが昇格する。この入れ替え関係が下位のリーグの間でも適用されている。ただし、リーグ1とリーグ2の入れ替えは、やや異なる。リーグ1の下位4チームが降格し、リーグ2の上位3チームおよび4位から7位のチームのプレーオフ優勝チームの計4チームが昇格する。リーグ2の最下位チームについては、その下位の地域リーグの優勝チームと入れ替わる。チームの入れ替えが激しいように、選手の移籍の動きも激しい。彼らはいつでも自由にチームを移籍できる。このオープン・システム思想のもとでイギリスのすべてのプロチーム92チームは動いている（Hall, Szymanski and Zimbalist, pp. 152-154）。

　いや、イギリスのプロサッカー界だけでない。世界は動いている。たとえば、日本のJリーグでは契約満了6か月前になると選手の移籍交渉が認められていて、満了後の移籍は全く自由である。選手を一定期間保有するという保留条項の考えがない。単年契約ならば1年でFA選手になれる。新人への契約金もない。選手を保有したまま他のチームにレンタルもできる（Jリーグ「サッカー選手の契約、登録および移籍に関する規則」）。

　これに対して、大リーグはクローズド・システムで動いているといえる。最下位になっても降格もないし何も変わらない。優勝チームが決まってしまうと残り試合は消化試合になってしまう。固定したメンバーで闘うペナントレースをどのように躍動化させて活性化させるか、そしてその仕組みはどのようなものであるのかを歴史的に追跡するなかで明らかにする。

5.3　ロースターの人数枠

　大リーグ各球団の実力は、攻守に秀でたスタープレーヤーをそろえたロースター如何による。特定の球団が多くの実力選手を独占的に保有しな

いように、一定の人数制限を課している。本節では出場選手の人数枠制限をみてみよう。各球団は40人の選手とメジャー契約を締結している。彼らをロースターあるいはスプリング・ロースター（spring roster）と呼ぶ。図5-1に示したように、この中の25人が4月開幕日にベンチ入り（アクティブ・ロースター）できる。開幕戦にダッグアウトに入れなかった残りの15人はマイナー行きとなる。彼らはオプション選手と呼ばれる。球団が彼らを傘下のマイナーリーグでプレーさせるオプションをもつからである。彼らはメジャーとマイナーを行き来することになる。最初のアクティブ・ロースターに入ったからといって安心できない。いつマイナーに落とされるか知れない。「メジャーのレギュラーシーズンが162試合と長丁場だからです。開幕時の25人だけでは、長いシーズンを乗り切れるわけがありません。そこで球団は、メジャーとマイナーの当落線上にいる選手を、シーズン中に行き来させることで、健康に戦える、元気な集団を維持しようとするわけです（田口、p. 100)」。

大リーグ全体では、30×25＝750人の選手がダッグアウトに入ることになる。そして、9月1日になると、ベンチ入りの人数が一挙に40人に拡大される[1]。こうして、全試合日程を8月末にはほぼ終了しているマイナーリーグの選手達にもメジャーリーグでの活躍の場が与えられている。優勝を諦めた球団は来期の戦力をみすえて、若いマイナーリーグの選手をメジャーリーグに上げて実力を試すのである。反対に力の衰えたベテラン選手はロースターから抹消される。ディビジョン・シリーズが始まると、

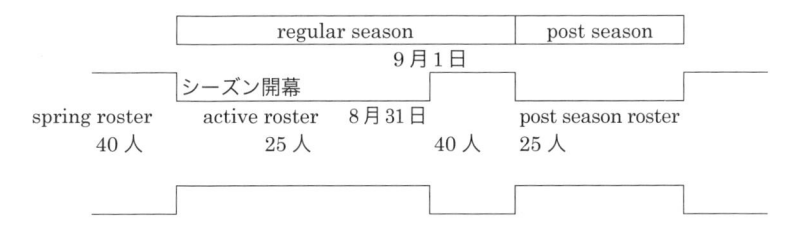

	regular season		post season
spring roster 40人	シーズン開幕 active roster 25人	9月1日 8月31日 40人	post season roster 25人

図 5-1　メジャー契約選手 40 人の内訳

注）　シーズン開幕から8月末までベンチ入り25人＋オプション15人、9月1日以降はポストシーズンが始まるまではベンチ入り40人、それ以降は25人に戻る

ワールドシリーズ終了まで 25 人に戻る。

5.4 競争均衡の維持装置としてのドラフトおよびトレード

大リーグの選手は、次の 5 通りのいずれかで、現在の球団に属している。(1) アマチュア・ドラフト、(2) マイナーリーグ・ドラフト、(3) トレード、(4) トライアウト、そして (5) フリー・エージェント (FA)。

5.4.1 アマチュア・ドラフト

MLB では、the first-year player draft と呼ばれている。アマチュアの選手を対象としたドラフト制度である。この制度は、ウェーバー (waiver、棄権) 制度に基づいている。字義通り、当該選手との交渉は指名した球団のみが可能であり他の球団は交渉権を棄権しなくてはいけない。1965 年に "June Roockie Draft" として、アマチュア・ドラフトが導入された。アメリカの四大プロスポーツ (アメリカンフットボール NFL、アイスホッケー NHL、バスケットボール NBA、ベースボール MLB) のなかで一番導入が遅かった。アマチュア・ドラフトは、選手年俸の高騰を抑え、また、弱小球団にも新しい選手が公平に行き渡るように図る狙いがある。背景には常勝球団であるヤンキースの存在があった。1946 年から 1964 年の 21 年間にリーグ優勝 15 回、ワールドシリーズ制覇 10 回を数えた。強すぎて喜ぶのはヤンキースファンだけである。弱小球団のファンはおもしろくない。大リーグ全体としては、ペナントレースに盛り上がりを欠きファン離れを起こす。ドラフトは球団間の競争均衡を図るという大きい狙いがある。

このドラフトの対象となるのは、アメリカ国民に限らない。アメリカの高校や大学に在学する外国人学生、あるいはアメリカ自治領プエルトリコの住民およびカナダ国籍の選手にはドラフト適用の措置がとられている。日本人学生であっても、アメリカの大学に留学していればこのドラフトの対象となる。しかし、日本国内の大学や高校に通う日本人は、ドラフト対象外である。したがって、日本の大学の現役の硬式野球部の選手は、

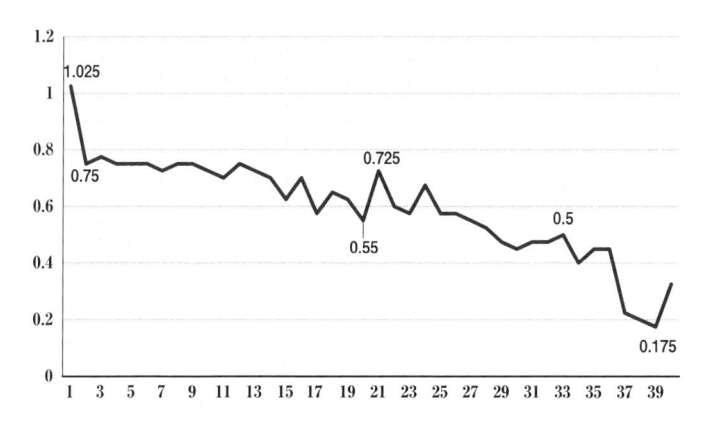

図 5-2　ドラフト・ラウンド別の契約率（2014）
出所）http://www.baseballamerica.com/draftdb/index.php

MLB とは契約はできない。しかし、ドラフト以外の方法で MLB 球団と契約は可能である。MLB のトライアウトに挑戦したり、インデペンデントリーグにひとまず入りそこから挑戦することはできる。

アマチュア・ドラフトの実施時期は、毎年 6 月、学校の卒業式がある時期である。2015 年は 6 月の 8 日から 10 日の 3 日間にニュージャージー州セカーカス市の MLB Network 本社で開催された。30 球団が計 40 回のラウンドを繰り返す。原則 1200 人が指名されることになる。しかし、2015 年は計 1215 人が指名された。これは FA 宣言した選手が球団の慰留にもかかわらず他球団と契約した場合に、補償として新たに指名できるからである。

2014 年ドラフトに指名されても断る選手が 265 人あり、契約率は 78.2% であった。ラウンド 1 からラウンド 40 で指名された選手の契約率をラウンドごとにみると、若いラウンドで指名された選手ほど契約率が高いことがわかる（図 5-2 参照）。

次の図 5-3 は、ラウンド 1 からラウンド 10 までの平均契約金を示している。ラウンド 1 では各球団ともに狙い済ました選手と契約しようとするため契約金額は 268 万 5000 ドルと高額である。2 巡目になると、108 万ドル、3 巡目では 73 万 8000 ドル、4 巡目は 49 万 5000 ドルそして 10 巡目は

図5-3 ドラフト・ラウンド別の平均契約金額（2014）

出所）図5-2に同じ

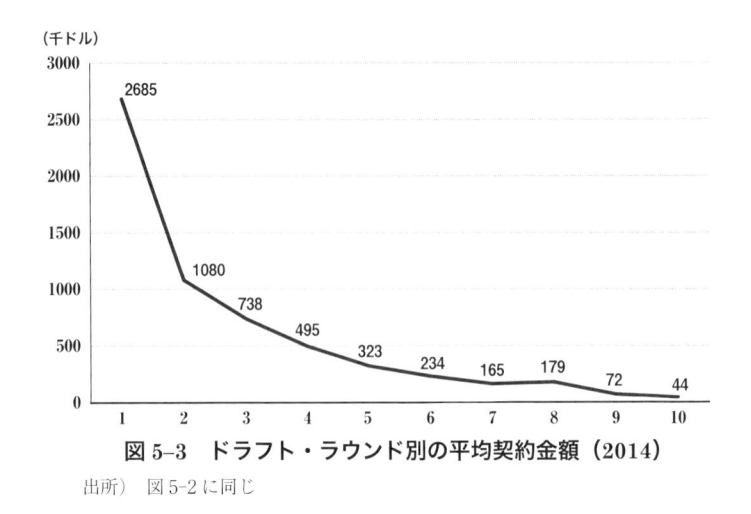

4万4000ドルと逓減状態を示す。これ以降のラウンドでは、契約金額が1万ドルの選手が多くなり、かつ契約にいたらない選手が増加している。

ドラフト制度の具体的な運用手順には、幾多の変更があった。

当初は次のとおりであった。その年の球団成績順位とは逆順に、最下位の球団から有望な新人選手を指名する権利を球団に与える。そのうえでALには西暦の奇数年にトップ指名の権利を与え、反対に、NLには西暦の偶数年にトップ指名の権利を与えた。リーグ内の最下位球団が最優先にくじを引ける。奇数年の場合は、ALリーグの指名順位は1位、3位、5位、……となり、2位、4位、6位、……がNLの球団に成績の悪い順番で与えられた。その後、ルールが改定されて、最初にドラフト・トップ指名が行える球団は、ワールドシリーズで負けたリーグ所属の球団となった。

さらに、2005年はリーグに関係なく30球団を通じて、勝率の低い順から指名権が与えられた。30球団のなかで勝率最低の球団は1番目、31番目、61番目、……にドラフト交渉権が与えられる。最高勝率の球団は、30番目、60番目、90番目、……となる。同率の場合のみ、ワールドシリーズで負けたリーグの球団が優先された。また、1巡目と2巡目のドラフトの間に、「サンドウィッチラウンド」と呼ばれる、FA宣言した選手を引き抜かれた球団を補償するドラフトが実施される。

下記の表5-1は過去10年間の1巡目の選手指名リスト（ラウンド1）における大学別人数を示している。ノースカロライナ大学が7人、続いてヴァンダービルド大学、マイアミ大学、カリフォルニア州立大学、カリフォルニア大学の4校が6人入っている。

次の表5-2は、ラウンド1に限定して求めた、大学卒および高校卒の各ポジション別のドラフト人数である。たとえば過去10年間のラウンド1の指名選手306人に限ると、大学卒162人、高校卒（短大および専門学校を含む）144人を数える。投手では大学卒93人に対して高校卒56人であるのに対して、捕手や遊撃手そして外野手では高校卒が多い。

卒業歴とポジションの独立性に関する χ^2 検定を行うと、

表5-1　大学別ドラフト・ラウンド1指名選手の所属大学ランキング

	ラウンド1のドラフト人数
ノースカロライナ大学	7
ヴァンダービルド大学	6
マイアミ大学	6
カリフォルニア州立大学	6
カリフォルニア大学	6
フロリダ大学	5
テキサス大学	5
アリゾナ州立大学	4
クレムゾン大学	4
フロリダ州立大学	4
ジョージア工科大学	4
ルイジアナ州立大学	4
ノースカロライナ州立大学	4
スタンフォード大学	4
テキサスA&M大学	4

出所）図5-2に同じ

表5-2　学歴別のポジション（2005-2014）

	投手	捕手	遊撃手	三塁手	一、二塁手	外野手	小計
大学	93	9	12	14	12	22	162
高校	56	14	25	7	6	36	144
小計	149	23	37	21	18	58	306

出所）図5-2に同じ

χ^2 値 $=16.33>15.09=\chi^2_{0.01}$ (5) となり、帰無仮説は有意水準1%で棄却される。ラウンド1のドラフト指名選手という限られたデータであるけれども、投手には大学卒を、捕手、遊撃手そして外野手には高卒を指名している傾向が読み取れる。

図5-4は、1965年から2014年までのラウンド1で指名を受けた選手に占める大学卒の比率の推移を示している。アマチュア・ドラフトが発足した当初の数年の比率は低い。しかし、次第に大学卒の比率は上昇しており、60%前後を記録していることがわかる。

最後に、ドラフト制度がどの程度競争均衡を回復させるのに貢献しているかについて、議論のあるところである。これには大きな理由がある。アメリカではプロとアマでは力量に大きな差があり、新人が大リーガーとして活躍することはまずないからである。しかも、即戦力でない限り大リーグに上がるには最長6年はかかる。しかも、1割しか上がれない。別の要素もある。たとえ、スーパースター級の新人の獅子奮迅の活躍があってもチーム競技であるベースボールでは、勝つとは限らない。また、怪我もあり、不確定要素が多い。

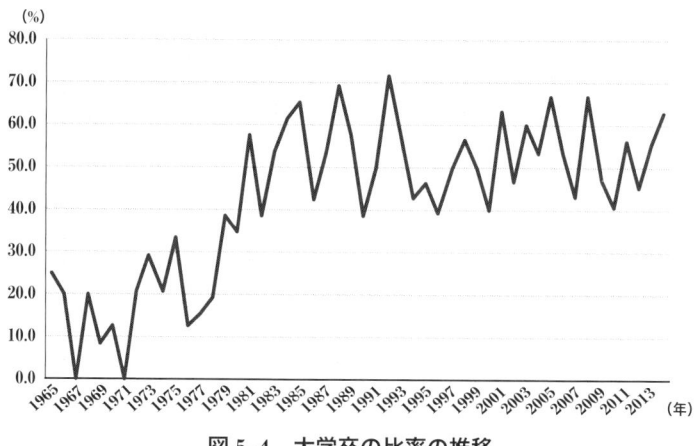

図5-4 大学卒の比率の推移

出所) 図5-2に同じ

5.4.2 マイナーリーグ・ドラフト

マイナーリーグ・ドラフトとは、毎年12月に開催されるルール5ドラフトである。なぜルール5と通称されるかといえば、大リーグ野球協約の第5項にあるからである。ちなみに、第4項にある6月のアマチュア・ドラフトは、ルール4となる。ルール5ドラフトは、マイナーリーグ選手のなかに埋もれた逸材を発掘しようという意図がある。こうした飼い殺しされた選手にメジャーリーグでの活躍の場を与えようとする狙いがある。ただし、40人ロースターに空きがあるチームのみ参加可能で、レギュラーシーズン勝率の低いチームから指名権が与えられる。

そこで、次の条件をドラフト行使球団に課している。①40人枠ロースター選手はプロテクト枠であってここからはドラフトできない。②本人が19歳以上の時にアマチュア・ドラフト契約を結んだ選手はマイナーリーグで4年間プレーして、はじめてこのドラフト対象となる。また、18歳以下でアマチュア・ドラフト契約した選手は5年間プレーして、はじめてこのドラフト対象となる。③ドラフトする球団は相手球団に5万ドルを支払う。④ドラフトした球団は獲得選手を25人枠のロースターにシーズンを通して入れて置かねばならない。はずすならば、元の球団に選手本人を返還し、2万5000ドルを半返しする。

条件①に関しては、所属球団側からみると、有望なマイナーリーグの選手であれば、彼をとりあえずは引き抜かれないようにメジャーリーグに上げてその40人枠に入れて囲い込むにこしたことがないのである。条件④は、有望選手を引き抜いた球団が彼を試合も出さずに囲い込むことをさせないようにという抑制処置を示している。

次の図5-5は、1997年から2014年までのルール5によるウィンタードラフトにかかったマイナーリーグの選手人数を示している。

1997年には11人（うち、投手8人、以下同様）、1998年には13人（5人）、1999年には19人（12人）と続き、2002年には28人（17人）、2003年には20人（13人）と大きく盛り上がってきていた。2008年には21人（16人）がこのドラフトにかかった。2014年では、14人（9人）である。ルール5ドラフトが適用されて18年、この期間の平均数は15.6人で投手10.6

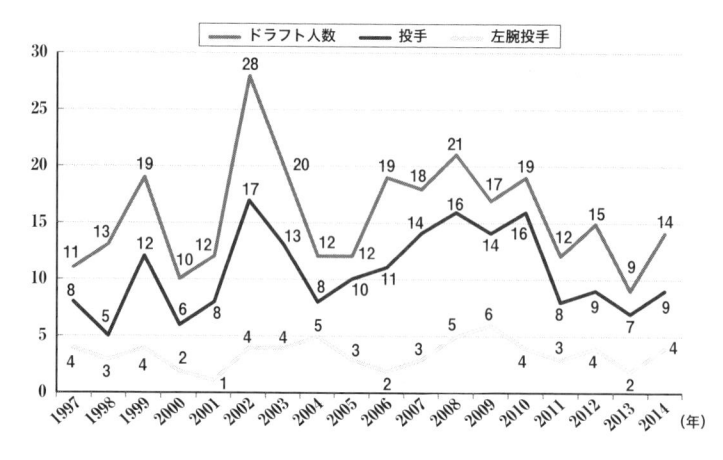

図 5-5　ルール 5 ドラフト人数の推移

出所）　http://www.milb.com/milb/events/rule5draft.jsp を筆者編集

人、うち左腕 3.5 人となっている。延べ 281 人のなかで、投手が全体の 68.0% を占めて 191 人、うち右腕投手が 128 人、左腕投手が 63 人を占める。それだけ投手についてはどの球団も人材不足に悩まされているのである。いずれにしても、財政的に余裕のない球団にとっては、将来性のある選手を、とくに投手をしかもわずか 5 万ドルで獲得できる絶好のチャンスである。ただし、大リーグで将来的に大活躍するであろう選手をこのドラフトから見つけることは、干し草の山の中から 1 本の針を見つけだすことよりも難しいかもしれない（http://www.mlb.com/NASApp/mlb/news/mlb_news.jspmymd、2007.12.7 閲覧）。

　たとえば、2007 年 12 月 6 日に行われたドラフトでは、18 人（うち投手 14 人）がドラフトされ、2008 年 4 月には投手 4 人と外野手一人の計 5 人が大リーグデビューを果たし、投手 4 人は全員はじめて大リーグのマウンドを踏んでいる。残り 13 人はマイナーリーグに逆戻りした 10 人と、off season 扱いの 3 名となっている。可能性が少しでもある投手には声掛けする。しかし、春までの手持ちのコマの調整項目なのか、投手は球団が罰金を払って元の球団に春のシーズン開幕までに戻されることが多い。2007 年では、18 人中の 13 人、つまり 72% が元に返されている。ある識

者は、「ルール5ドラフトは、半ば慣習、半ば選手にはチャンス、半ば無駄」と述べている（http://www.minorleaguenews.com/baseball/affiliated/features/articles、2007.12.7閲覧）。

なお、マイナーリーグの3Aチームが2A所属の選手をドラフトしたり、あるいは2Aチームが1A所属の選手をドラフトすることもできる。前者の場合は、1万2000ドル、後者の場合は4000ドルをそれぞれ喪失した球団に支払う。獲得した選手をそれぞれのロースターに加えることが条件となるのは、大リーグと同様である。

5.4.3 トレード

大リーグでは、2種類のトレード（選手を物にたとえた物々交換）がある。まず、毎年、ワールドシリーズ終了の翌日から翌年7月31日までに行われる、非公開のトレードである。次に8月1日からワールドシリーズ終了日までの公開トレードである。

(1) 非公開のトレード

トレード許容期間はワールドシリーズ終了の翌日から、翌年の7月31日である[2]。優勝を狙う上位球団は即戦力のベテラン選手の補強を急ぎたいし、優勝をあきらめた下位球団は来年の雪辱を期して、高額年俸を取っている選手を放出し、来期の活躍が期待できそうな若い選手を取りたい。来期FAが取れる選手ならとくに出したい。FAで出られると何の見返りもないがトレードならば若手有望選手を取れる。この期間のトレードは水面下で交渉することができる（non-waiver trade[3]という）。なお、大リーグ在籍10年以上でかつ同一球団に5年以上在籍した選手にはトレード拒否権（「この6球団は嫌だ」や「ニューヨークはマスコミがうるさいから嫌だ」など）がある。フラッグつまり優勝旗を目指したトレードであるので、フラッグディール・トレードと呼ぶ。9月に入ると、フラッグディール・トレードは行われない、というのは9月から新戦力を獲得しても、プレーオフに出場できないからである。

(2) 公開トレード

 8月に入ると、原則として、事前の話し合いによる選手のトレードはできない。球団は本人に対する球団保有権を放棄（ウェーブ）して、ウェーバーに出して、公開トレードに出す。他球団からの申し込みを受ける。前年成績の悪かった球団から優先的に指名権が与えられる点は、アマチュア・ドラフトと同じである。ウェーバーに上がった選手に他球団から申し込みがなければ、自由契約（解雇）となる。申し込みがあれば、トレードが可能である。年俸の残りの部分はすべて受け入れ先球団が負担する。なお、実態としては、二つの球団同士で暗黙の了解のもとでその他の球団に指名させずに相互に選手をトレードすることもあるらしい（http://www.major.jp/column/column-2003071802.html）。

 そもそも、メジャー球団は、契約した選手を、3年以内にメジャー40人枠に登録しなければいけない。18歳以下で契約した選手は4年以内にメジャー登録しなければいけない。ドラフトで入団した選手のなかでメジャーに昇格できるのは10％、そのうち6年間在籍できるのは、たったの2％という（Zimbalist 1992, p. 106）。

 もしも、メジャー軍登録しなければ、ルール5ドラフトにかけて、新天地での活躍の機会が与えられることになる。40人枠に入れる場合、球団は選手を3シーズン、25人枠と40人枠の間を自由に昇格・降格させる権利（option）を行使できる。この期間を過ぎると、球団はオプションを行使できない。40人枠からはずす場合には、いきなりマイナーに落としたり、あるいは解雇するのではなく、ウェーバーにかけなければいけない。ウェーバー公示の3日間に、他球団が獲得に意欲を示した場合は、トレード交渉に移る。他球団から話がなければ、「ウェーバーを通過（cleared waivers）」したことになる。そして、次のいずれかを選択する。①「君には他球団から話がなかった」として、マイナーに降格させる理屈が立ち、実際にそうする。ただしベテラン選手は拒否できる。②契約を破棄して解雇して、自由契約（FA）にする。つまり、契約しないことで自由に他球団のセレクションに参加し練習に加わって、他球団と契約できる余地と可能性を与える。他球団から契約の話がでなければ、引退となるであろう。[4]（http://project-h.seesaa.

net/artide/88333708.html、2006.1.27 閲覧)、(http://www.ibjcafe.com/talk/baseball/base/20010117205627.html、2006.1.27 閲覧)。

5.4.4 トライアウト

　大リーグ各球団が実施する入団テストつまりトライアウトを受験して合格すると、晴れて大リーグに在籍できる。推薦状や紹介状が不必要なオープン・トライアウト、必要とするクローズド・トライアウトそしてスカウティングビューロー主催のトライアウトの3種類がある。ここで、スカウティングビューローとは、大リーグコミッショナーが管轄しているスカウト組織であり、1974年に設立された中立的なスカウティング組織である。

5.4.5 フリーエージェント

　これについては次節以下で詳述する。

5.4.6 ポスティング入札制度（日米および米韓のみ）

　松坂大輔投手の例のように、ボスティング制度利用がある。2006年11月、ボストン・レッドソックスが松坂投手を最高入札金額5111万1111.11ドルで落札した。本人の年俸は別である。この制度は1998年12月に日米間で締結され、FA権を保有しない選手の移籍が可能となった。イチロー外野手を2000年11月に1312万5000ドルでマリナーズが落札している。

5.5　大リーガーのキャリアパスと年俸調停申請

　マイナーに在籍する約5000人の選手のなかで大リーグに昇格できるのは10%、そのうち、6年間在籍できるのは2%という（Zimbalist 1992, p. 106)。マイナーはメジャーへの厳しい登竜門である。
　大リーガーには、選手側-オーナー側間の「2012-2016年 基本協定」によって、以下で述べるような制約がはめられている。メジャー入団後、選手は自由に他球団に移籍することができない。選手の保有権は6年間球団にある。とにかく、最初の6年は、自分の意志や成績に関係なく、球団に

在籍しなければいけない。球団は選手が7年目にFAを取る前に、彼をトレードに出すことがある。FAを取って本人の自由意思で動く前に彼を他球団の選手とのトレードに出してしまうのである。FAの権利を取って年俸が高くなる前に売りに出すのである。フラッグディール・トレードに出せば、他球団から見返りに有望な選手を獲得できる可能性がある。

　最初の3年間は、年俸50万7500ドル（2015）と決められている。これが大リーガーの最低年俸ということになる。アメリカの有名な研究者ジムバリストいうところのアプレンティス、つまり丁稚小僧の期間である。

　4年目になって、所属球団からのオファーがあれば年俸交渉に移る。オファーがなければ、退団となる。そこで、救済措置としてFA扱いとして、他球団からのオファーを待つ。もしもオファーがなければ、即退団となる。芽が出そうにないから、首となるのである。さて、所属球団からのオファーがあった場合は次のような経過をたどる。選手は球団との年俸交渉のテーブルに晴れて座れることになる。交渉の相手は所属球団に限られていて、選手の都合で他球団には移籍はできない。もしも、提示された年俸に不満があれば、調停に持ち込むことが可能になる。4年目からFAになる6年目終了までの3年間は、いわばジャーニーマン、つまり職人の期間である。1989年のデータによれば、アプレンティスの時代は平均10万2471ドル、ジャーニーマンの時代は平均42万337ドルとなっており、ジャーニーマンの期間の平均年俸は、入団3年間の約4倍になっている（Zimbalist 1992, p. 92, table 4.7）。図5-6は最新のデータである。

　6年間の大リーグ生活を経験した場合には、7年目からはFA宣言をして、他の球団との入団交渉に持ち込むことが可能になる。引退までの期間は、マスター、つまり親方の期間である（ibid., p. 81）。

　　　　　　　　メジャーリーグ
経験年数　　1年-3年　　→　　オファー　　→　　4年-6年　　→　　7年-
　　　　年収一律50万7500ドル　　　←　　平均年収120万ドル　←FA
　　　　→　オファーなし　→　　解雇

図5-6　大リーガーの道（2015年現在）

5.6 大リーガーの年俸調停の統計分析

5.6.1 調停の流れ

球団から提示された来シーズンの年俸に不満があれば、選手は、調停に持ち込むことができる。しかし、これは大リーグ経験 4 年目以降の選手でないと認められない。詳しく述べると、1 年間を 172 日として計算し、通算で計 516 日間、25 人枠に登録されていなければいけない。メジャーとマイナーを往復する選手ならば、メジャー出場試合が不足するので、おおよそ 4 年以上かかることになる。

労使交渉で来シーズンの年俸をめぐり妥協点が探れない場合、調停は非常にシビアなものである。選手側とオーナー側の意見が対立した場合、「足して二で割る」ことはしない。調停人は双方の数字の根拠を詳しく聞いて調査した後、いずれかの言い分を認める。たとえば、選手側 200 万ドル、球団側 100 万ドルの場合、調停人はいずれか一方を採用する。したがって、両サイドともにいい加減な数値は出せない。調停人に対して数値の根拠を論理的に説明できなければ、数値は根拠がないものと判断されて、非常に不利になる。

球団側との交渉に進展がない場合、選手側は、1 月 5 日から 15 日の間に調停を申請しなければいけない。申請後も球団側との交渉は続行しているのでもしもその間に決着となれば、調停は必要なくなる。負けた場合を考えると、なるべく話し合いで決した方が両者ともに好ましい。この申請取り下げは選手側しか行えない、球団側からは取り下げできない。現実問題として、調停に持ち込まれる前に当事者間での協議が継続し、申請の 8 割は調停人の裁定を待つ前に決着している。労使間の交渉が進まなければ、3 人の調停人による聴聞が行われる。調停は、2 月 1 日から 20 日の間のある決められた 1 日に行われる。調停人は前もって選手側とオーナー側の双方で合意された調停人リストの中から選ばれる。リストの誰が調停人になるかは当事者には事前に知らされない。必要な資料や書類が提出されたならば、双方 1 時間のプレゼンテーションと 1 時間半の反論と最終弁論がある。調停人は 24 時間以内に裁定を下す。この裁定は来シーズンの年

俸契約書に記入される形で下されていて、裁定理由は説明してはいけないことになっている。裁定の効力は1年限りでボーナスや成果報酬を含んでいない（2012-2016年 基本協定第6条E項）。

申請書類には、選手側は他の球団の同じポジションの同格の実力を備える選手の年俸を引き合いに自己の長所を述べるだろうし、球団側はむしろ球団のマーケットの大きさ、つまりニューヨークのような大都市にないのでファン層が限定されることや、選手の弱点を強調するであろう（Frederick et al., p. 132）[5]。

5.6.2　統計分析（1）——選手側と球団側の勝訴率は対等か

調停人による年俸調停件数において、選手側勝利となった件数をみる。図5-7は、1974年から2014年における調停件数と選手側勝訴件数を時系列で示している。勝訴率が最も高いのは1979年の75.0%（=9件／12件）であり、最も低いのは1999年の18.2%（=2件／11件）である。41年間の平均勝訴率は42.1%である。つまり508件中の214件が選手側勝訴で終わった。ただし、1976年、1977年および2013年には調停はなかった。

この勝訴率42.1%を解釈するために、次の統計的検定を実施する。

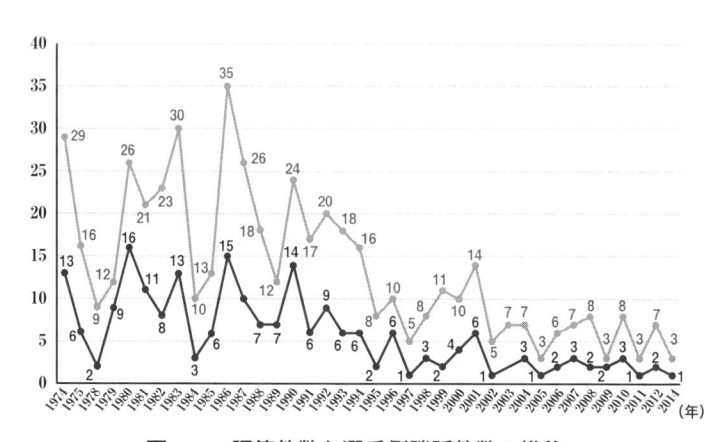

図5-7　調停件数と選手側勝訴件数の推移

出所）　http://bizofbaseball.com/index.php?option=com_content&view=article&id=719&Itemid=116、2015.10.17 閲覧
http://www.mlbtraderumors.com/arbtracker2011

$H_0: p=0.5$（選手側勝訴率50％）

$H_1: p \neq 0.5$（選手側勝訴率は50％ではない）

有意水準両側1％で母比率に関する統計的検定（福井、p. 226）を行うと、$z=3.56>2.58=z_{0.005}$ を得る。したがって、有意水準1％でこの帰無仮説を棄却する。選手側には不利な裁定と考えてよいだろう。

次に、白人、ヒスパニック系、そしてアフリカ系アメリカ人に分割して、各エスニック集団別の勝訴率の統計分析を行う。エスニック集団が特定化できなかった選手25人を除いた計483人が対象となる。表5-3は、調停件数と選手側勝訴件数をみたものである。

表5-3　1974年から2014年の調停および勝訴件数

	選手側勝訴	選手側敗訴	調停件数
アフリカ系	33	58	91
ヒスパニック系	27	58	85
白人	149	158	307
小計	209	274	483

出所）各種のMLB選手写真年鑑などにより筆者作成

白人選手の勝訴率は48.5％、アフリカ系アメリカ人のそれは36.3％、そしてヒスパニック系は31.8％である。すでに述べた調停件数全体と同じく統計的検定にかける。次の結果を得る。

アフリカ系　　　$z=2.621>2.58$

ヒスパニック系　$z=3.362>2.58$

白人　　　　　　$z=0.514<2.58$

したがって、白人のみが勝訴率50％という帰無仮説を棄却できないことになる。白人はオーナー側と五分五分に近い争いをしていることになる。

5.6.3　統計分析（2）——エスニック集団別の勝訴率は同じか

次に、エスニック集団別の勝訴率に差があるかどうかを統計的検定にかける。母比率の差の検定にかける（福井、pp. 227-228）。有意水準を両側1％とする。

$H_0: p_1=p_2$（エスニック集団間で勝訴率に差がない）

$H_1: p_1 \neq p_2$（エスニック集団間で勝訴率に差がある）

　白人とアフリカ系の勝訴率の差に関しては、$z=2.169$、白人とヒスパニック系の差に関しては、$z=2.562$、そしてアフリカ系とヒスパニック系の差に関しては、0.629 となる。したがって、アフリカ系とヒスパニック系の差には有意な差があるとはいえないが、白人とヒスパニック系の勝訴率および白人とアフリカ系の勝訴率の差については有意水準5%で有意な差がある。総じて、白人は他のエスニック集団に比して明らかに勝訴率が高いことがわかる。

　しかしながら、白人が調停において優遇されているという解釈には慎重さが不可欠である。大リーグの調停においては両者の言い分を聞いて、中を取るといういわば玉虫色の決着は望めない。したがって、最初からそれなりの理屈を立てて、調停人の理解と賛意を得ることが不可欠となる。論理的な立論構成から必然的に出てくる年俸水準を前面に押し立てる必要がある。無理難題な要求では、却下されること必至である。かくして、選手側が冷静であればあるほど、調停人が理解を示す確率は高くなるであろう。

　たとえば、2005年の調停申請件数は全体で89件、うち49件が期間内に交渉決着し、残り40件のなかの37件はその後の交渉で決着し、残った3件が年俸調停となった。調停件数の少ない年であったといえよう。調停申請者はすべて投手であった。ツインズの右腕投手カイル・ローシー（Kyle Lohse）は要求額240万ドルで球団側提示額215万ドルに対して調停結果は選手側勝訴、ロイヤルズの左腕投手ジェレミー・アッフェルト（Jeremy Affeldt）は、要求額120万ドルで球団側95万ドルに対して調停結果は球団側勝訴、アスレティックスの右腕投手ホアン・クルーズ（Juan Cruz）は要求額86万ドルで球団側60万ドルに対して調停結果は球団側勝訴（http://nbcsports.msnbc.com/id/6998738/）であった。

5.7　フリーエージェント（FA）制と戦力均衡化の動き

　フリーエージェント（FA）制とは、選手は6年間の契約が切れると、自由にどの球団とも入団交渉ができるというものである。ドラフトが新人

の採用であるのに対して、FAは中途採用とみてよい。調停裁定が1974年に導入されたのに対して、FA制は1976年に導入された。オーナー達の心配をよそに有力選手の獲得はファン層を拡大させた。

　この新制度の結果として、各球団の戦力は均衡化の方向に動いたとみてよいだろう。ほとんどの球団が地区優勝を経験している。表5-4は、エクスパンションが定着して26球団が揃った1977年から1992年までの16年間の大リーグのリーグ構成を示している。これら26球団に球団名の変更やフランチャイズの変更は一切なかった。球団名の右側の数字は地区優勝回数である。ほとんどの球団が少なくとも1回は地区優勝を果たしている。地区優勝を果たせなかった球団は3球団ある。しかし、その後クリー

表5-4　大リーグの地区優勝回数（1977-1992）*

ナショナル・リーグ（1977）	アメリカン・リーグ（1977）
(1)　東部地区	(1)　東部地区
シカゴ・カブス 2	ボルティモア・オリオールズ 2
モントリオール・エクスポズ 1	ボストン・レッドソックス 3
ニューヨーク・メッツ 2	クリーブランド・インディアンス 0
フィラデルフィア・フィリーズ 4	デトロイト・タイガース 2
ピッツバーグ・パイレーツ 4	ニューヨーク・ヤンキース 4
セントルイス・カーディナルズ 3	ミルウォーキー・ブルワーズ*1
	トロント・ブルージェイズ 4
(2)　西部地区	(2)　西部地区
アトランタ・ブレーブス 3	カリフォルニア・エンゼルス 3
シンシナティ・レッズ 2	シカゴ・ホワイトソックス 1
ヒューストン・アストロズ 2	カンザスシティ・ロイヤルズ 5
ロサンゼルス・ドジャース 6	ミネソタ・ツインズ 2
サンディエゴ・パドレス 1	シアトル・マリナーズ 0
サンフランシスコ・ジャイアンツ 2	オークランド・アスレティックス 5
	テキサス・レンジャーズ*0

　*　1969年に参入したアメリカン・リーグ西部地区のシアトル・パイロッツは翌1970年ミルウォーキー・ブルワーズとしてミルウォーキーに転出した。さらに、同リーグ東部地区のワシントン・セネターズが1972年にテキサス・レンジャーズに身売りされた。両球団の地区調整の結果として、ミルウォーキー・ブルワーズは東部地区に配置換えとなり、テキサス・レンジャーズは西部地区所属となった。1977年に新たにシアトル・マリナーズとトロント・ブルージェイズが参入した。

ブランド・インディアンスは、1995年から1999年まで5年連続および2001年に地区優勝を達成し、テキサス・レンジャーズは1996年、1998年および1999年地区優勝、そしてシアトル・マリナーズは1995年、1997年および2001年地区優勝を達成している。

5.8　フリーエージェント（FA）制の歴史

　FA制導入に先駆的な役割を果たしたのは、カーディナルズの黒人選手フラッド（Curt Flood）外野手である。1966年 0.267、67年 0.335、68年 0.301 そして69年 0.285 と堅実な打撃成績を残したばかりか、63年から7年連続でゴールデングラブ賞を取り、65年から69年に連続してキャプテンに選ばれていた。68年のワールドシリーズ第7戦 0-0 の均衡が続いた7回に彼の凡ミスで外野フライを後逸し、これが敗因となり2年連続のチャンピオンを逸した。彼のエラーがオーナーのブッシュには気に入らなかった。いずれにせよ、彼は、突如フィリーズへのトレードを宣告される。フラッドは、一方的なトレードに抗議して、最高裁に宣告の無効を訴えた。なにしろ、フラッドはオフシーズンに始めた彫金工房のビジネスが順調で持ち前の美術の才能を開花して充実した生活をセントルイスで過ごしていた。ここを離れたくなかったことも上訴した理由の一つである（Goldman, chap. 2）。

　31歳の彼が1969年に最高裁に対してフィリーズへの一方的なトレードに抗議したのがFA制への本格的な問題提起の発端である。保留条項は選手に対して球団への非自発的な隷属を強いる奴隷契約であり、「1年に9万ドル稼いでいるが、奴隷であることに変わりはない」として、人権の自由を謳うアメリカ憲法に違反するとして訴えた。選手会は訴訟費用を負担して、彼を応援したけれども、最高裁は5-3の評決で彼の訴えを退けた。ちなみに、1972年当時の最高年俸は20万ドルであり、これは、偉大な打者といわれた黒人バッターのハンク・アーロンの年俸であった（Honig, p. 323）。

　最初にFA宣言を果たしたのは、4年連続20勝をあげ、1974年には25

勝 12 敗の好成績を残した、オークランド・アスレティックスのエース、ジム・ハンター ("Catfish" Hunter)[6]である。アスレティックスは 1972 年から 3 年連続でワールドシリーズを制覇していた。なぜ彼が FA 宣言を果たしたかについては次の事情があるようだ。オーナーのフィンリー (Charles Finley)[7]は手広く保険業を営むやり手で、独裁的でときおり情け容赦なく選手を扱う人物で個性派揃いの選手たちからは嫌われていた。しかし、彼はいかに勝つかという野球戦略のセンスには長けていた。当時、アスレティックスは、ハンター、ブルー (V. Blue)、ホルツマン (K. Holzman) そして救援投手のフィンガース (R. Fingers) という強力な投手陣を擁していた。ベースボール史の研究家ホニッグにいわせれば、「最良の選手と最悪のオーナーのぶつかりあい」が演じられたことになる (ibid, p. 323)。

　ハンターはワールドシリーズ優勝に大きく貢献した。1974 年シーズン前に年俸 10 万ドルの 2 年契約で、10 万ドルの 5 万ドルは節税対策として本人ではなく第三者（年金基金）に支払う内容の契約を締結していた。この 5 万ドルは非課税となる。繰り延べされた所得は引退後に支払われる年金として課税されるのである。現在の 401k の基本思想をハンターは理解していたことになる。追加条項は、節税対策であり、年俸に含めないことを本人が希望したのであった。オーナーのフィンリーはハンターのたびたびの要求にいやいや応じて、期限ぎりぎりになって確かに 5 万ドルの小切手をハンター本人に手渡した。オーナーとしては遅れても 10 万ドルは渡したと気にかけていなかった。ハンターはこれでは年金ファンドではなく個人ボーナスにみなされると判断して、大リーガーの選手組合組織である MLBPA のミラー事務局長やその法律顧問のモスに相談して 5 万ドルの受け取りを拒否した (Koppett 2004, pp. 359-360、Miller, pp. 145-146, Voigt 1983, p. 213)。

　ハンターは約束の年俸の半分が年金として支払われなかった以上、当初の契約は不履行として、その年のオフに FA 宣言をした。選手契約条項には、「球団による支払い不履行の知らせを受けた後 10 日以内に球団がこの支払い不履行の契約を是正しなければその場合に限り、選手は書面にて球

団との契約を解除できる（Lichtman, p. 103）」とある。

オーナー側選出のガハリン（John Gaherin）交渉代表、選手側選出のミラー事務局長（5.10.2項参照）、そして第三者の調停人のピーター・サイツ（Peter Seitz）の3人から成る調停委員会では、事実上、サイツが賛否のキャスティングボードを握っていた。

1974年12月13日に調停人のピーター・サイツは、ハンターの主張を是認した。かくして、晴れて自由となったこの強腕投手の入団契約を狙って、十数球団の担当者がノースキャロライナの自宅に押し寄せた。ヤンキースのオーナーであるスタインブレナー（George Steinbrenner）は当時の最高年俸の3倍にあたる5年契約の推定総額280万ドルから370万ドルの条件を提示して彼を獲得した（Honig, p. 324）。

ハンターのFA宣言とその後の推移に多くの大リーガーが当然ながら大きな関心を抱いていた。そのなかの一人に、ロサンゼルス・ドジャースのメッサースミス（Messersmith）投手がいた。1971年20勝-13敗の防御率2.99（以下同様）、72年8-11の2.81、73年14-10の2.70、74年20-6の2.59、75年19-14の2.29というずば抜けたエースであった。彼は、この年のシーズン終了後に、来シーズンの契約更新に向けて、トレードを拒否できる文言を契約書に入れるように求めたけれども球団側がこれを認めなかった。選手契約条項文言に、「選手側、球団側双方が3月1日までに契約更新に同意しなかった場合には、その後10日以内であれば、球団側は選手に今後1年間の契約更新の権利を有する」旨を通知するとある。球団側は契約が更新されない場合にはこの1年間の暫定的な期間が繰り返されて実質的に無限に続くと解釈したのに対して、選手側は条文文言の字義通りの1年限りの契約と解釈した（Lichtman, p. 103）。

1975年シーズン終了後に、メッサースミス投手および長らくボルティモア・オリオールズで活躍しモントリオールのマクナリー（D. McNally）がこの年に契約を継続することなくプレーしたことを理由にして、保留条項は二人には適用できないと主張した（Honig, p. 324）。マクナリーは今シーズン限りで引退を考えていたけれども、オーナー側の出方を見極めようとして、メッサースミスに同調して加わった。

1975年12月23日に調停人のサイツ氏が「球団に保有権はない」と裁定し、事実上選手側の言い分を認めて、ここに二人は自由にどの球団とも来年度の年俸交渉を行えるようになった。コミッショナーのクーン (Bowie Kuhn) は、「FAを認めれば、実力選手が特定球団に集まることになりかねず、これは競争的な戦力バランスを崩し、大リーグを財政的破綻の淵に追いやる (Miller, p. 282)」として、「破滅的な裁定」を下したサイツ氏を解雇したが後の祭りであった。FAの嚆矢である (ibid., p. 324)。1976年シーズン終了後に58人がFAとなった (Wallace, Hamilton and Appel, p. 232)。

　その後、労使双方の集団交渉をクーンは促した。その結果、1976年央には、このFA制実施にあたりFAになるには、最低6年間の在籍義務を設けることで労使が一致した。[8] 現在でもこの年限に変更はない。さらに、各球団は最大5人の選手をFAで獲得できるとし、さらに、1981年までの5年間は、FA宣言した選手を獲得した球団は、その年の新人ドラフトの権利を引き抜かれた球団に譲るとした補償ルールを設定した。

　さらに、1982年団体交渉では、FA宣言した選手を獲得した球団に対して、まだFAを宣言していない選手リストの中から引き抜かれた球団が自由に気に入った選手を逆に引き抜くことを了承することを決めた。これは、実質的にFA制を禁止するアメリカンフットボールのローゼル・ルール (Rozelle Rule) に匹敵する。これは、NFLのピート・ローゼル会長が設定したルールであり、有力選手が自由に所属チームを変えることで年俸が上がることを恐れた結果生まれた。これには伏線がある。AFLではオーナー間の紳士協定でFAになった選手の取り合いを自粛していた。ところが、1961年のシーズン後にボルティモア・コルツがサンフランシスコ49ersのワイドレシーバーのオーウェン（捕球45回1032ヤード、5タッチダウン）と契約した。サンフランシスコ49ersには何の補償もなかった。この反省から、AFLが採用したのがローゼル・ルールである。このルールによって各チームは有力選手を獲得しようとすると、代償として自軍の有力選手を交換に手放す覚悟が必要となったが、交換条件の交渉は難しく、結果としてFA選手の獲得を難しくしさらに選手の年俸の増加を抑

えることになった（Fortunato, pp. 151-152）。

大リーグでは、1986年の交渉で、補償ルールを弱くして引き抜いた球団の選手を交換に出すことはしないことにした。現在は大リーグ在籍10年で同一球団在籍6年以上の場合は、移籍拒否権が選手に与えられている。

5.9 FA制と年俸高騰の波

資金力のある球団はFAで有力選手を獲得できる。反対に、FAで選手を喪失した球団はその対価として、選手移籍先球団のドラフト指名権をもらえる。これも戦力均衡化に動いている。中途採用で失った戦力を新人採用で補償するしくみといえる。ドラフトで動いた選手の補償の際に使われるのが選手ランキングである。アメリカ大リーグ公認の統計会社であるエライアス・スポーツ・ビューロー（Elias Sports Bureau）が過去2年間の選手の打席、打点、打率や本塁打数などの成績を総合的に評価して、100点満点で各選手をポジション別にランキングしている。

2015年シーズン終了後に発表された選手ランキングは次のとおり（http://www.sportscity.com/MLB/Elias-MLB-Rankings）。①DH、一塁手、外野手、②二塁手、三塁手、遊撃手、③捕手、④先発投手、そして⑤リリーフ投手。100点満点で評価する。ランクAは全体のトップ20%、ランクBは次の20%であり、その他はランクをつけない。たとえば、①のポジションで、マイアミ・マーリンズのイチロー外野手は35.6の109

表 5-5 選手のポジション別ランキングの人数（2015）

ポジション	AL 合計	A ランク	B ランク	NL 合計	A ランク	B ランク
DH、一塁手、外野手	146	29	29	149	30	30
二塁手、三塁手、遊撃手	110	22	22	104	21	21
捕手	51	10	10	60	12	12
先発投手	125	25	25	136	27	27
リリーフ投手	221	44	44	230	46	46
選手総計	652	130	130	679	136	136

出所）http://espn.go.com/mlb/playerratings/_/type/batting/rating/elias

表 5-6　FA の契約金額の推移

	FA人数	平均年俸	中位数	最頻値	最高額	最高額選手
2012	103	3,637	1,500	900	24,000	アルバート・プホルス一塁手
2013	126	4,782	2,750	1,500	25,000	ジョシュ・ハミルトン外野手
2014	139	4,731	2,750	1,500	24,000	ロビンソン・カノ二塁手
2015	103	5,297	2,600	1,000	30,000	マックス・シャーザー投手

出所）http://www.spotrac.com/mlb/free-agents/

位（ノーランキング）、サンフランシスコ・ジャイアンツの青木宣親外野手は53.5の41位（Bランク）、④のポジションではニューヨーク・ヤンキースの田中将大投手が65.1の27位（Bランク）、シアトル・マリナーズの岩隈投手が52.9の60位（ノーランキング）、シカゴ・カブスの和田毅投手が46.6の62位（ノーランキング）、⑤では、ボストン・レッドソックスの上原浩治投手が66.9の21位（Aランク）である。

　ランクAの選手を喪失したならば、移籍先球団のドラフト1位指名選手枠を譲渡してもらえるし、1巡目と2巡目の間に行われる補償ドラフトでの指名権（各球団の1位指名後に追加的に指名できる権利）も譲渡してもらえる。ランクBならば2位指名選手枠を譲渡してもらえる。

　たとえば、2005年度のドラフトでは、指名順位17位のフィラデルフィア・フィリーズがランクAの左腕ジョン・リーバー投手と契約したために、同選手を喪失したヤンキースが代わりに17位の指名権を獲得した。同じく、指名順位22位と23位のサンフランシスコ・ジャイアンツとアナハイム・エンゼルスがそれぞれセーブ通算244のアルマンド・ベニテス投手と遊撃の名手オルランド・カルレラ選手を獲得、喪失したフロリダ・マーリンズとボストン・レッドソックスが代わりに22位と23位の指名権を獲得した。サンフランシスコ・ジャイアンツは他のFA選手も獲得したので、ジャイアンツのドラフト指名順位は一気に134番目にまで下がった。

　2012年から2015年のFA選手の契約金額のデータをみると、上記のようになる。平均年俸が363万7000ドルから、529万7000ドルと年平均10%弱の大幅な伸びを記録している。

5.10　本塁打1本当たりの年俸額の推移

　FA制がいかに選手年俸の高騰を招いたかは、次の図5-8のように歴史的にみると明らかである。ベーブ・ルースが1931年に46本塁打を放ったときの年俸は8万ドル（現在価値で約100万ドル）。1本塁打当たりの年俸は2万2000ドル相当の計算になる。

　1988年の本塁打王のカンセコ選手の年俸は35万5000ドルで本塁打42本であったから、1本塁打当たりの年俸は8452ドルにしかならない。1993年にはボンズ選手が年俸441万6666ドルで46本塁打で1本当たり10万ドルの大台をはじめて超えている。2000年のソーサ選手の年俸は1100万ドルで本塁打50本であり、1本塁打当たりの年俸は22万ドル、2001年の本塁打王ボンズ選手の年俸は1030万ドルで本塁打73本であり、1本塁打当たりの年俸は14万1000ドルとなる。2003年の本塁打王アレックス・ロドリゲス選手の年俸は2200万ドルで本塁打47本であり、1本塁打当たりの年俸は46万8000ドルとなっている。2007年の本塁打王にも輝いたロドリゲス選手の年俸は2271万ドルで本塁打54本であり、1本塁打当たりの年俸は42万1000ドルとなっている。2006年の本塁打王ホワードの1本当たりの年俸が低いのは、2004年9月にメジャーに昇格し

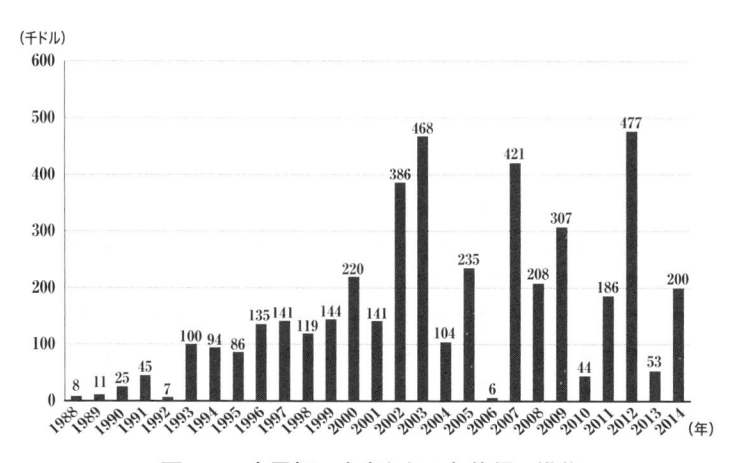

図5-8　本塁打1本当たりの年俸額の推移

出所）　http://www.thebaseballcube.com/players/profile.asp?

表 5-7　年俸額の推移

年	選手名	年俸
1914	Honus Wagner	10,000
1923	Babe Ruth	50,000
1947	Hank Greenberg	100,000
1977	Mike Schmidt	500,000
1980	Nolan Ryan	1,000,000
1982	George Foster	2,000,000
1994	Jose Canseco	5,000,000
1996	Albert Belle	10,000,000
1998	Kevin Brown	15,000,000
2000	Alex Rodriguez	20,000,000
2008	Alex Rodriguez	28,000,000

出所）http://sportsillustrated.cnn.com/baseball/mlb/、2008.8.28 閲覧

た新人であったからである（http://content.ustoday.com/sports/baseball/salaries/）。その後、2006年と2007年の2年間に計105本の本塁打を叩き出し、2008年の年俸は調停の結果、彼の主張がとおり1000万ドルとなった。過去最高は2012年のカブレラ選手の1本塁打当たり47万7000ドルである。2010年にはバティスタ選手、そして2013年にはデービス選手の1本当りの年俸額が低い。デービス選手は2年前にマイナーリーグからシーズン途中で上がってきた選手であり、バティスタ選手も2009年13本、2008年と2007年は15本で、過去の実績をアピールするほどではなかった。

上の表5-7は、大リーグの最高年俸の推移を歴史的にみたものである。伝説の名選手ワグナーの年俸は1914年に1万ドルを記録した。その後の年俸の上昇はまさにうなぎ上りであり、最高年俸を得ているヤンキースのロドリゲス選手は、2800万ドルである。

5.11　競争均衡化の装置

5.11.1　MLBPAの活動

大リーグにおける労使関係を詳しく解説する。まず、選手会の実力行

使の時間的な経過をたどる。次の数値は選手会のストライキのデータである。1972年13日、1973年12日、1976年17日、1980年8日、1981年50日、1985年2日、1990年32日、1994から1995年の232日。このなかで実際に試合が流れたのは、1972年の86試合、1981年の712試合、そして1984-1985年の938試合である（Zimbalist 2003b, p. 333）。

1984年に、オーナー側が高騰する年棒を抑えるために、選手年棒総額を球団収入の50％とする案を選手会側に提示してきた。選手会側が強く反発して、8月よりストライキに突入した。ワールドシリーズもストライキで流れた。ファンは嫌気がさし、失望して、大リーグ人気が大きく落ち込む結果を招いた。

1994年からの足かけ2年にわたるストライキがようやく終結した直後に日本から彗星のごとく現れ、大リーグの「救世主」といわれたのは、野茂英雄投手である（団、p. 175）。同選手は、近鉄を任意引退してロサンゼルス・ドジャースに1995年に入団し、日本人として初のオールスターに選ばれ、トルネード投法で13勝6敗でナリーグ新人賞を獲得した。

5.11.2　年俸の高騰

さて、こうしたストライキの背景には、選手年俸高騰の動きがある。その先導役となったのは、選手会であるMLBPAの事務局長のマーヴィン・ミラー（M. J. Miller）をおいてほかにない。元アメリカ鉄鋼労連のチーフエコノミストとして16年間勤務し、最後は委員長補佐を務めた、48歳の辣腕弁護士のミラーをMLBPAが、引き抜いたことが大きい。1966年当時の大リーガーの平均年棒が1万9000ドルであった時代に、年俸5万ドル、ボーナス2万ドルの2年契約で彼を雇用した（Rossi, p. 184）。

選手の社交クラブとして1950年代初めに発足したMLBPAは、彼の指導によって、それまでの微温的なムードを一掃して、戦闘的な組合に大変身を遂げた。彼の最初の仕事はコカコーラ社と話をつけて、缶の裏蓋に選手の写真を貼って、年間6万6000ドルのライセンス料を獲得したことだった。次に、選手会の事務所をニューヨークのパーク・アベニューに移転し、さらに法律顧問として、選手会が薦めたニクソン前副大統領ではな

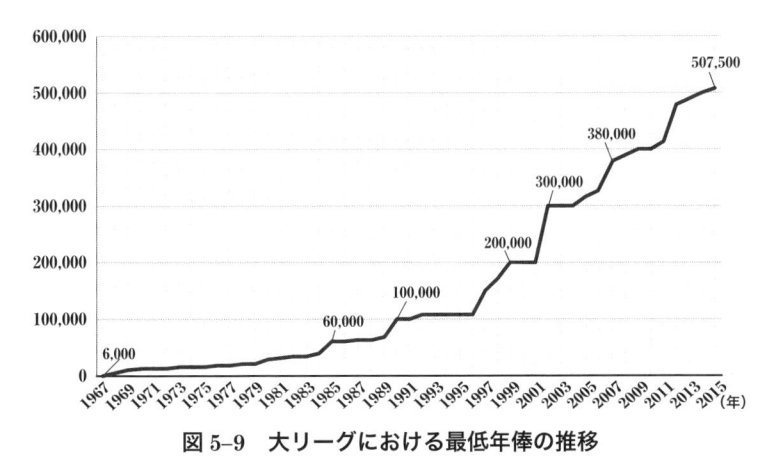

図 5-9　大リーグにおける最低年俸の推移

出所）　http://www.baseball-almanac.com/yearly/yr2001a.shtml
　　　　http://www.cbssports.com/mlb/salaries/avgsalaries
　　　　http://www.stevetheump.com/Payrolls.htm

く、ニューヨークの若手弁護士リチャード・モス（Richard Moss）を雇用した。ミラーとモスの二人は、M&Mボーイズと騒がれた。

　ミラーは鉄鋼労連のやり方を大リーグに持ち込んだのである。まず、1968年には、当時の大リーガーの最低年俸6000ドルを1万ドルに引き上げることをオーナー側に認めさせた。なにしろ、1947年の最低年俸は5000ドルだったので、20年以上ほとんど変わらなかった水準を改訂させたのである。図5-9に示したように、大リーガーの最低年俸は、彼が事務局長として就任した1966年の5000ドルから退任時の1982年には3万3500ドルにまで上がっている。1970年1万2000ドル、80年3万ドル、90年10万ドル、2000年20万ドル、2010年40万ドル、そして2015年50万7500ドルと、最低年俸は10年毎に倍増していることがわかる。

　次の図5-10は、大リーグの平均年俸の推移である。最低年俸を上回るスピードで増加していることがわかる。1966年には最低年俸6000ドルで平均年俸はその3.17倍の1万9000ドルであった。ところが、2014年には、最低年俸50万7500ドルに対して、平均年俸は7.88倍の400万ドルに達している。

　彼はまた、保留条項の改訂やFA制の導入をオーナーに認めさせるな

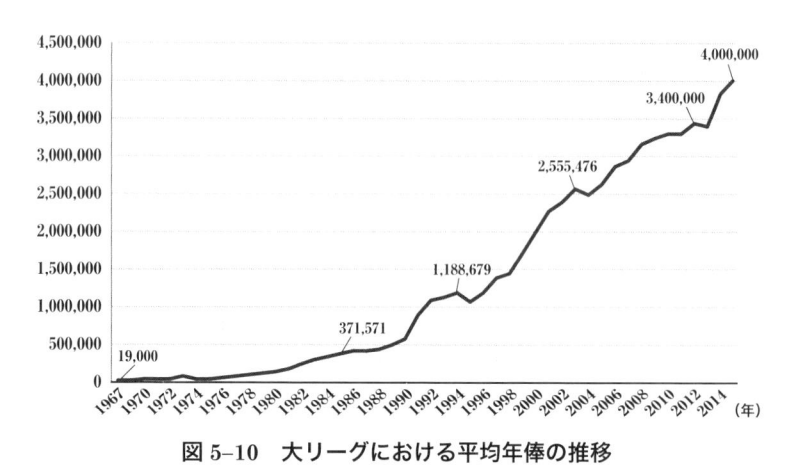

図 5-10 大リーグにおける平均年俸の推移

出所） http://www.stevetheump.com/Payrolls.htm

ど、選手側からみて多大な貢献を果たしている。さらに、2回のストライキを指導した。

　1972年のシーズン開幕の13日間のストライキは、ベースボールだけでなく、アメリカのプロスポーツ界始まって以来のストライキであった。交渉の焦点は、退職年金の増額であった。交渉期限の3月31日を前にして、バドワイザービールの創業者一族でカーディナルズのオーナーであるグッシー・ブッシュは、「満場一致でオーナー会議は決めた。ビタ一文も退職年金には追加金を出さない」と爆弾発言をした。これが逆作用となり、選手側は団結したという (Miller, p. 205)。マスコミの多くは、ミラー自身の言葉を借りると、彼を「球界というエデンの園に邪悪な蛇を招き入れた組合活動家という敵役」に擬した (ibid, p. 206)。結局はオーナー側が折れて、年金の物価スライド制を容認、86試合を流した末、4月14日にストライキは終結した。

　1981年には50日に及ぶストライキがある。ベテラン選手がトレードを拒否できる権利、テレビ放映料の一定割合を財源とする選手年金制度の改善、MLBPAをオーナー側に認めさせたこと、そして年俸改訂にあたり選手側に代理人を立てることなど、多くの譲歩をオーナー側から引き出すことに成功した (Fischer, pp. 55-56)。なお、代理人は年俸改定を任せられ

るだけでない。財産の管理もその運用も重要な業務であることを付け加えたい（http://www.baseball-reference.com/bullpen/）。

5.11.3　選手年金制度の整備

年金制度については、1968年に経営者側が、オールスターおよびワールドシリーズのテレビ放映権収入により毎年410万ドルを積み立てたことから、漸次拡充した（Koppett 2004, p. 314）。新しい年金支給プラン（MLB Players Benefit Plan）は、労使双方が1996年に合意して締結し、翌年ステートストリート信託銀行に委託し発効したものである。1974年にアメリカで制定されたエリサ法（ERISA: Employee Retirement Income Security Act、従業員退職所得保障法）に基づく。

この新しいプランによれば、通算4年間（兵役2年間を含む）、大リーグに在籍した選手（遠征に帯同する監督、コーチ、トレーナーを含む）には、年金が支払われる（選手年金協約第3条5項）。支給年金額を以下で定義した。

支給年金額＝確定給付額＋変額給付額

ただし、大リーグ在籍の年代、年数（マイナーリーグは入らない）そして年金受け取り開始年齢の違いで、支給年金額は異なる。

在職の期間を次の4種類に分けた。さらに、月額給付額表（縦軸に受給年齢、横軸に在職期間）を、確定給付表および変額給付表の2枚に分けて掲載している。すなわち、1946年から1965年（基準支給年齢65歳、以下同様）、1966年から1969年（65歳）、1970年から1991年（62歳）、そして1992年以降（67歳）である。[10]たとえば、1992年以降の在籍選手に対しては、5年在籍55歳受け取りでは、年2万7264ドル、10年在籍62歳受け取りでは、年9万996ドル、ただし、受け取り上限は11万2221ドルである（第9条第2項（a））。現在ではMLBに43日在籍していると、年金は3万4000ドル支給され、10年以上の在籍で年金額は20万ドルに達し、1日の在籍で医療給付を受けられるまでに拡大している（http://www.cheatsheet.com/sports/which-american-pro-sports-league-has-the-best-retirement-plan.html/?a=viewall）。

5.12　競争均衡回復への努力１──贅沢税

5.12.1　新しい労使協約

　MLB は、2001 年後半にファン 1000 人に対してアンケート調査を実施した。回答者の 75% が球団戦力に現状のように格差があっては興味を失いかねないとして、42% が多くの球団に優勝のチャンスが出てこないならば、大リーグに関心を失うと回答してきた（Sanderson & Siegfried, p. 257）。一般論として、野球に限らずスポーツ全般にいえることは、実力伯仲のなかで緊張した試合展開で接戦を演じる過程がファンを大いに魅了する。実力に大きな隔たりがあれば、一部の熱狂的なファン以外はそうした試合を観戦しないであろう。

　2002 年 8 月 30 日に新しい協約「2003-2006 年基本協定」が労使間で締結された（http://articles.latimes.com/2002/aug/31/sports/）。主たる内容は、①贅沢税（luxury tax）の改訂、②収入再配分制度（revenue sharing system）の改訂、そして③選手に対してランダムに行うドーピング検査である。筋肉増強剤ステロイドの検査が選手に義務づけられた。

　①および②はいずれも大リーグの球団間の競争均衡を図るために導入された。①は財力豊かな球団の過大な年俸支出に対する抑制効果、②はマーケットの大きい球団から小さい球団への収入面での補助金効果を狙っているとみてよい。

5.12.2　贅沢税

　まず、①の贅沢税システムについては、1997 年に 3 年間の時限措置としてはじめて導入されたものである（1997-2001 年基本協定第 23 条）。最低課税額は、若干の付帯条件をつけたうえで、1997 年 51 億ドル、98 年 55 億ドルそして 99 年 58.9 億ドルとし、これを上回る金額について、その 35%（1997 年と 98 年、99 年は 34%）を贅沢税としてこれらの上位球団から徴収してこれをリーグ全体で管理して下位球団に配分した。この 3 年間に贅沢税を課せられた球団は計 8 球団であり、ボルティモア・オリオールズは 1060 万ドル、ヤンキースは 990 万ドル、そして、その他の

6球団のなかで、280万ドルを超える課徴金を課された球団はない。その後、2000年と2001年にはこの制度適用は中断されていた（http://sports.illustrated.cnn.com/baseball/mlb/news、2008.8.28閲覧）。

贅沢税は、2002年の労使交渉の最大の議案として再浮上し、次の内容で復活した。選手年俸総額が次の基準額を超える部分について、2003年から2006年においては、次の表5-8の第1部分の贅沢税を当該球団に課す。

たとえば、2003年の選手年俸の総額が1億1700万ドルを超えた球団は、17.5％の税率を課される。この球団が翌2004年に1億2050万ドルを超えると、違反2回目なので税率は30.0％に切り上がる。もしも、はじめ

表5-8　贅沢税の課税基準の内容

	最低課税額	税率			
2003年	1億1700万ドル	17.5%			
2004年	1億2050万ドル	22.5% （違反1回目）	30.0% （違反2回目）		
2005年	1億2800万ドル	22.5% （違反1回目）	30.0% （違反2回目）	40% （違反3回目）	
2006年	1億3650万ドル	no tax （違反1回目） （違反2回目、2005年違反せず） （違反3回目、2005年違反せず）	30.0% （違反2回目） （違反3回目、2005年違反せず）	40% （違反3回目と4回目）	
2007年	1億4800万ドル	22.5% （違反1回目）	30% （違反2回目）		
2008年	1億5500万ドル	22.5% （違反1回目）	30.0% （違反2回目）	40% （違反3回目以上）	
2009年	1億6200万ドル	22.5% （違反1回目）	30.0% （違反2回目）	40% （違反3回目以上）	
2010年	1億7000万ドル	22.5% （違反1回目）	30.0% （違反2回目）	40% （違反3回目以上）	
2011年	1億7800万ドル	22.5% （違反1回目）	30.0% （違反2回目）	40% （違反3回目以上）	

注）1年空けて再犯すれば、元が22.5％（30％）ならば22.5％（30％）、40％ならば30％を適用

2012年	1億7800万ドル	20% （違反1回目）	30% （2011年22.5%）	40% （2011年30%）	42.5% （2011年40%）
2013年	1億7800万ドル	17.5% （違反1回目）	30% （2012年20%）	40% （2012年30%）	50% （2012年40%、42.5%）
2014年	1億8900万ドル	17.5% （違反1回目）	30% （2013年17.5%）	40% （2013年30%）	50% （2013年40%、50%）
2015年	1億8900万ドル	17.5% （違反1回目）	30% （2014年17.5%）	40% （2014年30%）	50% （2014年40%、50%）
2016年	1億8900万ドル	17.5% （違反1回目）	30% （2015年17.5%）	40% （2015年30%）	50% （2015年40%、50%）

出所）各協定書より筆者作成

ての違反であれば、適用税率は 22.5% である。

2006 年合意の「2007-2011 年基本協定」では、13 条 B 項（2）において、2007 年の基準額を 1 億 4800 万ドル、2008 年 1 億 5500 万ドル、2009 年 1 億 6200 万ドル、2010 年 1 億 7000 万ドル、2011 年 1 億 7800 万ドルとすることで合意した（第 5 章補足 参考文献）。

さらに、2011 年に合意された「2012-2016 年基本協定」では、最低課税額が切り上がり、適用税率も 2012 年の 20%、30%、40%、そして 42.5% から、翌年からの 17.5%、30%、40%、そして 50% にと、累進性が強い税率構造に膨らんでいる（http://mlb.com/pa/pdf/cba_english.pdf）。

5.12.3　球団年俸の比較

次の表5-9は、2004年から2008年の5年間の球団別の平均年俸(payroll)総額である。ニューヨーク・ヤンキースの年平均年俸総額が2億ドル近くと群を抜いており。最下位のタンパベイ・レイズの6倍を超えている。また、下位5球団の年俸総額合計に近い。1球団で下位5球団分の選手を雇える計算になる。あるいは、ヤンキースの贅沢税を過去5年間にわたって表5-8の規則に従って試算すると、計1億1559万ドルを支払っている勘定となる。ただし、贅沢税の算定基準となる年俸は、「予備的な球団年俸総額」であるシーズン開幕期間やオールスター戦開催期間の年俸ではなくて、シーズン終了後の12月12日に確定した「最終的な球団年俸総額」である（「2007-2011年基本協定」第13条A項10、p. 84）。

年俸とは、同協定第13条（競争均衡税）[11]E項によれば、複数年契約の場合は、（基本給が保障された）契約期間の年間基本給および（契約時に受け取るボーナス signing bonus ＋繰り延べ報酬 deferred compensation）／契約期間の合計として定義される。繰り延べ報酬とは、契約最終年に支払いを受ける報酬である。一種の功労金と解釈できるかもしれない。たとえば、ヤンキースのロドリゲス選手は、ニューヨーク・ヤンキースと2008年からの10年の総額27億5000万ドルの複数年契約を締結した。これは、基本給の10年間の総額であり、通算本塁打数がハンク・アーロンなどの歴代のホームランバッターの記録を抜けば受け取る出来高払いの3億ド

表 5-9　大リーグ球団別 5 年間の平均年俸総額

(単位:万ドル)

順位	球団	5年間の平均年俸総額 2004-2008年
1	ニューヨーク・ヤンキース	19859
2	ボストン・レッドソックス	12778
3	ニューヨーク・メッツ	11235
4	カリフォルニア・エンゼルス	10603
5	ロサンゼルス・ドジャース	10077
6	シカゴ・カブス	9621
7	シカゴ・ホワイトソックス	9442
8	シアトル・マリナーズ	9298
9	フィラデルフィア・フィリーズ	9280
10	アトランタ・ブレーブス	9175
11	セントルイス・カーディナルズ	8847
12	デトロイト・タイガース	8625
13	サンフランシスコ・ジャイアンツ	8471
14	ヒューストン・アストロズ	8402
15	ボルティモア・オリオールズ	7343
16	トロント・ブルージェイズ	6924
17	サンディエゴ・パドレス	6452
18	アリゾナ・ダイアモンドバックス	6170
19	オークランド・アスレティックス	6170
20	ミネソタ・ツインズ	6147
21	テキサス・レンジャーズ	6144
22	シンシナティ・レッズ	5910
23	ミルウォーキー・ブルワーズ	5601
24	クリーブランド・インディアンス	5454
25	ワシントン・ナショナルズ	5233
26	コロラド・ロッキーズ	5226
27	カンザスシティ・ロイヤルズ	5108
28	ピッツバーグ・パイレーツ	3811
29	フロリダ・マーリンズ	3315
30	タンパベイ・レイズ	3190

(出所) http://blog.sportscolumn.com/story/2007/4/9/1367/60158
　　　http://blog.sportscolumn.com/story/2008/4/1/231932/3450/mlb/2008_MLB_Payrolls
　　　http://sports.espn.go.com/mlb/news/story
　　　http://sports.espn.go.com/espn/wire?section=mlb

ルが追加される。さらに、2001年から2010年までの複数年契約を結んでいたテキサス・レンジャーズからの後払い報酬9億ドルが加わる。これは2008年から2010年までの3年間に年3億ドルと付加利子を受け取るものである（http://sports.espn.go.com/mlb/news/story）。

詳しく述べると、年俸総額の計算式は次のように定義されている。

　年俸総額＝球団が負担する選手年金費用（Players Benefit Payroll）＋メジャーリーガ40人の年俸総額＋マイナーリーグ所属選手のメジャー出場分の日割り俸給＋シーズン途中で移籍してきた選手の残りの年俸＋シーズン開幕後にアクティブリストに入った選手の年俸については日割り計算＋失業保険掛け金＋社会保障税＋春キャンプ費用＋ディビジョンシリーズからワールドシリーズまでの日当＋公傷の治療費

贅沢税はまず500万ドルがMLBセントラルファンドに内部蓄積される。これは、次の事情を理解する必要がある。大リーグの契約には、オプションという追加契約がある。基本契約終了後に再契約するかどうかを決めるオプションには、球団側が主導権をもつクラブ・オプションおよび選手がもつプレイヤーズ・オプションがある。球団が再契約しないならば、選手にオプション違約金（option buyout）を支払う。再契約するならば違約金は支払わない。反対に、プレイヤーズ・オプションの場合に、選手側はオプションを選択して退団するか、高い年俸を払う球団をみつけて、このオプションを選択しない場合もある。いずれにせよ違約金が発生しないならば、球団年俸額に参入されていた違約金額に応じた課徴金を球団に払い戻す必要がある（同協定13条E項（5）（b）（ii）（B））。残額の75％が選手の福利厚生に、残りの25％がIGF（Industry Growth Fund）に回される。これは、ベースボール振興普及の資金に回される（同協定第13条H項）。

次の表5-10は、過去5年間（2011-2015）の球団の平均年俸総額のランキングである。8年前と比較すれば、1億ドルを超える球団が4球団から14球団に増加し、さらに球団の平均年俸総額が7797万ドルから1億684万ドルと1億ドルの大台を超えたことである。

表 5-10　大リーグ球団平均年俸総額ランキング（2011-2015）

順位	球団	平均年棒総額（万ドル）	2004-2008年との比較
1	ニューヨーク・ヤンキース	20,938	1.05
2	ロサンゼルス・ドジャース	17,625	1.75
3	ボストン・レッドソックス	16,508	1.29
4	フィラデルフィア・フィリーズ	16,404	1.77
5	ロサンゼルス・エンゼルス	14,746	1.39
6	デトロイト・タイガース	14,441	1.67
7	サンフランシスコ・ジャイアンツ	13,261	1.57
8	テキサス・レンジャーズ	12,417	2.02
9	ワシントン・ナショナルズ	11,336	2.17
10	セントルイス・カーデイナルズ	11,275	1.27
11	シカゴ・ホワイトソックス	11,013	1.17
12	シカゴ・カブス	10,471	1.09
13	トロント・ブルージェイズ	10,107	1.46
14	シアトル・マリナーズ	10,075	1.08
15	シンシナティ・レッズ	9,976	1.69
16	ニューヨーク・メッツ	9,805	0.87
17	ボルティモア・オリオールズ	9,695	1.32
18	ミルウォーキー・ブルワーズ	9,533	1.70
19	ミネソタ・ツインズ	9,528	1.55
20	アトランタ・ブレーブス	9,202	1.00
21	コロラド・ロッキーズ	8,715	1.67
22	アリゾナ・ダイアモンドバックス	7,930	1.29
23	サンディエゴ・パドレス	7,790	1.21
24	カンザスシティ・ロイヤルズ	7,649	1.50
25	クリーブランド・インディアンス	7,608	1.39
26	オークランド・アスレティックス	7,093	1.15
27	マイアミ・マーリンズ	6,937	2.09
28	ピッツバーグ・パイレーツ	6,775	1.78
29	タンパベイ・レイズ	6,283	1.97
30	ヒューストン・アストロズ	5,385	0.64
		10,684	1.37

出所）http://www.stevetheump.com/Payrolls.htm

5.13 競争均衡回復への努力 2 ——収入再分配制度

アメリカのメジャースポーツでは、リーグ収入を所属球団間で分配する制度が採用されている。たとえば、NFL は全米テレビ放映料と関連グッズ売上高を各チームに均等配分するほかに、入場料収入を 66-34 でホームチームとビジターチームで配分する（Sanderson & Siegfried, p. 269）。

収入再配分方式は、大リーグでは 1996 年にはじめて導入された。球団収入の 20% を課徴金として各球団から徴収する方式である。このうちの 75% を各球団に一律配分し、残り 25% については収入が大リーグ平均に達しない球団についてのみ、それぞれの差額に比例して配分するやり方をとっていた。この課徴金方式が導入された背景は、各球団の収入格差が 1980 年代には最大 3000 万ドルであったのが 90 年代後半には最大 2 億ドルにまで拡大してきたという事情がある。

2002 年の労使協定で決まった収入再分配方式の新しいやり方は次のとおりである。まず、各球団の純収入（入場料収入）の 34% を徴収する。これは、オーナー側と選手会側の主張の妥協の産物となっている。ただし、財源は各球団からの課徴金 1 億 7580 万ドル（2001 年実績）に加えて、MLB セントラルファンドからの 4330 万ドルおよび全球団からの定額徴収分 1000 万ドル（1 球団 33 万 3333 ドル）が追加されている。ジムバリストの試算によれば、徴収した資金の約 75% を全球団に一律配分し、残りを弱小球団に配分するものであるという（Zimbalist 2003b, pp. 100-101）。

入場料以外の収入には、この制度は適用されない。1 年 365 日のなかの 81 日の大リーグ開催日を除く 284 日をどう使うかは大リーグ各球団の知恵しだいである。コンサートやイベント、併設、そして各種の大会や結婚式まで、さまざまな活動を誘致して、興行収入の多様化に躍起になっている。たとえば、シアトル・マリナーズはセーフコ球場でのレスリングやアメフトの開催を行っている。同球団は 2003 年には 1.7 億ドルの収入があり、再配分金として 3100 万ドルを支出している。サンフランシスコ・ジャイアンツの場合、SBC パーク（現 AT&T パーク）の 4 時間貸しが 10 万ドル、1 日貸しが 15 万ドルなど、野球以外の球場収入により 700 万ドル

表 5-11　ヤンキースとレッドソックスの収入再配分額・贅沢税

	再配分額	贅沢税	遠征先での平均観客数	関連グッズシェア
ヤンキース	6000万ドル	2500万ドル	40847人	26%
レッドソックス	4200万ドル	300万ドル	36009人	21%

(出所) *Forbes*, 2005.4.25, p. 93

から1200万ドルを獲得している。他の球団も真似したいのであるが、地元の自治体との調整やコンサート設備の問題などで難しい。ヤンキースの場合、球場は賃貸のためにこうした営業活動はできない。しかし、企業のコンベンションを球場内の会議室で開催するという企画は派手さがあり魅力的であろう（Adams 2005c, p. 6）。

上の表5-11は、経済週刊誌"*Forbes*"によるヤンキースおよびレッドソックスの収入再配分額などである。収入再配分制度により、ヤンキースは6000万ドル、レッドソックスは4200万ドルを拠出している。選手年俸に対する贅沢税に関してはヤンキース2500万ドル、レッドソックス300万ドルを課せられている。球団収入の一部を構成するグッズ販売のシェアは、両球団で全体の47%を占める。

5.14　新スタジアム建設と公費援助

1920年代、1930年代に建設されスタジアムの建て替えが大リーグにとって緊急の課題となってきた。その際、地元自治体の公的な支援の是非が論じられてきた。球団間では、人気に支えられた収入格差の壁はなくならないことが背景にある。

多くの球団が公費建設を声高に市当局に要求し、当局は地域活性化という名目で球団側の要求を呑んできたというのが現実である。しかし、ジムバリストが指摘するように、パークもベースボールパークもパークである以上は、地元にはレクリエーションや娯楽の提供とともに自然とのふれあいや文化的な意義があり、また、地元にスポーツ施設があることに価値を置いている住民も少なくないだろう。スタジアムに公的支出を行うことが

無用かといえば嘘になるだろうとの趣旨を述べている（Zimbalist 2003b, pp. 131-133）。しかしながら、ニューヨーク市立大学教授のサリバンは、パークや学校のグラウンドの整備に公的支援をするほうが、裕福な球団が使用するベースボールパークを支援するより断然優れているとする。豪勢な野球場が完成してから、つぎに学校のグラウンドを整備するから、それまで辛抱強く待っておけと子供達に言うのかと息巻く。公的資金は地域の問題解決に、マーケットではできない課題への投資に、そして地域住民の福祉のために充当されるべきであり、ニューヨーク市の公益は、民意を確実に実行することで実現するという（Sullivan, p. 197）。

　たとえば、ニューヨークを本拠地とするヤンキースとメッツがともに新球場をいずれも現在地に隣接して数年後に自前で建設する計画を打ち出した。従来の地元の市町村からの資金投入には頼らず、自力での建設計画を打ち出した（*Sport Business Journal* 2005.6.27-7.3）。現実として、新ヤンキースタジアム（5万1800人収容）については建設費11億ドルはPILOT（Payment In Lieu Of Taxes、税金の代わりに投資プロジェクトのレベニューで支払う）レベニュー債券で確保し、周辺の駐車場などの環境整備費2.2億ドルは市が支出。これにたいして、メッツの新球場のシティフィールドはメッツの100%小会社であるSPE（特別目的会社）、クイーンズボールパーク・カンパニーが同じくPILOTレベニュー債券で建設費6億ドルを全額出資した。シティフィールドのお披露目は観衆2万2397人を迎え、ビッグイースト・リーグの地元セントジョーンズ大学とジョージタウン大学の対戦で幕を明けた。

　これにたいして、たとえば、フロリダ・マーリンズは、球団誕生以来NFLドルフィンズのフットボール・スタジアムを借用しており、オーナーのロリア氏（Jeffrey Loria, 1940-）はマイアミ・デイド郡およびマイアミ市に対して、ベースボール専用球場建設がなければ、移転するとちらつかせて圧力を加えていた。消極的な姿勢しか見せなかった地元はついに2012年竣工を目指して、リトルハバナと呼ばれるダウンタウンの元アメリカンフットボール競技場オレンジボウル跡地に建設することを決断した。四つの駐車場を含めた総工費6億3400万ドル、うち地元自治体から

の公費投入は市債により、デイド郡3億4700万ドルで球場建設費に、マイアミ市1300万ドルでオレンジボウル撤去費に充用する。球場建物はデイド郡の管理所有で35年リースで球団に賃貸する（*Tampa Bay Times* 2011.7.1）。

　この背景にはロリア氏の用意周到な計略がある。画商であるロリア氏は、18億ドルで買収したモントリオール・エクスポズをMLBに2002年に120億ドルで売却して、この差益でフロリダ・マーリンズを買い取った人物で、選手強化に大枚を投じて2003年のワールドシリーズで優勝した。ところが翌年、MLBから球団のフランチャイズ都市を変更できる権利を獲得したことを公表し、現在のアメフトとの共用では、観客数が中途半端で今後の収入が期待できないとして、専用球場の建設を地元自治体に要求した。圧力をかけるためか、2005年のオフに入ると、この優勝チームの有力選手を一斉に放出し、選手年俸総額は、図5-11に示すように、2005年の6038万ドルから一挙に1/4の1500万ドルに圧縮した（*National Post* 2011.12.10）。その後、リーグ優勝すら1回もしていないにもかかわらず、2012年の新球場の効果があるのか、観客数は増加傾向にある。球団名を2012年よりマイアミ・マーリンズに改称した。

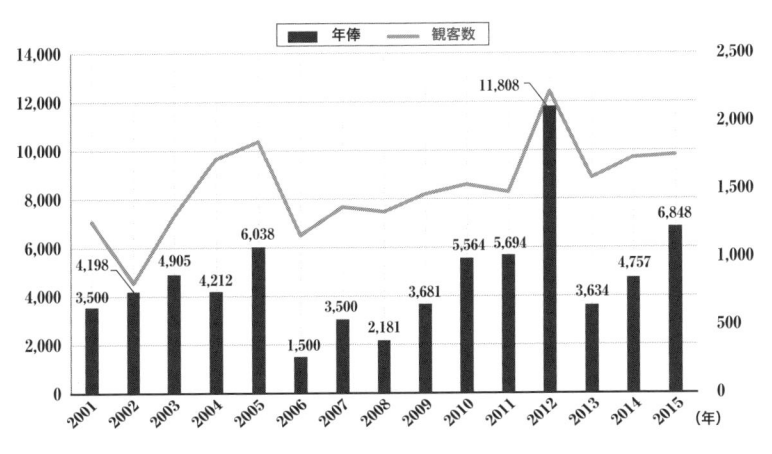

図5-11　マイアミ・マーリンズの観客数と年俸総額

出所）http://www.baseball-reference.com/teams/FLA/attend.shtml

21 世紀に入ってからの 15 年間のデータに関して、マーリンズの選手年俸総額と観客数の相関係数は、0.7346 である。有意水準 0.1% 基準で統計的に有意である。実力選手を揃えるとファンは見に来ることがわかる。

マイアミ市およびマイアミ・デイド郡の 5 億ドルの市債発行に対して、アメリカ証券監視委員会 SEC は、フロリダ州の経済化状況が芳しくないなかで、しかも球団が 2008 年と 2009 年にかなりの利益を上げているにもかかわらず、そして、この市債発行に関する住民投票に対する請求を無視する形で、この発行が購入者への十分な透明性のもとで行われたかどうかを調査するために、関係者に 2011 年秋に召喚状を送った (*New York Times* 2011.12.3, *Wall Street Journal* 2011.12.6, *Reuters* 2015.12.6)。市債発行の旗振り役であったデイド郡長はリコールを受けて敗退した。

5.15　競争均衡回復は機能しているのか

表 5-12 は、1901 年から 2008 年までの期間を六つに細分化して、各期間別の AL および NL の球団ごとの優勝回数を書き出したものである。各年代別の数値は、各球団を優勝回数の多い順に並べて、上位 3 球団の占有率を計算した数値である。アメリカンリーグの盟主であるニューヨーク・ヤンキースが 1969 年から 1993 年の年代にほとんど顔を見せないという事実が最も印象的であろう。とくに、1982 年から 1993 年にかけて、リーグ優勝すら全くしていない。

上位 3 球団の占有率を図示したのが図 5-12 である。両リーグともに、20 世紀前半の圧倒的な独占状態から、1969 年以降急速に占有率は低下してきている。1994 年以降に若干増加しているが、この年から各リーグが東、中そして西の 3 地区制となっている。従来の 2 地区が 3 地区に分かれると、地区内の球団数は減って、地区優勝の確率は必然的に高くなる。AL の東地区ではニューヨーク・ヤンキースが 1998 年から 8 年連続の地区優勝（うち 3 回ワールドシリーズ制覇）、中地区ではクリーブランド・インディアンスが 1995 年から 5 年連続の地区優勝、同じく 1995 年から NL のアトランタ・ブレーブスが 11 年連続優勝（1 回ワールドシリーズ制覇）

表 5-12 リーグ別の各球団リーグ地区別優勝回数

(数値%は上位3球団の占有率を示す)

期間	AL (アメリカン・リーグ)		NL (ナショナル・リーグ)	
1901-1920	フィラデルフィア	6	ニューヨーク	6
	ボストン	6	シカゴ	5
	シカゴ	4	ピッツバーグ	4
	デトロイト	3	ブルックリン	2
	クリーブランド	1	ボストン	1
			フィラデルフィア	1
			シンシナティ	1
		80.0%		75.0%
1921-1946	ニューヨーク	14	セントルイス	9
	デトロイト	4	ニューヨーク	7
	フィラデルフィア	3	シカゴ	5
	ワシントン	3	ピッツバーグ	2
	セントルイス	1	シンシナティ	2
	ボストン	1	ブルックリン	1
		80.8%		80.8%
1947-1968	ニューヨーク	15	ブルックリン-LA	10
	クリーブランド	2	セントルイス	3
	シカゴ	1	ボストン-MIL	3
	ミネソタ	1	ニューヨーク-SF	3
	ボルティモア	1	フィラデルフィア	1
	ボストン	1	ピッツバーグ	1
	デトロイト	1	シンシナティ	1
		81.8%		72.7%
1969-1981	ボルティモア	6	シンシナティ	6
	オークランド	6	ピッツバーグ	6
	ニューヨーク	5	ロサンゼルス	4
	カンザスシティ	4	フィラデルフィア	4
	ミネソタ	2	ニューヨーク	2
	デトロイト	1	アトランタ	1
	ボストン	1	サンフランシスコ	1
	カリフォルニア	1	ヒューストン	1
			モントリオール	1
		65.4%		61.5%
1982-1993	トロント	5	アトランタ	4
	オークランド	4	セントルイス	3
	ボストン	3	ロサンゼルス	3
	カリフォルニア	2	ピッツバーグ	3
	シカゴ	2	フィラデルフィア	2
	デトロイト	2	シカゴ	2
	カンザスシティ	2	ニューヨーク	2
	ミネソタ	1	サンフランシスコ	2
	ミルウォーキー	1	サンディエゴ	1
	ボルティモア	1	ヒューストン	1
			シンシナティ	1
		50.0%		41.7%
1994-2015	ニューヨーク	14	アトランタ	12
	クリーブランド	7	セントルイス	10
	テキサス	7	ロサンゼルス	8
	ミネソタ	6	アリゾナ	5
	ロサンゼルス	6	サンフランシスコ	5
	オークランド	6	フィラデルフィア	5
	シカゴ	4	ヒューストン	4
	デトロイト	4	サンディエゴ	4
	シアトル	3	シンシナティ	4
	ボストン	3	シカゴ	3
	ボルティモア	2	ニューヨーク	2
	タンパベイ	2	ワシントン	2
	カンザスシティ	1	モントリオール	1
	トロント	1	ミルウォーキー	1
			フロリダ	0
		42.4%		45.5%

* 各種資料から筆者作成。1947-1968年の右欄の英字はフランチャイズ変更先を示す。ロサンゼルス (LA)、サンフランシスコ (SF)、そしてミルウォーキー (MIL) を意味する。

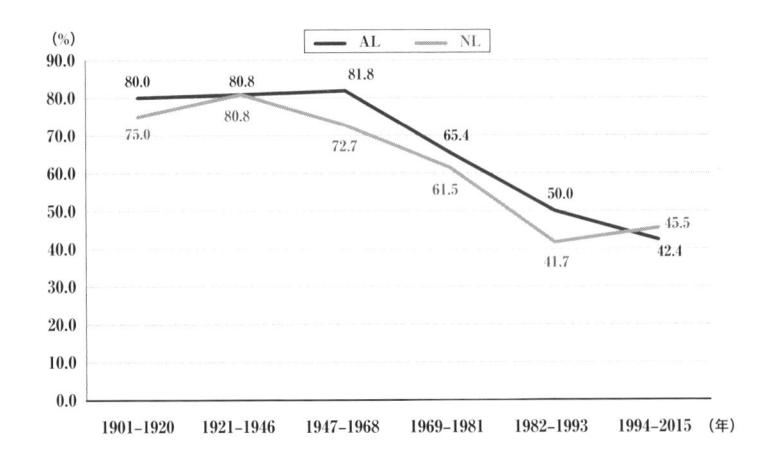

図 5-12　大リーグにおけるリーグ優勝チームの占有率の推移
出所）　表 5-12 より筆者作成

の偉業を果たしている。それでも全体をみると、占有率はかつてのような数値には遠く及ばない。この期間において、ワイルドカードから勝ち上がったフロリダ・マーリンズが 2 回、ロサンゼルス・エンゼルスが 1 回、ボストン・レッドソックスが 1 回、ワールドシリーズを制覇している。地区 2 位であっても、ワールドシリーズを制覇すること自体、球団間の戦力の競争均衡が機能していることを物語っている。

［注］

1)　2002 年にメジャー入りしたものの試合出場になかなか恵まれなかった田口壮外野手が、9 月にはいりベンチ入りして 15 試合で 11 打数 6 安打の実力を発揮した。田口選手は 1991 年ドラフト会議でオリックスが 1 位指名、愛工大名電高の鈴木一朗外野手は 4 位指名された。

2)　タンパベイ・レイズの野茂英雄投手は 2005 年 6 月 16 日に日米通算 200 勝をブルワーズ戦で達成した。7 月 16 日に、「戦力外通告（designated for assignment）」を受けた。野茂選手には他球団からのトレード申し込みがなく、25 日に自由契約（解雇）された。保有権放棄を他球団に通知するウェーバーにかけられた野茂に対して、ヤンキースが名乗りをあげた。野茂投手は 2005 年 7 月 27 日にヤンキースとマイナー契約を結ぶ。ヤンキースにすれば、トレードだと有力選手を交換に放

出しなければならないので、ウェーバーで獲得した。野茂投手はヤンキース傘下のファーム球団であるコロンバスに所属、翌年ホワイトソックスとマイナー契約したものの故障者リストに入り、右肘手術をした。2008 年に現役引退。日米通算 201 勝。

3) このあたりの生々しい事情の一端は、M. Lewis の第 9 章に詳しい。

4) オークランド・アスレティックスの右腕投手 Tim Harikkala を例にとると、2005 年 6 月 17 日にウェーバーにかけられ、同 24 日にこれをクリアしたものの、マイナー降格を拒否して、自由契約になった。同年から 3 年間、韓国プロ野球で活躍し、2007 年にコロラド・ロッキーズと契約し、8 月 12 日にシカゴ・カブス戦に先発登板したものの、3 回に 9 安打を打たれ 3 失点で降板した。この選手の経歴としては、1992 年アマチュア・ドラフトでシアトル・マリナーズと契約、95 年メジャー昇格。2004 年 10 月 6 日にコロラド・ロッキーズのウェーバーで、アスレティックスの譲渡申し込みに応じて、移籍。メジャー通算 6 勝 7 敗。

5) 1991 年 3 月に中日ドラゴンズの落合博満選手が調停申請した。これが日本での申請第 1 号である。3 度の 3 冠王に輝く落合選手（37 歳）は 1 年契約年俸 2 億 7000 万円を要求した。球団側は 2 億 2000 万円を提示し、交渉は決裂。そこで、同選手は調停を申請した。コミッショナーの吉国一郎、セリーグ会長川島寛盛、パリーグ会長原野和夫の 3 人が規約に従い、調停人に就任した。大方の予想どおり、球団側提示額を調停額とした。1993 年には横浜ベイスターズの高木豊選手が調停申請した。要求額 1 億円に対して、球団提示額 9500 万円であり、球団側提示額が調停額として提示された。

6) 1967 年 13 勝 -17 敗の防御率 2.80（以下同様）、68 年 13-13 の 3.35、69 年 12-15 の 3.35、70 年 18-14 の 3.81、71 年 21-11 の 2.96、72 年 21-7 の 2.04、73 年 21-5 の 3.34。

7) フィンリーは、アイディアマンで、試合時間を短縮するために、4 球でなくて 3 球で打者が一塁に出るルールを 1971 年の対ブルワーズ戦エキシビションで試した。その結果、両球団 19 人に 4 球を出した。あるいは、打者から球筋が見えるようにオレンジ色のボールを提案した。これには稀代のアイディアマンのクリーブランド・インディアンスのオーナーであるベックをして、「親父の頃は、観客はすべて白のシャツを着ていたがそれでも球は白だった」と言わしめて、彼は自ら撤回している（Charlton, p. 181）。

8) 6 年という期間については、オーナー側の当初の 10 年という期間から、ミラーの個人的な 5 年という期間があり、最後にはオーナー側再提案の 6 年で決着した（Miller, chapter. 14）。ただし、大リーグに 5 年以上在籍の選手にはトレードを球団に要求する権利を与える、さらに彼はトレード先として拒否できる 6 球団を指名できる、そして 3 月 15 日までに球団がトレード先を見つけられない場合は、FA の権利を獲得できることを付帯条件とした（Miller, p. 267）。我が国プロ野球の FA 制については、1993 年の日本シリーズ終了後に発効した。日本プロ野球機構は、10 年間在籍あるいは 1500 試合出場を条件にし、さらに各球団は FA 宣言をした選手を二人まで他球団から取れること、その場合、引き抜かれた球団に代わ

りの選手あるいは金銭（移籍選手の移籍前の年俸の1.5倍）を補償すること、さらに、新年俸上限は2倍とした。65人の該当選手のなかで5人がFAを宣言した。このなかの一人に入った落合博満選手は3年契約の年俸3億7000万円で、巨人に入団した。巨人は移籍に際して、旧年俸の1.5倍の3億7500万円を中日側に支払った。彼は、巨人の目論見通り、セ・リーグ優勝に大きく貢献した。翌年には58人の該当選手のなかで6人がFAを宣言。広沢克己一塁手に対して、ヤクルトは5割アップを提示したものの、同選手は巨人に入団した。現在では、一軍登録150日の通算9シーズンをFAの条件にしている。さらに、2005年夏のオーナー会議で条件を緩和して8シーズンに短縮した。

9) 大リーグではFAの資格がある選手の球団との契約交渉を一手に引き受ける代理人が幅を利かせている。とくに、凄腕のスコット・ボラス氏が率いるグループは一流選手を顧客に取り込みライバルを寄せ付けない。2000年にシアトル・マリナーズのアレックス・ロドリゲスを総額2億5200万ドル、10年契約でテキサス・レンジャーズに入団させたのはこの業界の語り草となっている。ボラス氏の経営する企業は15人の専門家集団で、各自がデータ分析や球団の動きをフォローして、高く買ってくれる球団をいち早く見つけて交渉にあたっている。たとえば、今年の場合、ヒューストンのベルトラン選手に目をつけて、球団がFA交渉ができる最終日の1月8日が過ぎたちょうど夜中の12時から朝8時まで本人と受け入れ先のメッツと電話交渉を続けて彼のメッツ入りを成立させている。代理人の力を頼りに、最近では有力な新人選手が6年目シーズン前に球団から進められる複数年の好待遇の契約を断って、1年契約として、シーズン後にFA宣言をするケースが増加している（Mullen, p. 21）。かつて、選手会事務局長のミラーは、何の資格もない人物が「貴方の代理人は私だ」と選手に近寄り、電話一本で球団と交渉して法外な仲介料を取ったりしていると忠告、「ニューヨークの法律事務所なら二日間8000ドルでやってくれる交渉事に100万ドル支払っている」と嘆いていた（Milller, p. 277）。

10) このプランの支給額一覧表は次の順番である。表7が最後に示されていることに注意する。

    p. 12 表1 1946年から1965年の在籍選手に対する月額確定給付金額表
    p. 13 表2 同じく月額変額給付金額表
    p. 14 表3 1966年から1969年の在籍選手に対する月額確定給付金額表
    p. 15 表4 同じく月額変額給付金額
    p. 16 表5 1970年から1991年の在籍選手に対する月額確定給付金額表、ただし在籍平均年俸68212ドル未満の選手に適用
    p. 17 表6 同じく月額確定給付金額表
                      ただし在籍平均年俸68212ドル以上の選手に適用。上限は11万2221ドル
    p. 18 表8 1992年以降在籍選手に対する月額確定給付金額表、ただし在籍平均年俸6万8212ドル未満の選手に適用

p. 19　表9　同じく月額確定給付金額表
　　　　　　　ただし在籍平均年俸68212ドル以上の選手適用。上限は13万ドル
　　p. 20　表7　1970年から1991年および1992年以降の選手の月額変額給付金額
11)「2007-2011年基本協定」以降では、贅沢税の代わりに、競争均衡税が同じ意味
　　で使われている。

第5章補足

アメリカ大リーグにおける収入再分配制度の数学的側面

補1　はじめに

すでに、前章までにおいて、アメリカ大リーグのイノベーション過程に注目して、一連の論考を進めてきた。とくに、第5章では、各球団の戦力を競争的に均衡させる仕組みとして、贅沢税と収入再分配制度（revenue sharing plan）を取り上げた。本章では、世間的に有名ではあるが、正確に理解されることがない収入再分配制度を理論的に分析する。最後に、大リーグ各球団収入データによる数値実験を行う。

「2007-2011 BASIC AGREEMENT（大リーグ労使協定書）」（以下、「協定書」）第24条（pp. 104-121）によれば、アメリカ大リーグにおける収入再分配制度は、次の三つの制度から構成されている。

(a) ベースプラン（S（straight line）方式, $r=31\%$）A項−定義（9）
(b) セントラルファンド・コンポーネント（C方式）A項−定義（12）
(c) コミッショナー専用ファンド　A項−定義（13）

「協定書」A項−定義（11）において、「1のS方式（$r=0.31$）および2のC方式によって実施される収入再分配金額総額（純移転価値）は、48％ストレートラインでの収入再分配金額総計に等しい」と述べている。本章の目的はこれを論証することである。

補2　収入再分配制度の数学的側面

補2-1　S（ストレート）方式

球団純収入 x_i に対して、税率 r を適用した場合、課税後の収入 y_i は、

$$y_i = (1-r)x_i + rx_a \tag{1}$$

として、定義されている。各球団から税率rで控除した金額 rx_i を全額プールして、その単純平均 rx_a を加算するものである。ただし、x_a は収入平均である。これを図示すれば、図補-1 となる。ここで、$x_i = x_a$ の場合、(1)式より、$y_i = x_a$ となる。また、$r=1$ の場合、すべての i に関して、$y_i = x_a$ となる。r が大きければ大きいほど、(1) 式の傾きは x_a を軸に大きくローリングすることがわかる。図補-1 は、$r=0.48$、$x_a=50$ の場合の y_i を図示している。

いま、$r = p+q$

とすれば、

$$y_i = (1-(p+q))x_i + (p+q)x_a = (1-p)x_i + px_a - q(x_i - x_a) \tag{2}$$

となる。これを、$p=0.31$、$q=0.17$ として、図示すれば図補-2 となる。

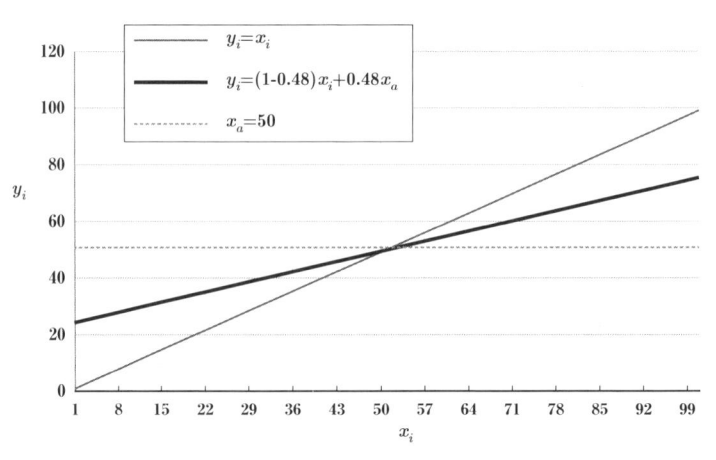

図補-1　S 方式（$r=0.48$, $x_a=50$）

第 5 章補足　アメリカ大リーグにおける収入再分配制度の数学的側面　　201

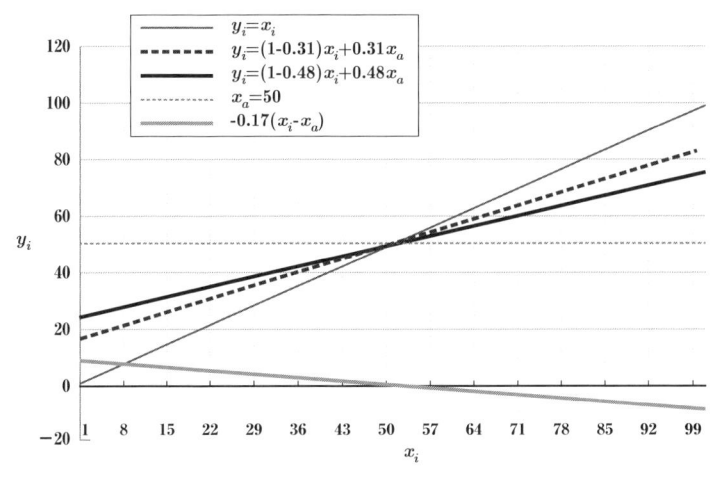

図補-2　S 方式（$p=0.31$, $q=0.17$, $x_a=50$）

〈数値例 1〉

確定ローカル純収入（NDLR）x_i を表補-1 の第 1 列に示した。ここで、(1) 式から $r=0.48$ の場合の課税後の収入 y_i を 48%line として第 3 列に記した。次に、$p=1/3$ の場合の y_i を 33.333%line として第 5 列に記し

表補-1　数値例 1

x_i(=NDLR)	$r=0.48$	48%line	0.3333333	33.333%line	調整項	48%line
0	0	24	0	16.6666667	7.33333	24
10	4.8	29.2	3.3333333	23.3333333	5.86667	29.2
20	9.6	34.4	6.6666667	30	4.4	34.4
30	14.4	39.6	10	36.6666667	2.93333	39.6
40	19.2	44.8	13.333333	43.3333333	1.46667	44.8
50	24	50	16.666667	50	0	50
60	28.8	55.2	20	56.6666667	-1.4667	55.2
70	33.6	60.4	23.333333	63.3333333	-2.9333	60.4
80	38.4	65.6	26.666667	70	-4.4	65.6
90	43.2	70.8	30	76.6666667	-5.8667	70.8
100	48	76	33.333333	83.3333333	-7.3333	76

た。調整項とは、(2) 式最右辺の第3項を示す。いま、$p=1/3$, $q=11/75$, $r=0.48$ の場合、(1) 式の結果と (2) 式の結果は数値的に等しい。$r=0.48=1/3+11/75$。

補2-2　C（セントラル・コンポーネント）方式

x_i を x_a 以上のグループAと、x_a 未満のグループBに二分する。すなわち、

$$x_j \geq x_a \text{ for } j \in A, \ x_k < x_a \text{ for } k \in B$$

とする。そして、成果要素（performance factor）β を「協定書」p. 106 の説明から、次のように定義する。

$$\beta_j = \frac{\dfrac{x_j - x_a}{x_a}}{\sum \dfrac{x_j - x_a}{x_a}} \geq 0, \ \sum \beta_j = 1, \text{ for } j \in A \tag{3}$$

$$\beta_k = \frac{\dfrac{x_a - x_k}{x_a}}{\sum \dfrac{x_a - x_k}{x_a}} \geq 0, \ \sum \beta_k = 1, \text{ for } k \in B \tag{4}$$

C方式のもとでの課税後の収入直線は、次の(5)式および(6)式となる。x_j に関しては、$\beta_j x_a$ を削減し、反対に、x_k に関しては、$\beta_k x_a$ を加算する。

$$y_j = x_j - \beta_j x_a \qquad j \in A \tag{5}$$
$$y_k = x_k + \beta_k x_a \qquad k \in B \tag{6}$$

$x_j = x_a$ のとき、(3) 式より、$\beta_j = 0$ であるから、$y_j = x_a$。課税後の収入線は x_a を通る直線になる。$x_k = x_a$ のときも同様である。

補2-3　S方式とC方式の関係

(1) 式で示されるS方式、および (5) 式と (6) 式で示されるC方式に関して、課税後の収入直線は、いずれも x_a を通る直線になる。このとき、次の定理が成立する。

定理1　任意の $\beta_j\ (j\in A)$ に対して、
$$\beta_j x_a = r(x_j - x_a) \tag{7}$$
となる r が存在する。　　　　　　　　　　　　　　　　　　〈証明了〉

（証明）

$j\in A$ なる j に関して、S方式の下では、球団 j の課税額は
$$x_j - y_j = x_j - (1-r)x_j - rx_a = r(x_j - x_a)$$
となる。C方式での課税額は $\beta_j x_a$ である。両方式の課税額後の収入線はいずれも x_a を通る直線となるから、(7) 式を満たす r が存在する。

〈証明了〉

定理2　任意の $\beta_k\ (k\in B)$ に対して、
$$\beta_k x_a = r'(x_k - x_a) \tag{8}$$
となる r' が存在する。

（証明）

$k\in B$ なる k に関して、S方式の下では、球団 k の補助額は
$$y_k - x_k = (1-r)x_k + rx_a - x_k = r'(x_a - x_k)$$
となる。C方式での補助額は $\beta_k x_a$ である。両方式の課税額後の収入線はいずれも x_a を通る直線となるから、(8) 式を満たす r' が存在する。〈証明了〉

定理3　定理1および定理2のもとで、次式が成立する。
$$r = r'$$

（証明）

(7) 式および (8) 式より、

$$r = \beta_j x_a \Big/ (x_j - x_a) = \frac{\dfrac{x_j - x_a}{x_a}}{\sum_A \dfrac{x_j - x_a}{x_a}} \times \frac{x_a}{x_j - x_a} = \frac{1}{\sum_A \dfrac{x_j - x_a}{x_a}}$$

$$r' = \beta_k x_a \Big/ (x_k - x_a) = \frac{\dfrac{x_a - x_k}{x_a}}{\sum_B \dfrac{x_a - x_k}{x_a}} \times \frac{x_a}{x_a - x_k} = \frac{1}{\sum_B \dfrac{x_a - x_k}{x_a}}$$

したがって、

$$r - r' = \frac{1}{\sum_A \frac{x_j - x_a}{x_a}} - \frac{1}{\sum_B \frac{x_a - x_k}{x_a}} = \left(\sum_B \frac{x_a - x_k}{x_a} - \sum_A \frac{x_j - x_a}{x_a} \right) / D$$

$$= \left(\sum_B (x_a - x_k) - \sum_A (x_j - x_a) \right) / x_a D = \left(\sum_N x_a - \sum_N x_i \right) / x_a D = 0$$

ただし、 $D = \sum_A \frac{x_j - x_a}{x_a} \sum_B \frac{x_a - x_k}{x_a}, N = A \cup B$ 〈証明了〉

含意1

C方式のもとでの収入再配分後の収入直線と同じ収入直線をもたらす課税率rが必ず存在する。

含意2

あるデータ系列 $x_i (i=1,...n)$ に対して、C方式で計算した課税後の収入直線は、次の（9）式で計算した課税率 r を適用したS方式での課税後の収入直線と同等である。

$$r = \frac{1}{\sum_A \frac{x_j - x_a}{x_a}} \quad (9)$$

〈数値例2〉

数値例1において、C方式を適用する。含意の（9）式より、

$$r = 1/3$$

であるから、下記の数値例2（表補-2）で示すように、C方式で求めた課税後の収入直線と $r=1/3$ で求めたS方式での課税後の収入直線は一致する。

数値例1で示すように、まず、S方式での課税率 $r=0.48$ を決める。次に、C方式で収入再配分を行う。これを（9）式から、S方式での課税率 p に換算する。$p=1/3$。次に、（2）式より、

$$q = r - p = 0.48 - 1/3 = 11/75 = 0.14667。$$

含意3

p と q を入れ替えても、（2）式は成立する。すなわち、まず、$p=0.14667$

表補-2　数値例2

i	x_i(=NDLR)	$(x_i-x_a)/x_a$	β_i	$\beta_i x_i$	y_i	33.3%line
1	0	-1	0.33333	16.667	16.667	16.6667
2	10	-0.8	0.26667	13.333	23.333	23.3333
3	20	-0.6	0.2	10	30	30
4	30	-0.4	0.13333	6.6667	36.667	36.6667
5	40	-0.2	0.06667	3.3333	43.333	43.3333
6	50	0	0	0	50	50
7	60	0.2	0.06667	-3.333	56.667	56.6667
8	70	0.4	0.13333	-6.667	63.333	63.3333
9	80	0.6	0.2	-10	70	70
10	90	0.8	0.26667	-13.33	76.667	76.6667
11	100	1	0.33333	-16.67	83.333	83.3333
		0		0		

のもとでS方式を適用し、次にC方式を適用する。数値例1での課税率 $q=1/3$ であるから、

$$r=0.14667+1/3=0.48。$$

補2-4　C方式の逆進性

S方式では、任意の $1>r>0$ に関して、

$$\text{If}\quad x_i>x_a>x_j,\quad \text{then}\quad y_i>x_a>y_j$$

ところが、C方式では、次のような逆進性が生ずる場合がある。

$$\text{If}\quad x_i>x_a>x_j,\quad \text{then}\quad y_i<x_a<y_j$$

〈数値例3〉　次の数値例（表補-3）では、相対的に収入が極端に少ない球団があり、しかも単純平均 x_a 未満で唯一の球団となっている。C方式を適用した結果、完全な逆進性が出ている。

表補-3　数値例3

i	x_i(=NDLR)	x_i-x_a	β_i	$\beta_i x_i$	y_i
1	2000	235	0.1339	236.34	1763.7
2	1990	225	0.12821	226.28	1763.7
3	1980	215	0.12251	216.23	1763.8
4	1970	205	0.11681	206.17	1763.8
5	1960	195	0.11111	196.11	1763.9
6	1950	185	0.10541	186.05	1763.9
7	1940	175	0.09972	176	1764
8	1930	165	0.09402	165.94	1764.1
9	1920	155	0.08832	155.88	1764.1
10	10	-1755	1	1765	1775

補3　大リーグ「協定書」の数値実験

「1のS方式（p=31%）および2のC方式によって実施される収入再分配金額総額（純移転価値）は、1のS方式（r=48%）での収入再分配金額総計に等しい」という協定書A項-定義11の議論は、「協定書」付録26（p. 193）のデータを前提としている。

付録26は大リーグ全30球団のローカル純収入を大きい順にランキングしている。ヤンキース（x_1）の3億958万7000ドルを筆頭にして最下位のタンパベイ（x_{30}）の4062万6000ドルまでが並んでいる（表補-4参照）。x_a=1億1377万8000ドルであるので、（3）式および（4）式より、成果係数 β を計算すると、

$$\beta_1=28.1\%, \cdots\cdots, \beta_{30}=10.5\%$$

を得る。これが付録26の球団成果係数の数値である。

C方式を付録データに適用すると、（9）式より、r=1/6.131=0.163114 が得られる。あらためて、これを q=0.163114 と書けば、（2）式より、

$$p=r-q=0.48-0.163114=0.316886$$

を得る。

次の表補-4および表補-5は「協定書」付録26のデータに基づく数値計算の結果を示している。

表補-4は、「協定書」で指定された p=0.31 のもとでの計算結果である。

第3列は、労使協定付録26に掲載されている球団別の確定ローカル純収入（NDLR=Net Defined Local Revenue）を示している。

まず、球団の「グロス収入」が定義される。グロス収入とは、球団から報告された1年間の野球にかかわる事業からのすべての収入であり（第24条A項（3）前半）、球団がMLBとの連携協力することで野球の訴求に役立つと考えて展開する事業（同（a））あるいは確定グロス収入とはみなさないという決定ないし取り決めの結果として収入が得られる事業（同（b））も入れる。次に、「セントラル収入」が定義される。これは、コミッショナー事務局が統括する性質のもので、テレビ、ラジオそしてインターネット等の国内外の放映権収入、MLB財産権収入、MLBアドバンストメディア収入、著作権仲裁使用料委員会（CARP）収入、オールスター戦収入などである（同（4））。「ローカル収入」とは、「球団確定グロス収入」マイナス「セントラル収入の一定比率」であり、そして、「ローカル純収入」とは、「ローカル収入」マイナス「球場支出」である。「球場支出額」とは、球場運営費用である。

表補-4の第4列は、球団純収入の31%分が課税された結果、手元に残る純収入を示す。第5列はこの31%相当分であり、徴収額を示す(transfer value)。第6列のperformance factorとは、労使協約の付録26に掲載されている数値であり、全球団の平均純収入からの乖離を示す。「この係数がプラスならば、セントラルファンド・コンポーネントへの貢献者であり、マイナスならばセントラルファンド・コンポーネントからの受取人となる（協定書、p. 106）」。たとえば、ヤンキースの場合、この数値は0.281であるから、ヤンキースのNDLR309,587にこの係数を乗じた31,971が徴収額となる。次のnet transfer valueとは、説明した2種類の徴収額合計である。したがって、球団が意のままに用いることができる純収入はnet transfer valueを除いた金額となる。

つまり、

　　　　球団手元純収入＝収入－31%課税分－performance factor分　（4）

最後から2列目の48%lineとは、球団のNPLRから税率48%を一律に適用して求めた課税額を除いた収入である。

表補-4 大リーグの収入再分配方式に基づく数値実験1

NO	Team	NDLR	31% line	transfer value 1 (1)	performance factor	transfer value 2 (2)	net transfer value (3)=(1)+(2)	revenue sharing plan (4)	48% line (5)	difference (6)=(4)-(5)
1	NY Yankees	309,587	248,886	60,701	0.281	31,971	92,672	216,915	215,598	0.61%
2	Boston	252,144	209,250	42,894	0.198	22,528	65,422	186,722	185,728	0.54%
3	New York Mets	200,787	173,814	26,973	0.125	14,222	41,195	159,592	159,022	0.36%
4	Chicago Cubs	187,975	164,974	23,001	0.106	12,060	35,062	152,913	152,360	0.36%
5	LA Dodgers	177,588	157,807	19,781	0.091	10,354	30,135	147,453	146,959	0.34%
6	Seattle	145,112	135,398	9,714	0.045	5,120	14,834	130,278	130,071	0.16%
7	Chicago White Sox	141,674	133,026	8,648	0.040	4,551	13,199	128,475	128,284	0.15%
8	LA Angels	138,382	130,755	7,627	0.035	3,982	11,610	126,772	126,572	0.16%
9	St.Louis	134,989	128,413	6,576	0.030	3,413	9,989	125,000	124,808	0.15%
10	San Francisco	132,195	126,486	5,709	0.026	2,958	8,668	123,527	123,355	0.14%
11	Houston	126,204	122,352	3,852	0.018	2,048	5,900	120,304	120,239	0.05%
12	Atlanta	116,226	115,467	759	0.004	455	1,214	115,012	115,051	-0.03%
13	Texas	113,427	113,536	-109	-0.001	-114	-222	113,649	113,595	0.05%
14	Philadelphia	106,733	108,917	-2,184	-0.010	-1,138	-3,322	110,055	110,114	-0.05%
15	Washington	103,186	106,469	-3,283	-0.015	-1,707	-4,990	108,176	108,270	-0.09%
16	Cleveland	102,029	105,671	-3,642	-0.017	-1,934	-5,576	107,605	107,668	-0.06%
17	Baltimore	100,841	104,851	-4,010	-0.019	-2,162	-6,172	107,013	107,051	-0.03%
18	San Diego	95,903	101,444	-5,541	-0.026	-2,958	-8,499	104,402	104,483	-0.08%
19	Cincinnati	80,843	91,053	-10,210	-0.047	-5,348	-15,557	96,400	96,652	-0.26%
20	Arizona	78,836	89,668	-10,832	-0.050	-5,689	-16,521	95,357	95,608	-0.26%
21	Colorado	69,318	83,100	-13,782	-0.064	-7,282	-21,064	90,382	90,659	-0.30%
22	Detroit	67,464	81,821	-14,357	-0.066	-7,509	-21,867	89,331	89,695	-0.41%
23	Oakland	67,429	81,797	-14,368	-0.066	-7,509	-21,877	89,306	89,676	-0.41%
24	Minnesota	64,343	79,668	-15,325	-0.071	-8,078	-23,403	87,746	88,072	-0.37%
25	Milwaukee	60,800	77,223	-16,423	-0.076	-8,647	-25,070	85,870	86,229	-0.42%
26	Pittsburgh	55,365	73,473	-18,108	-0.084	-9,557	-27,665	83,030	83,403	-0.45%
27	Toronto	49,309	69,294	-19,985	-0.092	-10,468	-30,453	79,762	80,254	-0.61%
28	Kansas City	48,200	68,529	-20,329	-0.094	-10,695	-31,024	79,224	79,677	-0.57%
29	Florida	45,812	66,881	-21,069	-0.097	-11,036	-32,106	77,918	78,435	-0.66%
30	Tampa Bay	40,626	63,303	-22,677	-0.105	-11,947	-34,624	75,250	75,739	-0.65%
	Total →	3,413,327						3,413,441	3,413,327	0.00%
	Average →	113,778						Average →	54,613	

第 5 章補足　アメリカ大リーグにおける収入再分配制度の数学的側面　209

表補-5　大リーグの収入再分配方式に基づく数値実験 2

NO	Team	NDLR	31.6886% line	transfer value 1 (1)	performance factor	transfer value 2 (2)	net transfer value (3)=(1)+(2)	revenue sharing plan (4)	48% line (5)	difference (6)=(4)-(5)	revenue sharing plan on true Pf (7)	difference (8)=(7)-(5)
1	NY Yankees	309,587	247,538	62,049	0.281	31,971	94,021	215,566	215,598	0.01%	215,598	0.00%
2	Boston	252,144	208,298	43,846	0.198	22,528	66,374	185,770	185,728	-0.02%	185,728	0.00%
3	New York Mets	200,787	173,215	27,572	0.125	14,222	41,794	158,993	159,022	0.02%	159,022	0.00%
4	Chicago Cubs	187,975	164,463	23,512	0.106	12,060	35,573	152,402	152,360	-0.03%	152,360	0.00%
5	LA Dodgers	177,588	157,367	20,221	0.091	10,354	30,574	147,014	146,959	-0.04%	146,959	0.00%
6	Seattle	145,112	135,183	9,929	0.045	5,120	15,049	130,063	130,071	0.01%	130,071	0.00%
7	Chicago White Sox	141,674	132,834	8,840	0.040	4,551	13,391	128,283	128,284	0.00%	128,284	0.00%
8	LA Angels	138,382	130,585	7,797	0.035	3,982	11,779	126,603	126,572	-0.02%	126,572	0.00%
9	St.Louis	134,989	128,267	6,722	0.030	3,413	10,135	124,854	124,808	-0.04%	124,808	0.00%
10	San Francisco	132,195	126,359	5,836	0.026	2,958	8,794	123,401	123,355	-0.04%	123,355	0.00%
11	Houston	126,204	122,266	3,938	0.018	2,048	5,986	120,218	120,239	0.02%	120,239	0.00%
12	Atlanta	116,226	115,450	776	0.004	455	1,231	114,995	115,051	0.05%	115,051	0.00%
13	Texas	113,427	113,538	-111	-0.001	-114	-225	113,652	113,595	-0.05%	113,595	0.00%
14	Philadelphia	106,733	108,965	-2,232	-0.010	-1,138	-3,370	110,103	110,114	0.01%	110,114	0.00%
15	Washington	103,186	106,542	-3,356	-0.015	-1,707	-5,063	108,249	108,270	0.02%	108,270	0.00%
16	Cleveland	102,029	105,752	-3,723	-0.017	-1,934	-5,657	107,686	107,668	-0.02%	107,668	0.00%
17	Baltimore	100,841	104,940	-4,099	-0.019	-2,162	-6,261	107,102	107,051	-0.05%	107,051	0.00%
18	San Diego	95,903	101,567	-5,664	-0.026	-2,958	-8,622	104,525	104,483	-0.04%	104,483	0.00%
19	Cincinnati	80,843	91,280	-10,437	-0.047	-5,348	-15,784	96,627	96,652	0.03%	96,652	0.00%
20	Arizona	78,836	89,908	-11,072	-0.050	-5,689	-16,761	95,597	95,608	0.01%	95,608	0.00%
21	Colorado	69,318	83,407	-14,089	-0.064	-7,282	-21,370	90,688	90,659	-0.03%	90,659	0.00%
22	Detroit	67,464	82,140	-14,676	-0.066	-7,509	-22,185	89,649	89,695	0.05%	89,695	0.00%
23	Oakland	67,429	82,116	-14,687	-0.066	-7,509	-22,197	89,626	89,676	0.06%	89,676	0.00%
24	Minnesota	64,343	80,008	-15,665	-0.071	-8,078	-23,743	88,086	88,072	-0.02%	88,072	0.00%
25	Milwaukee	60,800	77,588	-16,788	-0.076	-8,647	-25,435	86,235	86,229	-0.01%	86,229	0.00%
26	Pittsburgh	55,365	73,875	-18,510	-0.084	-9,557	-28,067	83,432	83,403	-0.04%	83,403	0.00%
27	Toronto	49,309	69,738	-20,429	-0.092	-10,468	-30,897	80,206	80,254	0.06%	80,254	0.00%
28	Kansas City	48,200	68,981	-20,781	-0.094	-10,695	-31,476	79,676	79,677	0.00%	79,677	0.00%
29	Florida	45,812	67,349	-21,537	-0.097	-11,036	-32,574	78,386	78,435	0.06%	78,436	0.00%
30	Tampa Bay	40,626	63,807	-23,181	-0.105	-11,947	-35,127	75,753	75,739	-0.02%	75,739	0.00%

Total → 3,413,327　　　　　　　　　　　　　　　　　　　　　　3,413,441　3,413,327　　　　　　　　　　0.00%
Average → 113,778　　　　　　　　　　　　　　　　　　　　　　　　　　　　Average →　54,613

$$\text{球団手元純収入} = \text{収入} - 48\% \text{課税分} \qquad (5)$$

　数値実験の結果、最終列に示したように、(4)と(5)の乖離はすべて1%未満である。で、$r=0.48$で求めた課税後収入と、S方式とC方式を併用した場合のそれとの誤差をパーセント表示している。たとえば、ヤンキースでは、0.61%の誤差が生じている。

　これに対して、表補-5では、$p=0.31$ではなく、(9)式に従った計算手順より求めた$p=0.316886$のもとでの計算結果である。最後から3列目の誤差は、プラスマイナス100分の1パーセントレベルにまで激減している。

　ただ、誤差がゼロになっていないのは、成果係数βを「協定書」付録26の小数点以下3桁表示の数値に従って計算しているからである。大リーグ機構は、「協定書」付録26において、小数点以下4桁目で四捨五入して、いわば近似値をβ値として採用している。そこで、(3)式および(4)式に従って計算したβ値を使うと、つまり、近似値でなく、正確な数値を使うと、表補-5の最終列に示されるように、誤差はすべて解消している。定理1、定理2および定理3が成立することを明確にしている。

　(3)式から明らかなように、球団収入要素βは特定のデータ系列に依存している。念のために、ここで、表補-4において、収入ランキング第2位のボストン・レッドソックスから第5位のロサンゼルス・ドジャースまでの収入をヤンキースと同一の3億958万7000ドルとすると、$\beta_1 = \cdots = \beta_5 = 0.189$となるだけでなく、ほかの$\beta$値も球団収入平均値$x_a$もすべて変化する。「協定書」の手順に従うと、誤差自体もトップ5球団の3.03%から最下位のタンパベイの-3.91%までとなり、拡大する。

補4　終わりに

　大リーグ「協定書」の第24条で提起されている収入再分配方式を数学的に定式化した。こうした理論的な試みはこの方式を理解するうえで不可欠の作業といえる。さらに、「協定書」付録26に基づいて、数値実験を行った。その結果、「協定書」の数学的な計算手順は近似的な方法であることを数値的に明確にした。さらに、我々の提示した数学的方法は論理的

で正確な計算値をもたらすことも実証した（表補-5）。

[参考文献]

http://www.vanderbilt.edu/econ/faculty/Vrooman/2007-2011_cba.pdf#search='2007 2011+basic+agreement'、2016.2.28 閲覧

終章

　アメリカ大リーグは「顧客創造」に向けて、経営システムとして、ひたすら経営努力および経営改革を続けてきたというべきであろう。球団数の増大と全米各都市へのフランチャイズ進出、そして海外での公式試合の開催があげられる。2000年3月29日と30日に大リーグ開幕戦が東京ドームで開催された。NLのシカゴ・カブス対ニューヨーク・メッツの試合である。メッツの監督はその後にロッテ監督となったバレンタイン、カブスの四番打者はソーサ、メッツの捕手はピアッツァであった。最近では、2012年3月28日と29日にALのシアトル・マリナーズ対オークランド・アスレティックス戦が行われた。大リーグの世界戦略の一環であると考えられる。2008年3月15日と16日の両日には、中国・北京でドジャース対パドレスのオープン戦が開催された。人口13億人の巨大マーケットへの参入を狙う。

　歴史的に振り返ると、ナイト・ゲームの導入、サンデー・ゲームの導入、アルコールの販売、黒人選手の獲得、マーケット拡大を狙ったヒスパニック系選手そしてアジア系選手の獲得、観客の人気を高めるため、投手戦から打撃戦への誘導に向けたルール改訂、DH制の採用、新球場の建設、およびインターリーグの開催などがあげられる。稀代の興行師であったベック（Bill Veeck, 1914-1986）[1]のように、ベースボールをショービジネスと心得て、球場に足を運ぶのは野球ファンだけに限らないとさまざまなファンサービスに心がけて観客動員を伸ばした個性的で優れた経営者や強い権

限をもったコミッショナーを大リーグは輩出してきた。個性が輝いてきたのは、選手だけではないのである。

また、カーネギー、バンダービルトそしてロックフェラーといった泥棒貴族を輩出した金ピカ時代であっても、地域の活性化のためには地元チームの振興と強化が不可欠として、私財を投げ打ったオーナー達や篤志家も少なからずいたのである。

さらに、いっそうの「顧客創造」を目指して、ゲームをよりスリリングとするために、大リーグは戦力均衡の手段を生み出してきた。球団総年俸に課する「贅沢税」および「収入再配分方式」の導入である。いっそうの収入増加を図るために、最近では独自のテレビ局やインターネット中継に乗り出す球団が続出し、ベースボールというソフト資産をいかに経営に組み込んでいくかに頭を絞っている。

アメリカ大リーグ創設から140年、歴史と伝統のなかで最大のイノベーションとは何であろうか、それは、大リーグという管理組織そのものであろう。

シュンペーターの定義に従えば、まず第一に、ベースボールという新商品を価値ある商品として売り出したことである。入場料を取ってスリリングなゲームを見せたことである。

第二に、新しいマーケットを創出したことである。スポーツを一般大衆に向けて売り出し、飲酒や賭け事に暇をつぶしていた世間の人々の足をフィールドに呼び込んだことである。集客に成功したのである。紆余曲折はあるものの家族で楽しめるスポーツに高めたのである。だからこそ、フランチャイズを全米各地に広げることでそれぞれの地域住民に愛され支持されるチーム作りに成功した。

第三に、そしてこれが非常に重要であるが、大リーグ制つまり今日メジャーリーグと呼ばれる管理制度を整備し機能させたことである。制度とは「ゲームのルール（宮田、p. 36）」であるとしても、そのゲームはベースボールのゲーム自体だけでなく、顧客創造に向けた長期的なゲームを含んでいるのである。これに大リーグは成功した。140年という歴史と伝統がそれを物語っている。しかも、メジャーリーグとしてブランド化するこ

とに成功した。波乱万丈の興亡の歴史のなかで、チームの地域が偏ったマイナーリーグから全米に広がるメジャーリーグに昇格しようとしたマイナーリーグの挑戦をことごとくしりぞけてきた。参入に成功したのはウエスタン・リーグ（AL）のみであった。

　メジャーとマイナーの格差は実に大きい。大リーグの象徴的な管理制度の具体例は FA 制の確立である。大リーグ創世期のように好き勝手に選手がチームを移り有力チームに人気選手が集まっては、人々の関心が薄まり顧客離れを起こす。1 位と最下位のゲーム差が 50 ゲームも離れて崩壊したリーグがあった。人々の支持を集め、ベースボールを普及させるには、チーム力の均衡が非常に重要である。しかも、アメリカ経済自体が今日も新たなイノベーションを創出しこれによって成長し変化している。安田・玉田（2015）が指摘するように、イノベーションが経済効果をもたらす革新と普及であるならば、まさしく大リーグは社会の人々のニーズに対応し経済生活に大きなインパクトを与え、また今後も与え続けるであろうイノベーションである。アメリカ大リーグとは、まさしく社会的イノベーションであったのである。

　このなかで日本のプロ球界にとっても、リーグ全体の経営を有機的に組織的に考える体制を 1 日も早く確立することが急務となっている。ところが残念なことにプロ野球全体を統括するコミッショナーの権限はきわめて小さく、個別球団間の利害調整の機能すら果たせていない。大リーグのコミッショナーが「シーザー・オブ・ザ・ベースボール」と呼ばれるのに比して、日本のプロ野球のコミッショナーに迫力はない。まさしく、オリックス球団オーナーの宮内義彦氏が指摘するように、「最高経営責任者はいない（朝日新聞朝刊、2005.6.20）」となる。

　危機が叫ばれる日本球界にとって、先駆者から学ぶ点は多々あるというべきであろう。とくに、何をおいてもファンを最優先する姿勢はプロ野球に限らずいずれのスポーツ・ビジネスにおいても、いやスポーツに限らず、ビジネス全般において、第一に尊重され重視されるべきであろう。より一般的にいうならば、真剣なプレーと優れた技術に磨きをかけた白熱した試合をみせることが、いっそうの顧客重視の経営戦略の基軸であること

にほかならないのである。

[注]

1) 1951年の対戦で、セントルイス・ブラウンズのオーナーとして、ベック身長3フィート7インチのスタントマン（Eddie Gaedel）をピンチヒッターに送り、動揺した投手はストライクが1球も決まらずファーボールに持ち込み、ピンチランナーに交代した。ベックは戦後まもない若き時代、気分転換を求めて、クリーブランドからマンハッタンに夜行便でマンハッタンの一流ナイトクラブ「コパカバーナ」に通い、常連客となる。そこでボブ・ホープ、ビング・クロスビー、フランク・シナトラそしてスキッチ・ヘンダヘソンといった芸能人と交誼を結ぶ。ここで華やかに演じられるショービジネスがベースボールにも通じると体得したのである（Eskenazi, pp. 73-77）。帰りは、ラ・ガーディア空港発の朝一番の飛行便でクリーブランドにとんぼ返りした。

参考文献一覧

〈英文文献〉

Adams, R. (2005a): MLB Teams Eye Business Expertise over Traditional Farm Club Ties in Hiring, *Street & Smith's Sports Business Journal*, Jan. 10-16.
Adams, R. (2005b): MLB Free Agents See Market Gains, *Street & Smith's Sports Business Journal*, Jan. 17-23.
Adams, R. (2005c): Ballparks are Finding Non-Baseball Profits, *Street & Smith's Sports Business Journal*, Jan. 24-30.
Adams, R. (2005d): Extending Its Reach or Overreaching?, *Street & Smith's Sports Business Journal*, March 28-April 3.
Adelman, M. L. (1986): *A Sporting Time: New York City and the Rise of Modern Athletics*, University of Illinois Press.
Adomites, P. et al. (2002): Cooperstown: Hall of Fame Players, Publications International, Ltd.
Akagi, F. (2009): An Application Study of Production Management Techniques for Sport Business: Sport Management and Production Management, *Proceedings of the 29th National Conference of JSPM*, pp. 389-391.
Badenhausen, K et al. (2005): Baseball Team Valuations, Rags to Riches, *Forbes*, April 25, pp. 91-94.
Baseball Encyclopedia: The Complete and Official Record of Major League Baseball (1969): Macmillan.
Bench, J. (1999); *The Complete IDIOT'S Guide to Baseball*, A Pearson Education Company.
Blum, R.(2005): *AP Exclusive: Struggling Yankees will Pay Record Luxury Tax*. (http://sports.yahoo.com/mlb/news)
Buckley, James. Jr. (2001): *The Visual Dictionary of Baseball*, Dorling Kindersley.
Burgess P. L., D. R. Marburger & J. F. Scoggins (1996): *Do Baseball Arbitrators Simply Flip a Coin?*, ed. by J. Fizel, E. Gustafson & L. Hadley. *Baseball Economics*, pp. 101-110, Praeger.
Burns, K., G. C. Ward & J. O'Connor (1994); *Shadow Ball: A History of the Negro Leagues*, Alfred A. Knope.
Carter, S. B., S. S. Gartner, M. R. Haines, A. L. Olmstead, R. Sutch & G.Wright (2006): *Historical Statistics of the United States: Millennial Edition*

vol. 3, part C, Cambridge U.P.
Chacar, A. S. & W. Hesterly (2004): Innovation and Value Creation in Major League Baseball, 1860-2000, *Business History*, vol. 46, issue3, pp. 407-438.
Chadwick, H. (1867): *The Base Ball Player's Book of Reference*, reproduced from Applewood Book.
Charlton, J. (1995); *The Who, What, When, Where, Why and How of Baseball*, Barnes &Noble.
Chinni, D. (2005): Then and Now, *The Washington Post Magazine, the Baseball Issue*, March 27.
Condit, C. W. (1977): *The Railroad and the City*, Ohio State U.P.
Creamer, R. W. (1999): *Babe Ruth*, ed.by M. MacCambridge: *Sports Century*, Hyperion.
Cunningham, B. (1952): *The Boston Red Sox*, ed. by E. D. Fitzgerald, *The American League*, A. S. Barnes and Company.
Dewey D. & N. Acocella (2005): *Total Ballclubs-the Ultimate Book of Baseball Tea*ms, Sports Media Publishing.
Dickens, C. (1938): *The Letters of Charles Dickens*, ed.by W. Dexter, Nonesuch Press.
Didimus, H. (1845): *New Orleans As I Found It*, Harper & Brothers, Kessinger Publishing's Legacy Reprint Series.
Drehle, D. von (2005): Win or Lose, *The Washington Post Magazine,the Baseball Issue*, March 27.
Dyer, D., F. Dalzell & R. Olegario(2004): *Rising Tide : Lessons from 165 Years of Brand Building at Procter & Gamble*, Harvard Business School Press.
Ellard, H. (1907); *Base Ball in Cincinnati: A History*, Press of Johnson & Hardin, reprint by McFarland & Company (2004).
Eskenazi, G. (1988): *Bill Veeck: A Baseballl Legend*, McGraw-Hill.
Fischer, D. (2004): *Sports in America 1960-1969*, Fact on File.
Fizel, J. (1996): *Is There Bias in Major League Baseball Arbitration?*, ed. by J. Fizel, E. Gustafson & L. Hadley, *Baseball Economics*, pp. 111-127, Praeger.
Fortunato J. A.(2006): *Commissioner: the Legacy of Pete Rozelle*, Taylor Trade Publishing.
Frederick, D. M., W. H. Kaempfer, M. T. Ross & R. L. Wobbekind (1996): *Race, Risk and Repeated Arbitration*, ed. by J. Fizel, E. Gustafson & L. Hadley, *Baseball Economics*, pp. 129-141, Praeger.
Gamble, J. N. (1890): *Semi-Annual Dividend Meeting of the Procter & Gamble*,

May 3, 1890. (http://news.pg.com/blog)
Gammons, P. (1990): Making the Grade, *Sports Illustrated*, July 23, pp. 41-43.
Gatto, T. (2005): *The Baseball Register & Fantasy Handbook*, Sporting News Books.
Gilbert, B. (2005): MLB Arbitration Wrap-up-2005. (http://stlcardinals.scout.com/2/355336.html)
Goldman, R. M. (2008): *One Man Out: Curt Flood versus Baseball*, U.P. of Kansas.
Graham, F. (2002): *The New York Yankees:An Informal History*, Southern Illinois U.P.
Hall S., S. Szymanski & A. Zimbalist(2002): Testing Causality Between Team Performance and Payroll: The Cases of Major League Baseball and English Soccer, *Journal of Sports Economics*, vol. 3, no. 2., pp. 149-168.
Heinrichs, A. (1999): *New York*, Children's Press.
Honig,D. (1985): *Baseball America: the Heroes of the Game and the Times of Their Glory*, Macmillan.
Hungerford E. (1928): *The Story of the Baltimore & Ohio Railroad, 1827-1927* v. 1, v. 2., G. P. Putnam's Sons.
Ivor-Campbell, F. (2001): The All-Star Game, ed. by J. Thorn, P. Palmer & M. Gershman, *Total Baseball*, Total Sports Publishing.
Kahn,R. (1977); *A Season in the Sun*, Harper & Row.
Kirsch, G. B. (1986): Book Review of A Sporting Time: New York City and the Rise of Modern Athletics, *Journal of Sport History*, vol. 13. no. 2.
Koppett, L. (1967): The *Thinking Man's Guide to Baseball*, E. P. Dutton & co. Ltd.
Koppett, L. (2004): *Koppett's Concise History of Major League Baseball*, Carroll & Graf.
Kramer, S. (2005): Sports Media Rights, Year of the Rights Deal, *Street & Smith's Sports Business Journal*, Jan. 7-13.
Krautmann, A. C. & M. Oppenheimer (1996): *Training in Major League Baseball: Are Players Exploited?*, ed. by J. Fizel, E. Gustafson & L.Hadley, *Baseball Economics*, pp. 85-98, Praeger.
Leitner, I. A. (1972): *Baseball: Diamond in the Rough*, Criterion Books.
Levine, P. (1985): *A.G. Spalding and the Rise of Baseball*, Oxford U.P.
Lewis, M. (2003): *Money Ball*, Norton.
Lichtman, J. (2003): *Baseball for Rookies*, The Floating Gallery.
Littlefield B. & R. A. Johnson (2003): *Fall Classics: The Best Writing About the World Series' First 100 Years*, Crown Publishers.
Lyell C. (1845): *Travels in North America in the Years 1841-2*, Wiley and

Putnam, reprint by Arno Press (1978).

Mabry, W. A. (1940): Ante-Bellum Cincinnati and Its Southern Trade, ed. by D. K. Jackson, *American Studies in Honor of William Kenneth Boyd*, Duke U.P.

MacCambridge, M. (1999): *ESPN Sportscentury*, Hyperion.

Major League Baseball Clubs & Association (1997): *Major League Baseball Players Benefit Plan*.

Miller, M. (2004): *A Whole Different Ball Game*, Ivan R. Dee.

Miller, S. (2003): Win-win Situation, *Sporting News*, Jan. 13.

Mullen, L. (2005): How Scott Boras Scored Big in Baseball Free Agency, *Street & Smith's Sport Business Journal*, April 18-24.

Murdock E. (1982): *Ban Johnson Czar of Baseball*, Greenwood Press.

Murname, T. (2003): Pittsburgh a Winner in the First Clash,ed.by B. Littlefield & R. A. Johnson: *Fall Classics: The Best Writing About the World Series' First 100 Years*, Crown.

Nash, P. J. (2003); *Baseball Legends of Brooklyn's Green-Wood Cemetery*, Arcadia Publishing.

Neft, D. S. & R. M. Cohen (1991): *The Sports Encyclopedia: Baseball*, St. Martin's Press.

Puerzer, R. J. (2003): Engineering Baseball: Branch Rickey's Innovative Approach to Baseball Management, *A Journal of Baseball History & Culture*, vol. 12, issue 1, University of Nebraska Press.

Rader, B. G. (1992): *Baseball: A History of America's Game*, University of Illinois Press.

Rader, B. G. (1999); *Baseball North America*, ed by D. Levinson & K. Christensen, Encyclopedia of World Sport, pp. 34-40, Oxford U.P.

Reidenbaugh, L. (2001): *Cooperstown where the Legends Live Forever*, Gramercy Books.

Rice, G. (1952): The New York Yankees, ed.by ED. Fitzgerald, *The American League*, A. S. Barnes and Company.

Rosenman, S. I. (1950): *The Public Papers and Addresses of Franklin Roosevelt*, vol. 11, Russel & Russel.

Rossi, J. P. (2000): *The National Game: Baseball and American Culture*, Ivan R. Dee.

Sanderson, A. R. & J. J. Siegfried (2003): Thinking About Competitive Balance, *Journal of Sports Economics*, vol. 4, no. 4.

Seymour, H. (1960): *Baseball: The Early Years*, Oxford U.P.

Seymour, H. (1971): *Baseball: The Golden Age*, Oxford U.P.

Siegfried, J. & A. Zimbalist (2002): A Note on the Local Economics Impact of Sports Expenditure, *Journal of Sports Economics*, vol. 3, no. 4.

Smith, K. (1947): *Baseball's Hall of Fame*, A. S. Barnes and Company.

Spalding, A. G. (1911): *America's National Game*, American Sports Publishing Company, reprint by Athena Press (2012).

Spink, J. G. T (1947): *Judge Landis and Twenty-Five Years of Baseball*, Thomas Y. Crowel Company.

Sullivan N. J. (2001): *The Diamond in the Bronx: Yankee Stadium and the Politics of New York*, Oxford U.P.

Taylor, G. R. (1951): *The Transportation Revolution 1815-1860*, Rinehart & Company, Inc.

Thorn J., P. Palmer & M. Gershman (2001): *Total Baseball*, Total Sports Publishing.

Tygiel, J. (2002): *Extra Bases: Reflections on Jackie Robinson, Race, & Baseball History*, University of Nebrasca Press.

United States Supreme Court (1923): *The Supreme Court Reporter*, vol. 42, West Publishing.

Vincent, F. (2002): *The Last Commissioner*, Simon & Schuster.

Vlasich, J. A. (1989): Alexander Cleland and the Origin of the Baseball Hall of Fame, ed. by A. L. Hall, *Cooperstown Symposium on Baseball and the American Culture*, Meckler.

Voigt D. Q. (1966): *American Baseball: From Gentleman's Sport to the Commissioner System*, University of Oklahoma Press.

Voigt D. Q. (1983): *American Baseball: From the Commisiner to Continental Expansion*, Pennsylvania State U.P.

Wallace, J., N. Hamilton & M. Appel (2000): *Baseball: 100 Classic Moments in the History of the Game*, Dorling Kindersley.

White, G. E. (1996): *Creating the National Pastime: Baseball Transforms Itself 1903-1953*, Princeton U.P.

Whiting, K. (2004): *The Meaning of Ichiro*, Warner Books.

Wright, L. B. (1946): Franklin's Legacy to the Gilded Age, *Virginia Quarterly Review*, vol. 22, pp. 268-279.

Zimbalist, A. (1992): *Baseball and Billions: A Probing Look inside the Big Business of Our National Pastime*, Basic Books.

Zimbalist, A. (2003a): *May the Best Team: Baseball Economics and Public Policy*, Brookings Institution Press.

Zimbalist, A. (2003b): Labor Relations in Major League Baseball, *Journal of Sports Economics*, vol. 4, no. 4, pp. 332-355.

〈邦文文献〉

天川潤次郎（1977）「アメリカにおける「金ピカ」時代の禁欲精神の系譜」『経済学論究』第 30 巻第 4 号。

団野村（2003）「野茂英雄　日本プロ野球を根底から変えた男」『文藝春秋』2月号。

福井幸男（2009）『統計学の力——ベースボールからベンチャービジネスまで』共立出版。

松平亘・北谷賢司（1991）『アメリカのケーブルテレビ』電通。

宮田由紀夫（2015）「イノベーションの基礎理論」土井教之・宮田由紀夫編『イノベーション論入門』中央経済社。

室伏重信（1958）『野球と正力』大日本雄弁講談社。

内藤翔平・入口豊・井上功一・中野尊志・大西史晃（2013）「イングランドのサッカークラブにおけるユース育成について（Ⅰ）——イングランドのユース育成システム」『大阪教育大学紀要』第Ⅳ部門、第 61 巻第 2 号。

シェネェフィールド J.H.・I.M. ステルツァー、金子晃・佐藤潤訳『アメリカ独占禁止法——実務と理論』三省堂。

田口壮（2013）『野球と余談とベースボール』マイナビ新書。

滝澤紗矢子（2009）『競争機会の確保をめぐる法構造』有斐閣。

上田泰史・中野貴史（2010）「米国における豚肉産業の現状と課題」『畜産の情報』2 月号、農畜産業振興機構調査情報部。

安田聡子・玉田俊平太（2015）「イノベーションと社会」土井教之・宮田由紀夫編『イノベーション論入門』中央経済社。

【著者略歴】

福 井 幸 男　（ふくい・ゆきお）

関西学院大学商学部教授、経済学博士

著　　書：『知の情報システム――リスク計算とキャリアデザイン』
　　　　　（日科技連、2015）など多数
責任編集：『世の光たれ！　関西学院高等学部商科開設100周年記
　　　　　念誌』（関西学院大学商学部、2014）

関西学院大学研究叢書　第 180 編

アメリカ大リーグにおけるイノベーションの系譜

2016 年 3 月 31 日初版第一刷発行

著　者　福井幸男

発行者　田中きく代
発行所　関西学院大学出版会
所在地　〒 662-0891
　　　　兵庫県西宮市上ケ原一番町 1-155
電　話　0798-53-7002

印　刷　株式会社クイックス

©2016 Yukio Fukui
Printed in Japan by Kwansei Gakuin University Press
ISBN 978-4-86283-216-0
乱丁・落丁本はお取り替えいたします。
本書の全部または一部を無断で複写・複製することを禁じます。